TOOLS FOR TEACHING
CONCEPTUAL UNDERSTANDING

개념기반
교육과정과 수업

개념적 이해와 전이를 위한 전략과 도구

Julie Stern · Nathalie Lauriault · Krista Ferraro 공저
임유나 · 한진호 · 안서헌 · 이광우 공역

박영
story

이 역서는 2021년 대한민국 교육부와 한국연구재단의 인문사회분야 신진연구자지원사업의 지원을 받아 수행된 연구임(NRF-2021S1A5A8066125)

감사의 글

우리는 학생 교육 개선을 위해 일생을 바친 모든 연구자와 사상가들에게 감사를 전한다. 그리고 학술적인 연구 내용을 교사를 위한 실용적인 도구로 풀어낸 H. Lynn Erickson과 Lois Lanning에게 감사드린다. 학습의 전이가 어떻게 일어나는지를 설명하는 당신들의 비전과 능력은 우리의 삶에 변화를 가져다주었다. 우리는 당신들의 위대한 일을 소소한 방법들로 확장해 나갈 수 있기를 바란다.

Ariel Bartlett과 Corwin 팀의 인내와 조언, 지원에도 감사를 드린다.

이 책의 아이디어를 극대화하는 방법에 대한 수많은 대화를 함께 해 준 Colegio Anglo Colombiano 초등학교 교감이자 IB PYP 코디네이터인 Matt Connell 선생님에게 감사드린다. 또한, 이 책의 아이디어에 열정을 보태주고 실행을 지원해 준 Colegio Anglo Colombiano의 교사, 관리자, 학생들에게도 감사하다. 이들과 함께 한 모든 기획 회의, 질문, 도전 과제 및 교실 관찰은 우리의 작업에 대한 확신을 제공해 주었다.

삽화와 편집을 도와준 남편의 사랑과 격려에 감사의 마음을 전하며, 우리 가족, 특히 교정과 편집, 육아 등의 지원과 응원을 보내 준 Gordon과 Justine Harris, Michael과 Karen Stern에게도 감사드린다.

저자를 대표하여 Julie Stern

추천의 글

이 책은 교사가 학생들에게 학습의 주도성을 갖도록 지도하는 데 필요한 정보와 자료들을 제공한다. 이 책은 학생들에게 그들이 접하는 환경에 대한 호기심을 키우고 탐구하며 평생 학습자로 성장할 수 있도록 할 것이다.

- Ellen Asregadoo, 5학년 교사
Public School 190
Brooklyn, NY

이 책은 개념기반 학습 경험을 계획하고 교실에서 구현하는 방법에 대해 훌륭하게 개관하고 있다. 또한, 모든 교사가 교실에서 즉시 적용할 수 있는 실제적인 예와 아이디어들을 제공한다.

- Kate Benson, 4학년 부장교사
Colegio Anglo Colombiano
Bogotá, Colombia

이 책이 제시하는 실제적인 전략과 예는 이론에 토대를 두고 있으며, 개념기반 교실을 어떻게 만들어나가야 할지를 고민하는 많은 교사에게 그들이 어렵게 느끼는 단계를 시작하도록 하는 데 있어 매우 유용하다.

- Monique Cadieux, 5학년 교사
Mitchell Woods Public School
Guelph, ON

이 책은 모든 교사에게 중요한 책이다. 우리는 학생들을 발달적으로 적절한 지적 엄격성을 가진 사상가로서 존중해야 한다. 내용을 다루는 데 급급한 전통적인 교실에서는 이를 구현하지 못할 것이다. 이 책은 나에게 큰 영감을 주었고, 나는 빨리 이 여정에 함께 하고 싶다.

– Sarah Gat, 2학년 교사
École Arbour Vista Public School
Guelph, ON

이 책은 개념기반 수업을 구현하기 위해 노력해 온 교사들이 기다려온 것이다. 또한, 탐구 중심의 수업 프레임워크는 모든 학년의 교사들이 명확하고 실행 가능한 계획을 만드는 데 도움을 준다. 이 책은 수업 컨설턴트나 교육과정 개발자에게 꼭 필요한 책이다.

– Saundra Mouton, IB PYP 코디네이터, 유·초등 독서교육 전문가
Briarmeadow Charter School, Houston ISD
Houston, TX

서문

내가 초등학교 교사로 일을 시작했을 때 나는 학습의 목표나 수업 도구로서 개념적 이해의 중요성을 이해하고 있지 못했다. 나는 학창 시절 내가 배웠던 방식으로 학생들을 가르치는 경향이 있었는데, 핵심 용어나 어휘들을 정의하면서 각 단원 수업을 시작하는 동일한 방식을 적용하였고, 학생들이 알아야 한다고 생각하는 모든 내용에 대해 완전한 설명을 제공하였다. 또한, 주요 원리들을 수업 노트에 요약하고, 단원을 마무리하기 위해 객관식 시험을 치르게 했다. 나는 보통 흥미로운 이야기와 놀라운 사실을 수업에 직접적으로 주입하려 했고, 이미 학생들에게 '가르친' 내용을 강화하기 위해 흥미진진한 활동이나 시연으로 단원을 마무리했다. 비로소 수업이 활기를 띤다고 느끼기 시작할 때, 나는 다음 주제로 넘어가야 했다.

다행스럽게도 나의 교수법은 훨씬 더 학습자 중심으로 발전했고, 내 교수법을 진정으로 변화시킨 계기는 Paul Hewitt의 고등학교 과학책, 「Conceptual Physics(1977)」였다. Hewitt는 전형적인 고급 수학과 복잡한 과학적 원리 대신 공통의 언어와 일상적인 개념으로 각 주제를 시작한다. 그는 먼저 개념적 적용을 보여준 다음, 학생들이 의미를 더하는 데 필요한 기본 수학과 과학 원리를 개발하기 위해 사전 지식을 활용하는 방법을 설명한다. 이 책을 읽으면서 나는 옳은 일을 많이 하고는 있었지만 완전히 잘못된 순서로 하고 있었고, '가르치는 것'을 너무 많이 하고 있었다는 것을 깨달았다.

Julie Stern과 Nathalie Lauriault, Krista Ferraro가 저술한 것처럼, 나는 학생들이 먼저 매력적인 중심 개념을 다룰 때 그것을 뒷받침하는 아이디어를 보다 깊이 있는 방식으로 이해하게 될 가능성이 더 크다는 것을 알게 되었다. 이 전제는 가르치는 것에 대한 나의 전체적인 접근 방식을 바꾸었다. 내 수업은 학생들이 알아야 할 모든 것을 교사가 설명하는 것에서 학생들이 스스로 알아낼 수 있도록 안내하는 것으로 변화했다. 나는 생각을 불러일으키는 활동이나 시나리오로 단원을 시작하고, 학생들이 자신이 알던 연결을 망가뜨리거나 우

왕좌왕하는 것을 허용했다. 나는 학생들이 가지고 온 순수한 아이디어에 더 많은 관심을 기울였고, 학생들이 자신의 결론을 구성할 수 있게 하는 강력한 탐구기반의 과제를 개발하는 방법을 배웠다.

그 이후로 나는 모든 수준의 학생과 모든 학문 분야에 대한 개념기반 교육의 가치를 인식하게 되었다. 개념기반 교육은 학생들이 학습한 것을 실세계로 옮기는 데 도움을 주는 가장 훌륭한 도구 중 하나이다. 나는 전 세계의 교육자들과 함께 일하면서 그들이 개념기반 교육과정은 뇌가 연결을 구성하고 패턴을 형성하는 자연스러운 방식에 관해 이야기한다는 전제에 일반적으로 동의하는 것을 알게 되었다. 또한, 그들은 학생들이 모든 교과 영역을 가로질러 공부하고 실생활에 적용할 수 있도록 학습을 탈맥락화하는 아이디어를 좋아한다. 그러나 교사가 실제로, 특히 어린 학생들과 함께 개념기반 단원을 계획하고 실행하는 과정에서는 종종 걸림돌이 나타나게 된다.

이 책은 H. Lynn Erickson과 Lois Lanning의 연구를 바탕으로 하여 독자에게 모든 교과 영역을 위한 효과적인 개념기반 수업의 계획부터 평가까지 이르는 전체 프로세스를 전문적이고 단계적으로 안내한다. 저자들은 교사에게 학생이 단순한 지식 습득을 넘어 새롭고 다양한 방식으로 지식을 활용하는 능력을 함양하게 하는 교육과정을 구현할 상세한 도구와 강력한 자료를 제공한다. 이 책에서는 초임 교사와 숙련된 교사 모두가 적용 가능한 최고의 가이드를 제공하며, 학생들이 교육과정 전반에 걸쳐 깊이 있고 개념적인 이해를 개발하도록 돕는 질문 줄기, 미니레슨, 스캐폴딩 기술 및 피드백을 사용하는 방법을 보여준다. 내가 초등학생을 가르쳤을 때 이 책이 나왔더라면 좋았겠지만, 지금 나와 같은 생각을 하는 교사들에게 이 책을 적극적으로 추천한다.

이 책의 내용은 '전이되는 학습을 위한 자연스러운 호기심 활용(Harnessing Natural Curiosity for Learning That Transfers)'이라는 부제에도 충실하다. 저자들은 책 전반에 걸쳐 아동기의 발달 단계를 존중하고 있으며, 교사들에게 어린 학습자가 지닌 경이로움을 활용하는 동시에 지적 엄격성을 촉진하는 것의 중요성을 지속해서 상기시킨다. 7장에서 그들은 John A. Taylor의 「Notes on the Unhurried Journey(1993, p. 45)」에서 다음을 인용하였다. "어른들이 아이들을 생각할 때 간과하는 단순한 사실이 있다. 어린 시절은 삶을 위한 준비가 아니다. 어린 시절은 삶 그 자체이다."

저자들이 어린 학습자를 존중하는 마음은 그들의 연구 전반에 걸쳐 명백하게 나타난다. Stern, Lauriault와 Ferraro는 형평성 증진, 학생 맞춤형 교육, 사회 정서적 학습 지원, 학생 주도성 함양, 학습자의 열정 강화를 위한 팁을 제공한다. 이 책은 교사들이 어린 학습자의 본성, 표면적 학습에서 더 깊은 이해로 나아가는 것, 그리고 학습을 다른 맥락으로 전이하는 것을 모두 중시하는 숙련된 교육자들의 입증된 전략을 즐겁게 탐구하게 한다. 또한, 교사가 완전히 협력적인 혁신가가 되어 학생들과 함께할 때 가장 잘 작동하는 능동적이고 역동적인 노력으로써 학습을 다루는 것에 도전하게 한다. 그들의 관점은 John Taylor 인용문의 나머지 부분을 반영한다.

아이는 살아갈 준비를 하고 있는 것이 아니다. 아이는 현재를 살고 있다. 어린 시절은 준비의 기간이라고 확신했던 어른들이 이 말을 수용한다면, 어떤 아이도 삶의 열정과 기쁨을 놓치지 않을 것이다. 아이들을 준비생으로 보기보다 살아가는 과정에서 어른들과 함께하는 동반자로 인식한다면 얼마나 가슴앓이를 줄일 수 있을까. 우리가 서로에게 얼마나 많은 것을 가르칠 수 있는지… 어른들은 경험이 있고 아이들은 새로움을 가지고 있다. 우리 모두의 삶이 얼마나 충만할 수 있는지…

실제로, 「Tools for Teaching Conceptual Understanding」은 교사, 행정가, 교육 리더에게 학교가 무엇이 될 수 있고 무엇이 되어야 하는지를 상기시킨

다. 이 책은 학생과 교사 모두가 배우고 성장하도록 돕고자 하는 모든 이들이 반드시 읽어야 할 필독서이다.

— Debbie Silver, EdD

역자 서문

학교교육은 현재 교육을 받는 학생이 맞이할 시대에 대한 혜안을 갖고 미래 사회의 주역이 될 학생들에게 유용할 지식과 능력을 갖출 기회를 주어야 한다. 인공지능과 같은 과학기술이 학생들의 학습과 삶에 미치는 영향력은 더욱 커질 것이기 때문에 미래 사회를 살아갈 학생들은 지식과 정보를 머릿속에 많이 저장하고 재생하는 능력보다 창의력, 문제해결력, 비판적 사고력, 협업 능력, 소통 능력 등과 같은 역량을 필요로 한다. 지금 우리 교육은 암기 중심 수업, 생각하지 않게 하는 수업, 질문이 없는 교실, 학생들이 주도적으로 참여하지 않는 수업, 삶과 연계되지 못하는 학습 등으로부터 탈피하여 변화에 대응하고, 새로운 교육의 방향으로 나아가기 위한 전환의 시기에 있다. 우리는 "현재, 그리고 앞으로 우리가 마주할 복잡하고 어려운 문제들에 대응하기 위해 학생들을 어떻게 준비시킬 수 있는가?"라는 질문을 진중하게 성찰하고 답해볼 필요가 있다.

최근의 교육 패러다임은 기존의 단편적 지식과 정보를 암기하는 것이 아닌 지식의 상위 차원에 대한 깊이 있는 학습을 지향한다. IB(International Baccalaureate) 프로그램을 비롯한 선진 교육과정에서는 학생들이 학습을 통해 지식과 정보들을 연결하고, 패턴을 찾아 개념적인 이해로 나아가며, 자신이 구성한 개념적 이해를 다양한 상황과 맥락으로 전이할 수 있게 하는 개념적 학습을 강조하고 있다. 이 책은 지식과 학습에 관한 연구들을 바탕으로 학교에서 학생들에게 무엇을, 왜 학습하게 해야 하는지, 그리고 어떠한 방식으로 수업을 설계하고 가르치며 평가할 것인지에 대한 최신의 정보와 통찰을 제공한다. 또한, 공부할 것의 폭증 속에서 학습할 만한 교육내용과 타당한 방법에 대한 아이디어를 가지게 한다.

이 책의 1장에서는 개념기반 교육과정과 수업의 선구자의 Erickson과 Lanning의 연구를 개관하며 요점을 강조할 것이다. 개념기반 단원 설계의 구체적인 단계도 확인할 수 있다.

　2장은 교사가 학생 중심의 교실, 생각하는 교실을 만들고 개념적 학습의 발판을 마련하도록 돕는다. 개념적 학습은 깊이 있는 지적 활동을 포함하며, 잘 수행되면 학생 사고의 질을 향상시키는 데 도움이 된다. 이 장에서는 개념적으로 학습하는 방법과 학습 과정에서 자신의 사고를 모니터링하고 개선하는 방법에 대해 학생들에게 분명하게 가르칠 수 있는 전략들을 공유한다. 학생들이 개념적 학습의 가치를 이해하기 위해서는 상당한 시간을 투자해야 하지만, 이 단계를 건너뛰면 교사와 학생들은 어려움을 겪을 수 있다.

　3장과 4장에서는 학생들에게 개념을 소개하고 개념적 관계를 스스로 일반화하도록 안내하는 몇 가지 구체적인 전략을 제공한다. 3장에는 학생들이 개념적 관계를 발견하는 데 도움이 되는 중요한 설명과 전략들을 제시하였고, 4장에서는 개념기반 수업 설계를 안내하는 다섯 가지 고유한 수업 프레임워크를 소개하였다. 이 책에서는 여러 안내 질문과 활동의 예시를 제시하고 있지만, 이러한 수업 프레임워크에 생명을 불어넣기 위해서는 교사들의 창의성과 경험을 적극적으로 사용해야 한다.

　5장에서는 개념적 이해를 위한 평가 설계의 주요 원리와 전략들을 설명한다. 5장에서 안내하는 평가는 교사와 학생 모두에게 학습의 진보 정도와 다음에 해야 할 것에 대한 통찰을 제공하기 때문에 필수적이다.

　6장에서는 개별화, 낮은 기대치 극복 등과 같이 모든 학생을 위한 교실을 만드는 원리와 전략을 제시한다. 학교 불평등의 오랜 문제는 의식적이고 계획적으로 풀어나가야 할 필요가 있다. 개념기반 교육과정을 구현하는 것은 그 자체로 학생들에게 더 많은 형평성을 제공하는데, 이 책에서는 추가적인 전략을 안내함으로써 이를 한 단계 더 발전시키고자 했다. 이 장은 교사들의 성찰을 촉진하고 형평성이라는 중요한 목표를 달성하는 데 있어 유용한 도구가 될 것이다.

　7장은 어린 학생들이 지닌 학습에 대한 타고난 애정을 보존하고 유지하여 학습을 지속할 수 있게 하는 내용으로 구성하였다. 교사들은 사회·정서적 지능과 내재적 동기를 촉진하는 전략들을 시도해 봄으로써 호기심과 도전정신을 약화시키는 전통적인 학교교육의 관행을 피할 수 있을 것이다. 또한, 7장에서는 학생들이 자신의 열정을 발견하도록 돕는 몇 가지 아이디어를 탐구할 것이다.

8장에서는 개념적 이해가 수업 계획의 중심에 놓이는 학교는 어떤 모습일지에 대한 구체적인 그림을 그려본다. 우리의 궁극적인 목표는 학생들이 학습을 통해 세상을 더 나은 곳으로 만들고, 더 나은 세상에서 살아갈 수 있도록 하는 데 있다. 현세대의 학생들은 전례 없는 도전에 직면해 있고, 학교는 해결하기 어려운 문제들에 학생들이 대응해 나갈 수 있도록 준비해야 한다. 개념기반 교육과정과 수업은 이러한 노력의 핵심 요인 중 하나가 될 것이다.

이 책의 개념적 이해와 전이를 위한 교육과정, 수업, 평가의 설계 및 실행을 위한 전략과 도구는 미래지향적 교육과정과 수업 프레임으로의 전환을 지원하는 실질적인 가이드라인이다. 이에 역자들은 학교 교사, 관리자, 교육과정 연구자, 대학원생, 예비교사가 이 책을 통해 개념기반 교육과정과 수업에 대한 이해와 수행 역량을 함양하고 실천할 수 있기를 기대한다. 특히, 교과의 핵심적인 아이디어를 강조한 교육과정 설계와 깊이 있는 학습을 지향하는 2022 개정 교육과정에 기반한 수업 구현, 개념기반 탐구중심으로 구현되는 IB 수업에 관심을 가진 교사나 연구자들이 유용하게 활용할 수 있을 것이다. 끝으로 이 역서의 출판을 흔쾌히 허락하고 애써 주신 박영스토리 관계자 여러분께 진심으로 감사의 말씀을 드린다.

2022년 2월
역자 일동

차례

5장 개념적 이해를 위한 평가 설계 / 141

6장 개념기반 교실에서의 형평성 / 171

들어가며

왜 21세기에 개념기반 교육과정이 필수적인가?

오늘날 교육자들은 수학, 음악과 같은 전통적인 학문을 통해 세상을 보게 하는 수 세기 전의 방식으로 계속 가르칠 것인지, 아니면 혁신과 창의를 추구하며 21세기의 교수·학습 패러다임으로 나아가기 위해 이전의 방식을 버릴 것인지, 선택의 갈림길에 직면해 있는 것 같다.

이것은 잘못된 선택지다. 혁신은 전통적인 학문의 근본적이고 강력한 개념을 창의적으로 전이하는 능력을 필요로 한다. 교사들은 인류가 이미 발견한 것들을 적용하여 문제를 해결하도록 하는 실제적 과제들을 학생들 앞에 놓아야 한다. 혁신가들은 혁신을 위해 과거의 과학자와 수학자들의 어깨 위에 선다. 그들은 세상이 움직이는 방식에 대한 깊은 이해 없이 새로운 것을 창안하지 않는다.

> 혁신은 전통적인 학문의 근본적이고 강력한 개념을 창의적으로 전이하는 능력을 필요로 한다.

혁신은 사람들이 학습한 것을 복잡한 상황에 창의적으로 전이할 때 일어난다. 이를 수행하는 것은 개념적 수준으로 추상화하는 데 달려있다. 혁신은 현재의 유행어지만 이러한 방식으로 교육을 설계해야 한다는 것은 오래전부터 이어져 온 연구들에 기반하고 있다.

인지심리학자인 Jerome Bruner(1977)는 "교과의 구조를 파악하는 것은 다른 많은 것들이 의미 있게 관련될 수 있는 방식으로 교과를 이해하는 것"이라고 했다(p. 7). 그는 소련이 스푸트니크를 발사한 후 미국의 학교교육을 개선하는 방법을 모색하는 과업을 맡은 주요 과학자들의 모임에서 이 글을 썼다. 전문가들은 학교에서 혁신가를 배출하기 원했고, 개념적 이해를 위한 교육이 이 목표를 달성하는 방법이라고 결론지었다.

기업 분석가인 Teresa Amabile(1998)은 Harvard Business Review에서 "모

든 개인의 창의성은 전문적 지식, 창의적 사고 기능, 동기 부여라는 세 가지 구성 요소의 작동"으로 설명했다(p. 81). 학생들은 혁신을 위해 여전히 깊이 있는 지식과 이해가 필요하다. Amabile의 연구는 Bruner가 수십 년 전에 주장한 바를 반영한다. 학문을 버리고 깊이 있는 지식기반의 뒷받침 없이 혁신을 목표로 대체하는 것은 현명하지 못한 처사이다.

단절된 지식의 조각들은 혁신의 시대에는 특히 유용하지 않다.

혁신을 위해서는 지식이 필요하다. 그러나 사실들만으로는 충분하지 않다. 학업을 위한 성취기준은 학생들을 교육받은 대중으로 성장시키기 위해 필요한 지식과 기능을 명확히 나타내려고 한다. 그러나 이러한 접근 방식은 일반적으로 해당 지식을 구성하는 체계에 초점을 맞추지 않는다. 어떠한 형태를 부여하려면 개념적 골격이 필요하다. 단절된 지식의 조각들은 혁신의 시대에는 특히 유용하지 않다. 전문 지식은 새로운 무언가를 창안하기 위해 뇌에서 지식이 구조화되었을 때 나타날 수 있다.

National Research Council(Bransford, 2000)은 "탐구 영역에서 역량을 개발하려면 학생들은 개념적 틀의 맥락 안에서 사실과 아이디어를 이해해야 한다."고 하였다(p. 12). 이것이 전문가와 초보자를 구분한다. 어떤 분야의 초보자는 이질적인 정보의 조각처럼 보이는 것들을 암기하기 위해 열심히 노력하는 반면, 숙련된 전문가는 관련 범주의 지식을 뇌에 있는 거대한 파일 캐비닛과 같은 곳에 저장한다. 그러나 일반적으로 오늘날의 교육과정과 성취기준은 개념적 틀의 맥락에서 구성되지 않고 있다. 그리고 교육자들은 이 개념적 조직을 학생들에게 명료하게 제시하지 않는다.

수정된 Bloom의 분류 체계를 제시한 「A Taxonomy for Learning, Teaching and Assessing(Anderson & Krathwohl, 2001)」에서는 "예를 들어, 수학은 기억해야 하는 지식의 분리된 본체인가, 아니면 이해해야 하는 체계적이고 일관되며

개념적인 체계인가?"라고 질문했다(p. 6). 답은 분명히 후자이겠지만, 교사들은 너무나 자주 수학을 마치 관련성 없는 연산의 나열, 제한된 이해로서 배우고 적용해야 하는 일련의 단계인 것처럼 가르친다.

Perkins와 Salomon(1988)은 "전이는 항상 하나의 맥락에서 추상화하고 다른 맥락과의 연결을 찾는 데 있어 반성적 사고를 수반한다."고 하였다(p. 26). 그들은 학생들이 더 상위의 아이디어로 추상화하도록 요구하지 않는 지나치게 맥락화 된 문제나 지엽적인 지식을 지적했다. "만약 문제가 담고 있는 지식과 기능이 근본적으로 지엽적 성격을 띠고 있고 애초에 다른 맥락으로의 실제적인 전이가 이루어지기 어려운 경우에는 아무리 수업 설계가 기교있게 이루어진다고 하더라도 전이를 유발하지는 않을 것이다(p. 28)." 다시 말해서, 익숙하지 않은 맥락으로의 전이를 촉진하기 위해서는 추상적인 개념을 중심으로 교육과정을 구성해야 한다.

최근 Fisher, Frey와 Hattie(2016)의 연구에서는 학습을 복잡한 상황으로 전이하고자 할 때 개념적 사고의 중요성을 확인했다. "학생들이 학습을 심화함에 따라, 우리는 학생들이 점점 더 개념적인 방식으로 생각하기를 기대한다(p. 112)." Hattie의 철저한 메타 분석은 개념적 지식을 구성하는 것이 학생의 학습에 상당한 영향을 미치는 매우 강력한 전략임을 보여준다(Hattie, 2012).

위의 인용은 연구에서 학생들의 개념적 틀을 개발하는 것의 중요성을 강조하는 일부 내용일 뿐이다. 또한 이들의 연구에서는 현재의 교수·학습에의 접근 방식이 어떻게 이러한 중요 요소를 크게 무시하고 있는지를 이야기한다. 개념적 이해에 관한 대부분의 연구에서는 '개념기반 교육과정과 수업'Concept-Based Curriculum and Instruction: CBCI이라는 용어를 사용하지는 않더라도 이 분야의 선구자인 H. Lynn Erickson과 Lois Lanning이 수십 년 동안 연구해 온 동일한 아이디어를 사용하고 있다.

깊이 있는 이해라는 명목으로 교육과정 작성을 안내하는 좋은 도구들이 많이 있지만, Erickson과 Lanning의 연구는 학문에 대한 구조적인 이해를 형성하고 학생들이 직면하게 될 무수한 새로운 상황을 해결할 수 있는 학습으로 안내하는 가장 상세한 설명, 정의 및 도구들을 제공한다.

이 책은 Erickson과 Lanning이 내용을 토대로 하며 교사들에게 교실의 일상적인 활동을 위한 보다 자세한 도구와 자료들을 제공하기 위한 것이다. 이미 Erickson과 Lanning의 도서 중 한 권을 읽고 개념기반 교육과정과 수업의 원리, 도구를 사용해 단원 설계를 시도해 본 독자라면 이 책에서 더 많은 가치를 찾을 수 있을 것이다.

개념기반 도서 시리즈

- Concept-Based Curriculum and Instruction for the Thinking Classroom (Erickson, Lanning, & French, 2017, 2nd ed.)
- Concept-Based Mathematics Teaching for Deep Understanding in Secondary Classrooms (Wathall, 2016)
- Transitioning to Concept-Based Curriculum and Instruction (Erickson & Lanning, 2014)
- Designing a Concept-Based Curriculum for English Language Arts (Lanning, 2013)
- Stirring the Head, Heart, and Soul (Erickson, 2008, 3rd ed.)

요즘 교육계에는 인문학보다 STEM(과학, 기술, 공학, 수학)과 같은 특정 학문의 중요성을 강조하는 것과 같은 또 다른 잘못된 이분법이 떠돌고 있다. 하지만 세상은 간학문적이다. 인문학으로부터 얻을 수 있는 다각적 관점에서의 분석과 같은 필수 역량뿐만 아니라 권력, 희소성, 갈등과 같은 개념에 대한 깊이 있는 이해 없이 어떻게 학생들이 희소 자원을 둘러싼 국제적 갈등과 같은 다

면적 문제를 해결하기를 기대할 수 있겠는가. 개념적 수준으로 추상화하는 것은 문제를 이해하고 모든 학문 분야를 기반으로 하는 해결책을 만드는 데 핵심적이다. 그리고 이러한 유형의 학습은 이 세대의 학생들이 직면한 이슈들을 다루기 위해 필수적이다.

혁신의 시대에 동기 부여는 교수·학습을 위한 또 다른 핵심 요소이다. 학생들은 장애물에 맞서 인내하고 배움에 열정적이어야 한다. 다시 말하지만, 개념적 수준으로 사고를 추상화하는 것은 이와 같은 목표를 달성하도록 돕는다. Erickson(2008)은 유아교육기부터 중등교육기를 지나면서 개념적 이해가 감소하고 사실을 회상하는 양이 증가하면서 학생들의 학습 동기가 곤두박질치는 패턴을 발견했다. Erickson은 개념적 수준에서 학생들을 학습에 참여시킬 때 뇌가 자연스럽게 연결을 만들고 패턴을 발견하려고 하므로 동기가 높아진다고 말한다.

예를 들어, 학생들이 자유, 리더십, 갈등에 대한 패턴을 인식하려고 하면 역사 학습은 훨씬 더 흥미로워진다. 시스템의 한 부분을 변화시키는 것이 다른 부분에 어떤 영향을 미치는지 알아낼 때 과학 학습은 아주 흥미진진해진다. 그리고 문학 읽기에 있어서는 작가가 특정한 문학적 장치를 선택하는 이유를 발견하고 그것이 독자에게 미치는 영향을 분석할 때 새로운 의미를 갖게 된다.

Erickson과 Lanning(2014)은 다음과 같이 설명한다.

"시너지를 내는 사고는 사실적 지식과 개념의 상호작용을 필요로 한다. 시너지를 내는 사고는 더 깊은 수준의 정신적 처리 과정을 요구하며, 개념과 관련된 사실에 대한 이해를 높이고 개인적 의미 구성을 지원하며 학습 동기를 높인다. 그것은 우리의 정신을 잘 사용하도록 동기를 부여한다(p. 36).

어린 시절 학업에 노출하는 것의 이점과 놀이의 이점에 대한 논쟁이 커지고 있다. 어린 학생들에게 사실적인 내용을 강요하는 것은 발달상 부적절하고 아이들이 자연스럽게 배우는 방법에 대해 우리가 알고 있는 것과 배치되기 때문에 잘못된 방향으로 생각할 수 있다. 어린 학생들에게 기계적이고 암기하는 방식으로 배우도록 강요하면 학습에 대한 자연스러운 애정을 위태롭게 한다. 그러나 학문적 엄격성과 지적 엄격성 사이에는 차이가 있다. 교사들은 모든 아이를 생각하는 존재로 볼 수 있고 또 보아야 한다. 아이들의 타고난 배움에 대한 애정을 보호하도록 매우 주의하면서 세상을 이해할 수 있는 이상적인 환경을 조성해야 한다.

개념기반 교육과정을 적용하는 것은 지적 엄격성과 함께 아동기의 발달 단계를 존중하는 방법이다. 영아는 뜨거운, 차가운, 행복한, 슬픈, 안, 밖과 같은 개념에 대한 이해를 빠르게 발전시킨다. 그리고 3살쯤이 되면 "왜? 왜요? 왜 그래요?"와 같은 특유의 끈질긴 질문을 하기 시작한다. 이러한 자연스러운 경향을 따라 교사는 학생들의 타고난 호기심을 존중하는 부드러운 방식으로 개념적 이해를 키울 수 있다.

예를 들어, 손전등과 물, 거울, 셀로판, 플라스틱, 은박지, 휴지 및 다양한 천 등의 다양한 재료들로 가득 찬 구조화되지 않은 환경에서 빛의 개념을 탐구하는 어린 학생들은 교사가 제시하는 부드러운 질문을 통해 안내될 수 있고, '빛은 물질의 특성에 따라 통과될지, 차단될지, 반사될지가 결정된다.'라는 개념적 관계를 발견할 수 있다.

이것은 학생들이 중등학교에 이를수록 복잡해지는 기본 아이디어를 발견할 수 있는 재미있고 탐구적인 방법이다. 이 아이디어는 빛의 반사와 굴절에 대한 많은 과학적 이해를 이끌며, 심지어 "파동은 진행하는 속도와 방향을 변경하는 다양한 매개체를 통해 에너지를 전달한다."와 같은 물리학의 아이디어에도 영향을 미친다.

학생들은 더 깊은 이해에 도달하지 못한 채 암기해야 하는 노력만 요구될수록 학교를 싫어하게 된다. 「Tools for Teaching Conceptual Understanding, Secondary」에서는 내용 다루기식 학습에 너무 많은 시간을 소모하는 것의 부작용을 회복하기 위한 전략을 제공한다. 우리는 결국 학습을 부정적으로 인식하게 되는 전형적인 중·고등학생의 모습을 알고 있다. 이 책은 그런 일을 예방할 수 있는 내용으로 구성하였다.

마지막으로, 혁신의 시대에 학교는 교육을 진정으로 재해석하기보다는 새로운 상황에 따라 오래된 목표를 포장하기 위한 약간의 수정을 너무 자주 하는 것에 유의해야 한다. 예를 들어, 많은 '혁신적인' 학교교육 실행에 있어서 학생들이 자신의 학습 속도에 따라 진행하고, 친구들은 그렇지 않더라도 자신이 더 많은 도움이나 연습이 필요한 곳에서는 속도를 늦추며, 앞으로 나아갈 준비가 되었을 때 속도를 높이는 것과 같은 학습에 대한 개별화된 접근을 강조하고 있다. 이것은 훌륭한 실행 방식이지만, 학습의 목표가 깊이 있는 이해에 도달하지 못한 채 사실과 기능을 다루는 데 머물러 있다면 개별화된 학습이 무슨 소용이 있는지 의문이 든다.

개념기반 교육과정을 구축하는 것은 21세기 교육의 방향에 따라 학교를 변화시키기 위한 가장 중요한, 그리고 가장 좋은 첫 단계가 될 것이다. 대부분의 교육 계획은 좋은 의도에서 비롯되고, 그 자체로는 충분하지 않더라도 긍정적인 속성을 가진 경우가 많다. 우리는 몇몇 교육 계획에 대한 옹호자이자 트레이너이다.

그러나 전통적인 학문을 존중하고 학생들이 전에 본 적이 없는 문제를 해결할 수 있도록 준비시키는 동시에 학생들의 지적 엄격성과 동기를 모두 높이는 다른 단일한 계획은 없다. 이것이 개념기반 교육과정과 수업의 힘이다. 근본적이고 강력한 개념을 통해 교육과정을 구성할 때, 학생들은 자신의 이해를 새로운 상황으로 전이할 수 있고, 혁신적이며 세상을 변화시킬 무언가를 만들 수 있는 독창적인 방식을 적용할 수 있으며, 학생들은 위대한 차세대 혁신가로 성장할 것이다.

이 책은 개념기반 교실을 만들기 위해 노력하는 교사들을 독자로 한다. 이 책은 몬테소리나 레지오 에밀리아 등과 같은 선호되고 있는 유아기 철학에 대한 접근을 취하지는 않았지만, 우리는 모든 아이가 생각하고, 느끼며, 호기심 많고, 탐구하는 개인으로 존중되어야 한다는 접근 방식의 많은 부분이 중요하다고 본다. 우리는 모든 교사가 이 책에 제시된 아이디어들이 그들의 교육 맥락과 관계없이 유용하다는 것을 알게 되기를 바란다.

최근의 연구는 아주 어린 아이들도 이전에 믿었던 것보다 인지적으로 더 능력이 있다는 것을 보여주고 있으며, 이 책은 학생들이 개념적 이해를 자연스럽게 발달시킬 수 있도록 돕는 아이디어를 제공한다. Eager to Learn에 따르면, National Research Councils에서는 2세에서 5세 사이의 아동에 대해 다음과 같이 보고하였다.

> 아이들이 실질적인 지식을 축적했을 때 일반적으로 관찰되는 것 이상으로 추상화하는 능력이 있다는 강력한 증거가 있다. 실제로, 어린 학생들이 기대 이상의 역량이 있음을 설명하고 있는 것은 현대 연구의 주목할 만한 특징이며, 이는 보편적인 것으로 인식되고 있다(Bowman, Donovan, & Burns, 2002, p. 5).

이 보고서는 또한 학습 경험을 설계할 때 아이들의 연령 뿐만 아니라 개인적 차이에도 주의를 기울일 것을 강조한다. Ken Robinson(2006)의 말처럼, "세 살은 여섯 살의 반이 아니라 단지 세 살이다." 이 책이 대상으로 하는 유·초등학교 연령대 학생들 사이에는 큰 차이가 나타난다. 교사들이 어떤 전략이 적절한지를 결정할 때 학생들에 대한 교사 자신의 이해를 바탕으로 교실 상황에서 각 학생의 필요에 맞게 조정하기를 바란다.

　많은 교육자가 저학년, 특히 2학년 이하 학생들에 대한 더 많은 예와 사례를 제시해 주었으면 했다. 이 책은 깊이 있고 개념적이며 전이 가능한 학습을 촉진하는 교실을 만들 때 교사들을 지원하는 도구, 아이디어 및 전략을 제공한다. 이 책이 유용하게 사용되기를 진심으로 바란다.

1장

개념기반
교육과정 설계의
필수 요소들

1장 개념기반 교육과정 설계의 필수 요소들

대부분의 교육자는 학생들의 학습이 단순한 암기를 넘어 깊이 있는 학습, 빅 아이디어, 통찰과 같은 이해의 수준까지 도달할 수 있도록 하는 것을 목표로 한다. 학생들이 교사가 가르친 것을 기억하게 하는 것뿐만 아니라 경험한 것과 학습한 것을 연결하고, 새로운 상황을 통해 자신의 사고에 정교함을 더하기를 바란다. 또한, 학생들이 주도성을 가지며 학습의 즐거움도 함양하기를 바란다. 저자들은 수십 명의 교사들과 함께 학생이 깊이 있는 이해를 형성하도록 하는 전략을 찾기 위해 수많은 시간을 보냈다. 그리고 상당량의 연구들을 통해 일반적인 교실의 모습이 지난 100여 년 동안 주목할 만한 변화 없이 고착된 상황이라는 것을 알게 되었다. 교실에서 다루는 교육내용과 학습에서 필요로 하는 사고의 깊이는 여전히 표면적인 수준에 머물러 있는 상황이다(Hattie, 2012; Mehta & Fine, 2015).

깊이 있는 학습에 대한 열망과 교실 상황 사이에 이토록 큰 괴리가 나타나는 이유는 무엇인가? 이것은 매우 중요한 질문이다. 이에 대해 단순하게 답하기는 어렵지만, 교사들을 위한 구체적이고 실용적인 도구가 부족한 것이 하나의 큰 원인이 된다. H. Lynn Erickson과 Lois Lanning이 고안한 교육과정 설계 방법은 학생들이 그들의 학습을 새로운 맥락에 전이할 수 있게 하는 가장 강력하고 분명한 방법이다. 1장에서는 Erickson과 Lanning의 연구를 검토하고, 수업 설계와 형성 평가로 넘어가기에 앞서서 개념기반 단원 설계의 주요 사항들을 확인할 것이다. 이 주제에 대해 보다 깊이 있게 알아보고자 한다면 Erickson, Lanning, French가 저술한 「Concept-Based Curriculum and Instruction for the Thinking Classroom(2017, 2판)」을 참고할 수 있다.

이 장에서는 다음과 같은 개념기반 교육과정의 설계 원리들을 강조하여 다룰 것이다.

- 학생들이 사실적 내용에 대한 무언가를 하게 하며 교육과정 문서가 제시하는 내용을 모두 다루는 데 중점을 두는 전통적인 교육과정 모델coverage-based curriculum model은 심층적이거나 전이 가능한 학습을 거의 만들어내지 못한다.
- 개념기반 단원에서는 개념 간의 관계를 탐구하기 위해 주제, 사실, 기능과 같은 내용을 활용한다.
- 개념 간의 관계를 밝혀내는 것은 새로운 상황으로 전이 가능한 학습을 만들어내고, 학생들이 새로운 문제를 해결할 수 있도록 돕는다.
- 교사가 개념기반 단원을 설계하기 위해서는 단원의 중심에 놓이는 개념들과 개념 간의 관계conceptual relationships를 파악하는 것이 필요하며, 저차원적 사고와 개념적 수준에 해당하는 고차원적 사고 간의 인지적 상호작용인 시너지를 내는 사고synergistic thinking에 적극적으로 임해야 한다.
- 개념기반 단원 설계에 있어서는 사실적, 개념적, 논쟁적 질문을 생성하고, 수정하며, 정교화하는 데 시간과 노력을 기울여야 한다.

1 지식과 이해

Erickson과 Lanning은 전통적인 내용 범위 중심의 교육과정과 이해의 수준을 더 깊게 발전시키는 교육과정을 매우 중요하게 구분하고 있다. 앎의 표면적 수준을 넘어선다는 것은 무엇을 의미하는가?

Anderson과 Krathwohl의 「A Taxonomy for Learning, Teaching and Assessing(2001)」은 교육학 분야의 가장 영향력 있는 연구 중 하나이다. 최초의 분류 체계는 1950년대에 발표되었다. 숙련된 교육자들의 대부분은 Bloom의 분류 체계 및 회상에서 분석 또는 종합에 이르는 여러 사고 유형의 위계에 대해서 어느 정도 알고 있다. 또한, 많은 교육자는 최초 Bloom의 분류 체계 개발 시 그와 긴밀히 협력했던 Lorin Anderson과 그의 팀이 개발한 수정된 Bloom의 분류 체계가 있다는 것을 알고 있다. 수정된 분류 체계는 '지식'을

'기억하기'로, '종합'을 현재 가장 높은 수준에 놓이는 '창안하기'로 바꾸는 것
과 같이 사고의 위계를 약간 변경한 것이다. 수정된 분류 체계는 그림 1.1을
참고하라.

그림 1.1 **수정된 Bloom의 분류 체계**

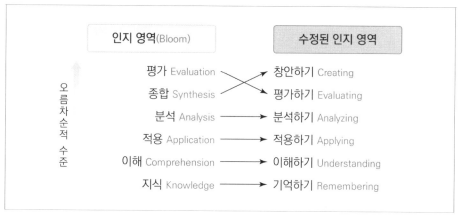

출처: *Anderson/Krathwohl/Airasian/Cruikshank/Mayer/Pintrich/Raths/Wittrock, A Taxonomy for
Learning, Teaching, and Assessing: A Revision of Bloom's Taxonomy of Educational
Objectives*, Abridged Edition, 1st Ed., © 2001. Reprinted by permission of Pearson Education,
Inc., New York, New York.

교육자 대부분은 단순 회상이 가장 쉬운 인지 과정인 한편, 새로운 지식을
창출하는 것은 가장 도전적인 인지 과정이라는 것을 상기시키는 이와 같은 분
류 체계의 변화에 익숙하다. 그러나 Bloom 분류 체계의 지식 영역에서의 주
요한 변화를 고려하는 교육자는 드물다. Anderson과 Krathwohl(2001)은 인지
영역에서 '지식'을 분리하여 별도의 차원으로 추가하였고, 지식을 사실적, 개
념적, 절차적, 메타인지 지식의 네 가지 유형으로 구분하였다.

그림 1.2의 전체 분류 체계 개정 내용을 참고하라. 지식이라는 한 가지 유
형에 대한 여섯 가지의 사고 방법 대신, 지식의 네 가지 유형에 대한 여섯 가
지 사고 방법을 제시한 것이 핵심이다.

그림 1.2 Anderson과 Krathwohl의 인지 및 지식 차원

지식 차원 Knowledge Dimension	인지 과정 차원 Cognitive Process Dimension					
	기억하다 Remember	이해하다 Understand	적용하다 Apply	분석하다 Analyze	평가하다 Evaluate	창안하다 Create
사실적 지식 Factual Knowledge						
개념적 지식 Conceptual Knowledge						
절차적 지식 Procedural Knowledge						
메타인지 지식 Metacognitive Knowledge						

출처: Anderson/Krathwohl/Airasian/Cruikshank/Mayer/Pintrich/Raths/Wittrock, *A Taxonomy for Learning, Teaching, and Assessing: A Revision of Bloom's Taxonomy of Educational Objectives*, Abridged Edition, 1st Ed., © 2001. Reprinted by permission of Pearson Education, Inc., New York, New York.

개념기반 교육을 구현하고자 하는 교사는 그림 1.1의 수정된 Bloom의 분류 체계에서 벗어날 필요가 있으며, 이를 위해 다음의 사항들을 중요하게 고려해 보아야 한다.

- Anderson과 Krathwohl의 연구는 학생들이 학문에 대한 더 많은 통찰을 얻게 하려면 정보를 구성하고 추상적인 개념들을 연결하도록 도와야 하는 것의 중요성을 뒷받침하는 더욱 엄밀하고 진전된 연구이다. 단지 사실과 더 높은 수준의 사고 기능을 연결하려고 하는 것으로는 전이 가능한 심층적 학습이 생성되지 않는다.
- Erickson은 약간 다른 용어를 사용한다. '사실'은 '지식'에 해당하고, '개념'은 '이해'에 해당한다. 사실적 지식은 전이되지 않지만, 개념적 이해는 전이된다.
- 수업 전략은 학습 목표가 제시하는 지식의 유형 및 인지 과정과 연결되어야 한다. 예를 들어, 학생들이 사실을 기억하도록 하는 것이 목표인 경우 교사는 학생들에게 연상기억법을 사용하도록 할 수 있다. 그러나 개념

을 적용하는 것이 목표라면 이 전략은 작동하지 않는다.

- 평가는 가르친 지식의 유형 및 인지 과정과 일관되어야 한다. 주로 (사실적) 기억 수준의 수업이 이루어졌음에도 학생들에게 개념적 아이디어를 평가하려고 할 때는 타당하지 않은 평가 결과를 얻게 될 것이다.

Anderson과 Krathwohl의 새로운 분류 체계는 여러 면에서 유용하다. 새로운 분류 체계는 교사들이 목표로 하는 사고의 방식(인지적 영역)과 사고의 대상(지식 영역) 모두에 대해 전략적으로 접근할 수 있게 한다.

그러나 Anderson과 Krathwohl의 새로운 분류 체계에도 한계는 있다. 예를 들어, 그것은 사실적, 개념적, 절차적, 메타인지 인식 간의 관계를 밝히는 데에는 거의 도움이 되지 않는다. 인지 과정 간의 위계적 관계를 암시하기는 하지만, 지식 차원은 각 유형별 지식의 성격에 대해서는 많은 통찰을 제공하지 못하며, 사실적, 개념적, 절차적, 메타인지 지식 등이 완전히 별개의 것이라는 잘못된 생각을 가지게 한다. 수정된 Bloom의 분류 체계보다 먼저 발표되었던 Erickson의 지식의 구조에 대해 살펴보자. 이것은 수정된 분류 체계보다 간단하며 사실적 지식과 개념적 이해 간의 관계에 대한 더 큰 통찰을 제공한다.

2 지식의 구조

Erickson은 매우 간단명료하고 강력한 시각자료를 사용하여 지식이 어떻게 구조화되는지, 사실적 지식과 개념적 이해 사이에 어떠한 상호작용이 있는지 알게 한다. Erickson이 선택한 언어에 주목하라. Anderson과 Krathwohl은 사실과 개념 모두를 설명하기 위해 '지식'이라는 용어를 사용한 반면, Erickson은 '사실적 지식'과 '개념적 이해'를 구분해야 할 필요성을 상기시킨다. 또한, 지식의 구조는 개념 간의 관계(원리 및 일반화)를 이해하기 위해 사실적 지식이나 예시들을 상향식으로 추상화함으로써 개념적 이해가 구축된다는 것을 나타낸다. Erickson의 지식의 구조는 그림 1.3을 참고하라.

그림 1.3 Erickson의 지식의 구조(Structure of Knowledge)

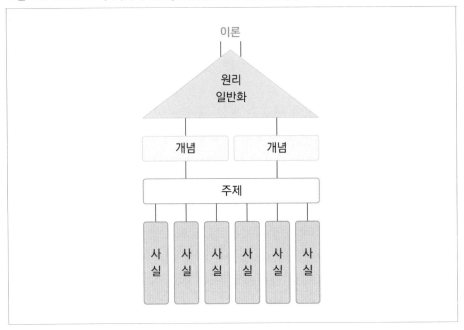

출처: Erickson (2008).

대부분의 교육과정 설계 모형들은 주제 수준에서 그치는 경향이 있다. 예를 들어, 교육과정 문서에는 사회과의 고대 그리스, 과학과의 소화 체계, 기하학의 3차원 형태와 관련된 학습 목표와 활동들이 나열된다. 일반적으로 이러한 주제들은 일련의 사실들을 구성한다. 주제와 사실들은 모두 시간, 장소, 상황에 따라 고정되어 있다. 주제와 사실들은 종종 사고 기능(식별하다, 분석하다, 평가하다, 해결하다 등)과 짝을 이루어 제시되지만 학생들이 학습을 새로운 상황으로 전이시키기에는 너무 구체적이다. 이러한 유형의 교육과정에 노출되는 경우 일부 학생들은 사회과에서 교실의 일상과 규칙을 공부한 후 공동체가 움직이는 방식을, 과학과에서 열대 우림을 공부한 후 시스템이 작동하는 방식을, 수학과에서 공식 $v = l \times w \times h$을 학습한 후 부피가 작동하는 방식을 일반화함으로써 스스로가 개념적 수준으로 추상화할 수 있을 것이다. 그러나 학생들이 이러한 수준에 도달하는 것을 운에 맡겨서는 안 된다.

몇몇 교육과정 문서는 지식의 구조에서 변화, 패턴, 시스템과 같은 개념의 수준까지 더 나아간다. 개념은 추상적이고 시대 초월 적이며 보편적인 정신적 구성체이다(Erickson

학생들이 자신의 이해를 새로운 상황으로 전이할 수 있도록 하는 것은 두 개 이상의 개념 간의 관계이다.

& Lanning, 2014, p. 33). 개념은 복잡하고 다양한 상황으로 전이된다. 그러나 학생이 자신의 이해를 새로운 상황으로 전이할 수 있도록 하는 것은 Erickson의 지식의 구조에서 일반화 또는 원리로 알려진 두 개 이상의 개념 간의 관계이다. 이 점의 중요성을 강조하기 위해 이를 개념적 관계의 진술, 또는 간략하게 '개념적 관계'라고 칭할 것이다.

지식의 구조에서 개념적 관계 수준(원리와 일반화)의 중요성은 아무리 강조해도 지나치지 않는다. 학생들은 두 개 이상의 개념을 이해하고 서로를 관련지어 설명할 수 있어야 한다. 만약 학생이 변화 또는 패턴을 식별하고 정의할 수는 있지만 다른 보편적 또는 학문적 개념과 관련지어 이해하지 못하는 경우, 학생은 앞으로도 변화나 패턴과 관련된 복잡한 문제를 해결하는 데 있어서 계속 어려움을 겪게 될 것이다.

Erickson과 Lanning(2014)은 다양한 유형의 개념들에 대한 또 다른 중요한 구분을 제시했다. 그들은 변화, 패턴, 시스템 등과 같이 매우 광범위하여 여러 학문에 걸쳐서 적용이 가능한 개념을 '거시적 개념macroconcepts'으로 칭하였다. 많은 교육자는 학생들이 여러 학문을 연계하기 바라며, 이는 분명 매우 가치 있는 목표이다. 동시에, 학문 내 아이디어들의 전이 능력을 포함하는 개념기반 학습의 강점에 주목할 필요가 있다. 더 많은 학문 관련 아이디어들은 '미시적 개념microconcepts'으로 부르며, 학문적 수준을 깊게 하려면 미시적 개념이 필요하다(pp. 40-41).

그림 1.4와 같은 초등 저학년 덧셈과 뺄셈 단원의 일반적인 예를 생각해보자. 개념적 관계에 대한 진술들이 학생들로 하여금 어떻게 수학의 덧셈과 뺄셈에 대한 이해를 새로운 상황에 전이하도록 하는지를 생각해 보라. 개념의 정의를 스스로 아는 것만으로는 충분하지 않다.

그림 1.4 **수학과의 개념적 관계**

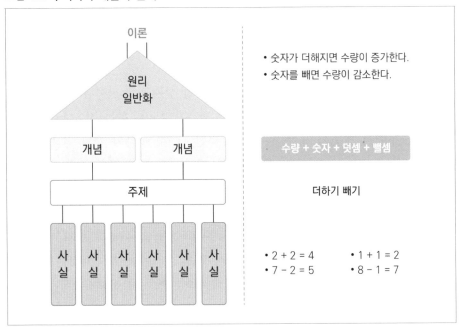

출처: Erickson et al. (2017). Concept-Based Curriculum and Instruction for the Thinking Classroom (2nd edition). Thousand Oaks, CA: Corwin.

그림 1.5의 전형적인 사회과 교육과정의 예를 고려해 보자. 대부분의 교육과정 문서에서는 학습할 사실과 주제를 개괄할 것이며, 이는 학생들에게 '신념'과 '과거'라는 개념이 상황의 중심에 놓인다는 것을 알게 할 수는 있을 것이다. 그러나 개념에 대해 질문하는 것('크리스마스' 이야기는 기념일과 어떻게 관련되는가?)과 개념 간의 관계에 대해 질문하는 것('크리스마스'는 '과거'와 '기념일' 사이의 더 큰 관계를 이해하는 데 어떻게 도움을 주는가?)의 차이를 생각해 볼 필요가 있다. 후자는 시간, 장소, 상황에 걸쳐 적용되는 의미를 밝히기 위한 훨씬 더 강력한 도구가 된다. 서로 다른 신념과 기념일이 과거로부터 계승되었음을 이해하는 것은 서로 다른 종교의 관습에서부터 그들 가족의 전통에 이르기까지의 모든 것을 더 잘 이해하도록 돕는다.

그림 1.5 **사회과의 개념적 관계**

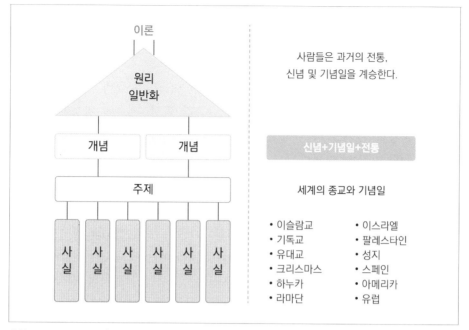

출처: Erickson et al. (2017). Concept-Based Curriculum and Instruction for the Thinking Classroom (2nd edition). Thousand Oaks, CA: Corwin.

Erickson의 지식의 구조 및 이에 상응하는 정의들은 구체적이고 명확한 사실이 좋은 교육과정의 핵심 요소인 개념적 관계, 개념, 주제와 어떻게 관련되는지를 보여준다.

3 과정의 구조

Lois A. Lanning 박사는 문해력 분야의 전문가이다. Lanning은 학교에서 가르치는 전통적인 교과나 학문 간에는 차이가 있다는 것을 지적한다. 수학, 과학, 사회와 같은 몇몇 학문이나 교과는 보다 지식에 기반을 두고 있고, 각 교과는 해당 분야의 전문가들이 알아낸 사실들을 포함하고 있다. 다른 학문은 보다 과정에 기반을 두고 있으며, 구체적인 지식보다는 과정, 전략, 기능에 중점을 둔다. 이와 같은 분야의 전문가들은 최종 결과를 도출하기 위해 복잡한 과정을 적용한다. 언어, 음악, 연극, 무용, 시각 예술이 그러하다.

이러한 교과목의 교사들은 때때로 내용을 지식기반의 모델에 맞추기 위해 애쓰면서 수업에서 학생들이 이야기의 특정 인물과 줄거리, 잘 알려진 그림의 색과 형태, 유명한 뮤지컬에 대한 심층적인 분석에 집중하도록 유도한다. 이것은 모든 예술 교육과정에서 중요한 요소들이기는 하지만, 이 교육과정의 핵심은 해당 분야의 전문가들이 행하는 복잡한 과정, 즉 글쓰기 과정, 예술적 과정에 있다.

이는 절차적 지식을 다른 세 가지 유형의 지식과 구분한 수정된 Bloom의 분류 체계와 직접 관련된다. Anderson과 Krathwohl(2001)은 절차적 지식을 "기능, 알고리즘, 기법 및 방법에 대한 지식"과 함께 "다양한 절차나 단계를 언제 사용할지를 결정하기 위해 사용되는 기준에 대한 지식"으로 설명한다(p. 52). 여기에는 사회과의 탐구 과정, 과학과의 과학적 방법, 영문학에서 문학 비평의 다양한 방법, 수학과의 기하학적 증거를 주장하는 데 관련된 단계들이 포함될 것이다. 그러나 Anderson과 Krathwohl은 학생들이 절차적 지식을 새로운 상황으로 전이하기 위해 무엇을 필요로 하는지 충분히 설명하지는 않는다.

Lanning은 개념적 관계의 진술들로 추상화될 수 있고 기능과 전략이 좀 더 복잡한 과정을 구성하는 방법을 나타내는 시각자료를 제공한다. 개념적 관계를 이해하는 것은 학생들이 단순히 '행하는 것doing'에서 우리가 하는 것을 왜 하는지 '이해하는 것understanding'으로 이동시키는 데 도움을 준다(Erickson & Lanning, 2014, p. 44).

예를 들어, "작가는 자신의 주장을 더욱 설득력 있게 하기 위해 구체적인 증거를 사용한다."는 것을 이해하는 초등학교 고학년 학생들은 이것이 왜 중요한지 그리고 얼마나 강력한 주장이 만들어지는지를 이해하기 때문에, 설득력 있는 글쓰기와 관련된 전략과 기능들을 새로운 상황으로 전이시킬 가능성이 더 크다. 어린 학생들이 "예술가는 어떠한 분위기를 전달하기 위해 특정한 색을 선택한다."는 것을 이해한다면 그들 자신을 표현할 때 더 의식적으로 해석하고 창조하는 데 있어 도움이 될 것이다.

Erickson의 지식의 구조가 사실적 지식과 개념적 이해 사이의 관계를 명료히 하는 것과 마찬가지로, Lanning의 과정의 구조는 과정과 개념적 이해 사이의 관계를 명확하게 나타낸다. 그림 1.6을 참고하라.

그림 1.6 Lanning의 과정의 구조(Structure of Process)

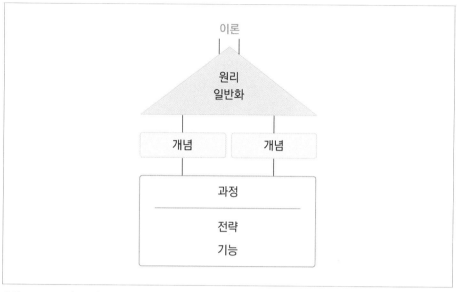

출처: Lanning (2013).

Lanning(2013)은 비록 일부 학문은 다른 학문에 비해 더 과정 지향적이긴 하지만, "개념기반 교육과정을 설계할 때에는 학문 분야와 관계없이 지식과 과정 모두를 고려해야 한다."는 것을 언급하고 있다. 분명, 지식과 과정 사이의 균형은 학문 자체의 성격에 따라 달라지겠지만 과정은 여러 가지 면에서 모든 학문의 필수 구성 요소이다. 이것이 과정의 구조에 대한 Lanning의 작업이 매우 중요한 이유이다.

④ 시너지를 내는 사고

이번 장에서는 지금까지 좋은 교육과정의 가장 중요한 구성 요소로서 지식과 과정 모두에 관련된 개념적 관계를 강조했다. 전통적인 교육과정에서는 사실, 주제, 단편적 기능을 강조하지만, 지식의 이러한 유형들이 의미 있고 전이 가능하도록 하기 위해서는 학생들을 지식의 구조와 과정의 구조의 상위 수준에 관여할 수 있도록 해야 한다.

사실과 기능을 가르치는 것과 빅 아이디어와 개념을 가르치는 것을 이분하는 것은 적절하지 않다. 학생들은 개념적 관계를 발견하기 위해 사실을 이용해야 한다.

그러나 이것은 사실, 주제, 기능이 중요하지 않다는 것을 의미하는 것은 아니다. 실제로, 사실과 기능을 가르치는 것과 빅 아이디어와 개념을 가르치는 것을 이분하는 것은 적절하지 않다. 학생들은 개념적 관계를 발견하기 위해 사실을 이용해야 하고, 개념적 이해를 심화시키기 위해 추가적인 사실들도 활용해야 한다. 이것이 낮은 수준의 사고(저차원적 사고)와 개념적 수준의 사고(고차원적 사고) 사이의 전략적 상호작용이다.

표 1.1에서 예시한 일련의 사실들과 그에 상응하는 개념들을 고려하라. 개념들이 사실의 의미를 구성하고 밝히는 데 어떻게 도움을 주는지, 그리고 사실이 개념에 대한 더 깊고 정교한 이해를 어떻게 촉진하는지 확인해 보아라.

표 1.1 주제, 사실, 개념의 예시

교과 Subject	주제 Topic	사실/예시 Facts/Examples	개념 Concepts
기하학	형태	삼각형 정육면체 육각형	모서리 옆면 비율 유사성
과학	생태계	꽃가루 매개자 씨앗 햇빛	생물 재생산 에너지 순환
음악	원주민 음악	플레인즈-푸에블로족 나바호족 줄루족	타악기 리듬 멜로디
건강과 체육	농구	드리블 레이업 점프 슛	공격 대 수비 이동 시스템
영문학	단편 소설	Grimm의 동화 리키-티키-타비	인물 줄거리 텍스트 구조
스페인어	과거형	특정 동사 활용 차트 가다 오다	시간 강조 동사형

교과 Subject	주제 Topic	사실/예시 Facts/Examples	개념 Concepts
사회	미국 이민	용광로 자유의 여신상 특정 이민자 그룹	갈등 선택 자원 부족

대부분의 교육과정 문서들은 주제와 사실들을 강조하고 더 큰 개념들은 생략함으로써 교사와 학생들을 낮은 수준의 학습에 가두고 있다. 예를 들어, 미국의 많은 초등 고학년 교육과정 기준이 공통으로 다루고 있는 미국 이민에 관한 전통적 단원을 학습할 때(표 1.1 예시 참고), 학생들은 '용광로'와 같은 용어를 암기하고 '자유의 여신상'의 중요성을 설명해야 할 것이다. 학생들은 사실 수준에서만 정보를 처리하는 것이다.

그러나 개념기반 단원에서는 학생들이 사실 수준의 정보를 처리하는 동시에 더 큰 패턴을 파악하고, 개념적 관계에 대해 더 깊은 전이가 가능한 이해에 이르는 것을 요구한다. 미국 이민을 공부하는 동안, 학생들은 다른 이민의 상황들을 풀어내는 데 도움이 되는 선택, 갈등, 자원에 대한 패턴을 인식하게 될 것이다. 사실과 예들을 통해 발견된 개념 간의 관계를 강조함으로써 교사는 사실적 사고 수준과 개념적 사고 수준의 상호작용을 독려할 수 있다. 이러한 상호작용은 Erickson(2008)이 '시너지를 내는 사고'라고 부르는 것이며, 깊이 있고 지속적인 학습을 위해 필수적이다.

시너지를 내는 사고는 개념적 학습의 핵심이기 때문에 개념기반 설계의 핵심에 놓여야 한다. 교사들 역시 사실과 개념적 수준 모두에서 내용을 처리하는 방식을 학습해야 한다. 교사 스스로가 개념적 관계를 통해 사고함으로써 내용에 대한 개인적 의미를 구성해야 한다. 이것은 교사로 하여금 단순히 교과서 단원의 진도를 결정하는 것보다 훨씬 큰 지적 수준을 요구하기 때문에 개념적 교육의 가장 큰 도전 중 하나가 된다. 그러나 시너지를 내는 사고는 개념적 이해를 위한 교육을 전통적인 내용 범위 중심 모델coverage model을 통한 교육보다 더욱 만족스럽고 풍부하게 만드는 요소이기도 하다.

⑤ 단원 설계

그렇다면 교사는 개념기반의 학습 단원을 설계하는 데 있어서 어떻게 지식의 구조, 과정의 구조와 같은 통찰을 사용할 수 있는가? Erickson 등(2017)은 이 과정을 위한 몇 가지 유용한 도구들을 제공하고 있다. 개념기반 단원을 설계하기 위해 활용 가능한 많은 방법이 있지만, 대부분의 좋은 설계에는 다음의 요소들이 포함된다.

- 단원 제목(unit title)
- 개념적 렌즈(conceptual lens), 개념(concepts), 하위 개념(sub-concepts)
- 단원 망(unit web)
- 개념들을 서로 연결시키는 일반화(generalizations)
- 안내 질문(guiding questions)
- 학생들이 완전히 익혀야 할 중요 내용(critical content)과 핵심 기능(key skills)
- 학습 경험(learning experiences)과 수업 내용(lessons)
- 평가(assessments): 수행 과제(performance tasks)와 채점 지침(scoring guides)

개념기반 단원에서는 모든 요소가 함께 작동하여 응집력 있는 전체를 형성하게 된다. 학생들은 핵심 기능을 사용하여 중요 내용을 조사함으로써 안내 질문을 해결한다. 예를 들어, 과학 수업에서 학생들은 가설 검증의 핵심 기능을 사용하여 열대 우림, 사막 및 침엽수림과 같은 몇 가지 육지 생태계를 조사하여 "생태계가 교란되면 어떤 일이 발생하는가?"라는 질문에 관한 탐구를 하게 된다. 학생들은 안내 질문을 따라가면서 '상호의존'의 개념적 렌즈를 통해 생태계를 바라보고 '변화, 적응'의 추가적인 개념은 물론 '생활사, 산림 벌채'와 같은 미시적 개념을 사용하게 된다. 궁극적으로, 학생들은 수중 지진이 해양 생태계에 미치는 영향을 예측하는 데 적용할 수 있는 "생태계가 교란을 겪을 때 새로운 조건은 일부 종을 불리하게 하지만 다른 종을 번영할 수 있게 한다."는 이해에 도달하게 된다.

Erickson과 Lanning은 표 1.2와 같은 개념기반 단원 설계의 열한 가지 단계를 제시했다.

표 1.2 단원 설계의 단계

1단계: 단원명 정하기
단원명은 학생들의 관심을 끌 수 있으면서도 내용의 초점을 명료하게 나타내야 한다.

2단계: 개념적 렌즈 파악하기
개념적 렌즈는 학습에 초점과 깊이를 제공하고 시너지를 내는 사고를 보장하는 개념이다.

3단계: 단원 영역 파악하기
영역은 간학문적 단원에 있어서 교과 영역이 될 것이다. 영역은 하나의 단원을 다루기 쉬운 부분들로 나누는 주요 제목이 된다. 과정중심의 교과에서 영역은 이해하기, 반응하기, 비판하기, 생산하기로 정의된다. 영역은 단원명을 두르는 그물에 작성한다.

4단계: 단원의 주제와 개념을 영역 아래 배치하기
브레인스토밍 후, 각 영역 아래에 있는 개념에 밑줄을 그어 다음 단계에서 쉽게 접근할 수 있게 한다.

5단계: 단원 학습을 통해 학생들이 도출하기를 기대하는 일반화 작성하기
개념적 렌즈를 사용하여 전체 단원에 대한 1~2개의 일반화를 만들고, 각 영역에 대해서도 1~2개의 일반화를 만든다. 때때로 일반화는 하나 이상의 영역을 다루게 된다(특히 과정중심 교과에서). 학습 단원은 학년 수준과 학습 기간에 따라 5~9개의 일반화를 포함할 수 있다.

6단계: 안내 질문 만들기
안내 질문은 일반화에 대한 학생의 사고를 촉진한다. 안내 질문은 유형(사실적, 개념적, 논쟁적)에 따라 코딩해야 한다. 하나의 일반화에는 설계 단계에서 개발된 3~5개의 사실적이고 개념적인 질문과 단원 전체에서 논쟁 가능한 2~3개의 도전적인 질문을 포함하는 것이 좋다.

7단계: 중요 내용 확인하기
중요 내용은 일반화의 기초이며, 단원의 주제와 관련한 지식을 심화하고 과정/기능에 대해 학생들이 알아야 할 것을 정의하는 데 필요로 하는 사실적 지식이다.

8단계: 핵심 기능 확인하기
핵심 기능은 성취기준이나 국가 교육과정에서 원문 그대로를 가져올 수 있다. 핵심 기능은 적용을 통해 전이되며, 특정 주제에 묶이지 않고 여러 분야나 상황에 걸쳐 적용될 수 있다.

9단계: 최종 평가와 채점 지침/루브릭 작성하기
최종 평가는 1~2개의 중요한 일반화에 대한 학생들의 이해, 중요 내용에 대한 학생들의 지

식 및 핵심 기능의 숙달 정도를 드러낼 수 있어야 한다. 과제에 대한 학생 수행을 평가할 수 있는 구체적인 기준으로서 채점 지침 또는 루브릭을 개발한다.

10단계: 학습 경험 설계하기
학습 경험은 학생들이 최종 평가에 요구되는 것을 준비하게 하고, 단원이 끝날 때까지 학생들이 이해하고(understand), 알고(know), 할 수 있어야 하는(do) 것을 반영한다. 학습 경험은 의미 있고 실제적이어야 한다. 단원 설계 시 이 부분에서는 학습 진행 속도, 형성 평가, 학생 맞춤형 수업 전략, 단원 자료 등에 대한 계획이 포함된다.

11단계: 단원 개요 작성하기
단원 개요는 학생들이 단원 개요를 읽으면서 흥미와 관심을 끌어내고 학습 참여로 나아갈 수 있도록 작성한다.

출처: © 2017. Erickson, H. L., and Lanning, L.

개념기반 단원 설계는 결코 쉬운 작업은 아니다. 개념기반 단원이 포함하는 내용, 질문, 개념, 기능 간의 복잡한 상호작용은 단원 설계를 어렵게 만든다. 교사는 종종 개념적 관계에 대한 일반화된 진술 작성과 개념적 질문을 생성하는 데 어려움을 겪는다. 그러나 좌절하기보다는 개념기반 교육을 구현하고자 하는 교사들이 시너지를 내는 사고에 도전하는 것으로부터 에너지를 끌어내기 바란다. 단원 설계 과정에 대해 '이 다음에 나와 같은 지적 경로를 따라 여행하게 될 학생들을 지원하는 여행 가이드의 역할을 하기 위해 이와 같은 지적 여정을 시작한다.'와 같이 생각하라.

그림 1.7은 단원 계획서를 완성하는 방법을 안내하기 위해 H. Lynn Erickson이 설계한 것을 각색한 유치원 단원 설계 사례이다. 여기에서 영역strands은 학문이나 교과 영역에 의해 구분되지만, 이것이 단원 설계를 위한 유일한 방법은 아니다.

그림 1.7 완성 단원(유치원)

개념기반 교육과정 단원 템플릿

학년: 유치원

단원명: 학교에서의 나

개념적 렌즈: 선택

단원 개관:

우리 각자는 학교 공동체를 구성하는 일부인 개인이다. 우리는 가정과 학교에서 우리의 필요와 요구를 충족시키기 위한 선택을 한다. 이 단원에서 우리는 우리 선택의 결과에 대해 탐구할 것이다.

이 단원에서 다루는 기준 또는 국가 교육과정:

(KCCRS.1) 선택에는 결과가 따른다.

(KCCRS KSL.4) 사람, 장소, 사물 및 사건에 대해 설명하고, 더욱 세부적인 정보를 추가로 설명한다.

(KMCSHE.1) 학생은 건강 증진 및 질병 예방과 관련된 개념을 개인 및 지역사회의 건강과 관련된 개념으로 이해한다.

(K.CC.6) (예를 들어, 세기와 비교하기 전략을 사용하여) 한 집단의 개체 수가 다른 집단의 개체 수보다 많은지, 적은지, 아니면 같은지를 식별한다.

(RI.K.7) 삽화와 텍스트 사이의 관계를 설명한다(예 삽화가 묘사하는 텍스트에서 사람, 장소, 사물, 또는 아이디어가 무엇인지).

(W.K.3) 그리기, 받아쓰기, 쓰기를 조합하여 단일 사건 또는 느슨하게 연결된 여러 사건을 서술하고, 사건이 발생한 순서대로 말하며, 일어난 일에 대한 자기 생각을 발표한다.

출처: © 2013. Erickson, H. L., and Lanning, L.

그림 1.7 **(계속)**

단원명 _____

개념적 렌즈 _____

학년 _____

영역 1 영역 2

<u>사회</u> <u>건강</u>
개인 세균
공동체 질병
선택 예방
결과 안전

단원명

학교에서의 나

영역 3 영역 4

<u>문해력</u> <u>수학</u>
사진 비교
단어 초과
세부 사항 미만
의사소통 같음

* 필요에 따라 영역 추가

출처: © 2013. Erickson, H. L., and Lanning, L.

그림 1.7 **(계속)**

학년: 유치원

단원명: 학교에서의 나

개념적 렌즈: 선택

일반화	안내 질문: F = 사실적, C = 개념적, D = 논쟁적
• 개인은 공동체를 형성하기 위해 서로 모인다. • 우리의 선택은 우리 자신과 서로에게, 그리고 공동체에 대한 결과로 이어진다.	• 누가 학교 공동체를 구성하는가? (F) • 학교 공동체에서 나의 역할은 무엇인가? (C) • 선택이란 무엇인가? (F) 왜 우리에게 선택권이 부여되는가? (C) • 학교와 가정에서 우리가 하는 중요한 선택에는 무엇이 있으며, 그 결과는 어떠한가? (F, C, D)
• 세균은 질병을 유발할 수 있다. • 우리는 안전한 선택을 함으로써 세균의 확산을 예방할 수 있다.	• 세균이란 무엇인가? (F) 사람들은 왜 질병에 걸리는가? (F, C, D) • 세균의 확산을 어떻게 막을 수 있는가? (F, C, D) • 개인의 선택이 공동체의 건강에 어떠한 영향을 미치는가? (C, D)
• 상세한 그림과 단어들은 우리의 생각을 다른 사람에게 전달하는 데 도움이 된다.	• 저자가 책에 그림을 넣은 이유는 무엇인가? (C) • 사람들은 왜 글을 쓰는가? (C) • 우리는 어떻게 우리의 생각을 명확하게 전달할 수 있는가? (C)
• 우리는 수를 다른 수 또는 양보다 많거나 적거나 같은 것으로 비교할 수 있다.	• 우리 반에는 몇 명의 학생들이 있는가? (F) • 우리 학교에는 몇 명의 학생들이 있는가? (F) • 어떤 집단이 더 많은가? (F) • 집단의 개체 수를 어떻게 비교할 수 있는가? (C)

* 필요에 따라 셀 추가

그림 1.7 **(계속)**

중요 내용과 핵심 기능

영역별 중요 내용	핵심 기능
영역 1 • 학교장, 친구들, 보건교사 등과 같은 공동체의 중요한 구성원. • 선택과 결과의 의미.	사람, 장소, 사물 및 사건을 설명하고, 추가적인 세부 사항을 제시한다. 개념에 대한 이해를 보여주는 역할극을 한다.
영역 2 • 보통의 세균들은 주로 입, 눈, 코를 통해 몸에 침입한다. • 손을 씻는 것은 질병을 예방하는 중요한 습관이다.	삽화와 삽화가 나타내는 텍스트 사이의 관계를 설명한다. (예) 삽화가 묘사하는 텍스트에 나타난 어떤 사람, 장소, 사물, 아이디어)
영역 3 • 이야기와 삽화의 세부 사항이 저자의 의도를 보여주거나 설명하는 방법의 예.	하나의 사건이나 느슨하게 연결된 여러 사건을 서술하기 위해 그리기, 받아쓰기, 쓰기를 조합하여 사건이 발생한 순서대로 말하고, 일어난 일에 대해 반응한다.
영역 4 • 비교, 더 많음, 더 적음, 같음의 의미.	세기와 비교 전략 등을 사용하여 한 집단의 개체 수가 다른 집단의 개체 수보다 많거나 적거나 같은지를 비교한다.

* 일부 핵심 기능은 과정중심 교과의 영역(학생들은 ...을 알게 될 것이다)과는 일대일로 연관될 수 있지만, 역사나 과학과 같은 내용중심 교과에서는 일대일로 연관될 가능성이 낮다.

그림 1.7 (계속)

단원명 _____

학년 _____

수업기간	학습 경험	평가	맞춤형 수업 전략	자료
2~3주	보물찾기(scavenger hunts): 첫 번째 단계에서는 학생들이 바로 답을 말하지 않게 하고 혼란을 주기 위해 세부 사항을 제공하지 않는다. 학생들이 답을 찾아갈 수 있도록 더 많은 세부 정보를 추가하면서 보물찾기를 반복한다. 원형 토의 활동을 하는 동안, 어떠한 보물찾기가 더 쉬웠는지 물어보라. 왜 자신을 명료하게 표현하는 것이 중요한가? 좋은 선택과 나쁜 선택에 대해 알아보기 위해 「David Goes to School」 이라는 책을 읽는다. 각 학습 모둠에게 좋은 선택을 하기 위해 무엇을 할 수 있는지 질문한다. 학습 모둠에서 나온 아이디어들을 일차적인 교실 합의 목록으로 모은다. 보건교사나 다른 의료 전문가를 초대하여 세균 및 손 씻기의 중요성에 관한 이야기를 나눈다. 학교의 학생 수를 교사 수와 비교한다. (더 많은가, 적은가, 아니면 같은가?)	좋은 선택과 나쁜 선택, 그리고 그 결과가 교실에 미치는 영향을 설명하는 책자를 만든다. 학교 화장실에서의 손 씻기 중요성에 대한 삽화를 그린다. 학생들이 학교에 도착하면 매일 다른 출석 등록을 하게 한다. (예) 오늘 학교에 오기 위해 버스를 탔는가, 아니면 걸어왔는가?) 학생들은 각기 해당하는 열에 서명한다. 학생들은 라벨이 붙은 캔디 스틱을 적절한 병에 넣는다. 원형 토의 활동을 하는 동안 교사는 어느 집단 수가 더 많거나 혹은 적은지, 아니면 같은지를 질문한다. 서명은 매일 다를 수 있다. (예) 기차나 비행기 중 어느 것을 운전하길 원합니까?) 학습 일기를 사용하여 각 집단에서 배운 것을 공유하고, 학생들이 학습 활동 중에 내린 좋은 선택을 기록하게 한다.	수업을 계획하기 전 학생들의 사전 이해 정도를 확인하기 위해 '선택, 결과, 상징, 세균, 질병, 예방, 더 많음, 더 적음, 같음'과 같은 단어의 의미에 대한 사전평가를 한다. 맞춤형 수업 전략을 필요로 하는 학생들을 위해 사전평가 정보를 통해 도출한 기본 아이디어를 검토한다. 각 개념에 대해 사진과 삽화를 많이 사용한다. 역할극을 하고 학생들에게 선택과 자신이 경험한 선택의 결과에 대해 질문한다. 그런 다음 학생들을 짝짓고 역할극 '선택과 결과'에 대한 시나리오를 제시한다. 학생들을 이질 집단으로 나누어 선택과 결과의 개념을 상호 설명하도록 한다.	「David Goes to School」 책 비교를 위한 수 세기 세균에 관해 설명할 수 있는 보건교사나 외부 전문가들 단원의 각 개념을 묘사하는 많은 시각자료

그림 1.7 **(계속)**

최종 단원 평가

단원명: 학교에서의 나

학년: 유치원

무엇(단원의 중점): 학교 공동체에서의 나의 선택

왜(일반화): "우리의 선택이 우리 자신과 서로에게, 그리고 공동체에 대한 결과로 이어진다."는 것을 이해하기 위해.

어떻게(학생들을 위한 매력적인 시나리오): 우리는 취학 전 아이들을 교실로 초대하여 놀이터에서의 선택과 결과에 대한 이야기를 나눌 것이다. 우리는 협력적으로 단원 평가를 계획할 것이다. 학생들과 놀이터에서의 선택이 자기 자신과 서로에게, 그리고 공동체에 어떤 결과를 가져오는지에 대해서 그림 그리고 단어로 표현하며 역할극을 하고 이야기 나눌 수 있다. 우리는 학생들을 잘 안내하기 위해 많은 세부 사항들을 활용할 것이다.

---

6 ▶ 단원 설계에서의 도전 과제

1) 수업에 적합한 개념은 어떻게 확인하고 선택할 수 있는가?

- 지식의 구조 아래에 있는 사실과 주제로부터 시작한다. 교사는 교육과정의 이러한 구성 요소에 대해 몇 가지 지침을 받는다. 일반적으로 국가나 주에는 학생들이 학습해야 할 주요 학습 주제와 사실적 내용을 안내하는 내용 기준이 있다. 교사는 어떤 교과서의 단원과 역량의 목록들을 다루어야 할 수도 있다. 여기서부터 시작하라. 지식의 구조 그림을 그래픽 조직자로 활용하여 점진적으로 개선해 나가라.

- 개념은 교과목의 내용과 각 분야에서의 중요한 사고의 방식에 내재하여 있어야 한다. 만약 단원의 개념을 파악하는 데 어려움이 있다면, 먼저 가르쳐야 할 주제에 대해 더 학습하는 것으로부터 시작하라. "학생들이 왜 이것을 학습해야 할까? 이러한 주제들이 중요한 이유는 무엇일까? 이러한 사실이나 예가 중요한 이유는 무엇일까? 여기서 말하는 '스토리'는 무엇인가? 놀이에서 얻을 수 있는 더 큰 가르침의 내용은 무엇인가?"에 대해 스스로 질문하라.
- 이러한 방식은 교과목 학습 전반에 걸쳐 개념을 나선형으로 정리하는 데 도움이 될 수 있다. 일 년 동안 개념을 반복적으로 다루면서 학생 이해의 정교함을 높여가라. 이후 단원의 미시적 개념과 사실적 내용이 연초에 설정한 이해에 도달하게 하고 심화하며 확장하는 데 도움이 되는지를 확인하라.
- 자신이 가르치는 교과목이나 수업의 스토리를 요약하는 한두 문장을 쓰는 것으로 시작하라. 학생들이 수업을 통해 학습해야 할 하나의 큰 가르침의 내용은 무엇인가?
  - 수학: 우리는 숫자에 대해 깊이 생각하고 그것이 우리 삶의 문제를 해결하는 데 어떻게 도움이 되는지를 학습할 것이다.
  - 사회: 우리는 공동체 내의 다양한 역할과 책임에 대해 탐구할 것이다.
  - 과학: 우리는 모든 생명체는 서로 연결되어 있고 의존하고 있다는 것을 학습할 것이다.
  - 영어: 우리는 우리와 다른 삶을 이해하는 데 도움이 되는 이야기들을 읽을 것이다.

2) 개념적 관계에 대한 좋은 진술은 무엇인가?

- 좋은 진술은 중요한 이해를 나타내야 한다. 너무나 명백하고 단순한 진술이거나 또는 학생들이 오해할 수 있거나 이해하기 위해 노력할 만한 진술이 아니라면 좋은 진술이 아니다.
- 좋은 진술은 적절하게 도전적이어야 한다.
- 좋은 진술은 전이 가능해야 한다. 우리는 그 진술이 사실로 작동하는 여러 상황을 생각해 볼 필요가 있다.

3) 개념적 관계에 대한 진술은 어떻게 개선할 수 있는가?

- 진술에 두 개 이상의 개념이 포함되어 있는지 확인하라.
- 그것이 기능이나 학생들이 해야 할 무엇은 아닌지 확인하라. "학생들은 …을 이해할 것이다."라는 문장을 완성하는 진술을 유지하라.
- 'is, are, have, affect, influence, impact'와 같은 약변화 동사weak verbs는 피하라(Erickson, 2008).
- 진술이 발달적으로 적절하면서도 정교한 아이디어인지 스스로 질문하라.
- 이러한 진술에 대해 깊이 생각해보고 개선하기 위한 시간을 가져라. 진술을 몇 시간이나 며칠 정도 두었다가 다시 보아라. 스스로 "어떻게? 왜?"를 질문하며 진술을 더 구체적으로 개선하라. 명료성, 정밀성, 정확성을 점검하라. 특히 동사에 주의를 기울이고 가능한 한 능동적이고 서술적인 진술로 수정하라(Erickson, 2008).
- 이 부분은 개념기반 단원을 설계할 때 가장 까다로운 부분이다. 하지만 가장 보람 있는 일이기도 하다. 주제와 사실을 액면 그대로 받아들이기보다는 반드시 깊이 이해할 수 있도록 해야 한다. 내용에 내재한 더 깊은 의미를 찾기 위해 교사에게도 새로운 학습이 필요할 수 있다. 이와 같은 일반화 작업을 더 열심히 할수록 동료들과 더 많이 토론하게 되고, 자신의 분야에 대한 폭넓은 독서를 통해 일반화를 확인해 갈수록 교사는 더욱 만족감을 느끼게 될 것이다. 이는 지식의 구조를 구성해 가는 작업이다.

표 1.3의 개념적 관계에 대한 진술의 예시를 검토하라. 연습을 위해 '더 나은 진술'이라고 표시된 열을 가리고 '약한 진술'이라고 표시된 부분에만 집중해 보라. 약한 진술을 개선하기 위해 여기에 있는 몇 가지 팁과 질문들을 활용하라. 그런 다음 '더 나은 진술'로 개선하기 위해 도전하라.

표 1.3 개념적 관계 진술의 예시

약한 진술	더 나은 진술
학생들은 광고주가 사용하는 설득력 있는 방법을 이해할 것이다.	학생들은 광고주가 소비자들을 사로잡기 위해 기억하기 쉬운 슬로건, 매혹적인 이미지와 간결하면서도 매력적인 로고와 같은 설득력 있는 방법을 사용한다는 것을 이해할 것이다.

약한 진술	더 나은 진술
학생들은 십진법 숫자와 숫자명 간의 관계를 이해할 것이다.	학생들은 세 자리 숫자의 각 자리가 일, 십 또는 백의 양을 나타낸다는 것을 이해할 것이다. (CCSS, Grade 2)
학생들은 다양한 종류의 물질이 있다는 것을 이해할 것이다.	학생들은 관찰 가능한 속성이 물질을 설명하고 분류하는 데 도움이 된다는 것을 이해할 것이다. (NGSS, Grade 2)

4) 개념적 관계의 진술은 단원당 몇 개가 이상적인가?

- 단원의 길이와 학년 수준에 따라 다르겠지만, 일반적으로 단원당 5~9개의 진술이 가장 적절하다(Erickson et al., 2017).

5) 좋은 질문은 어떻게 작성하는가?

- 학생들이 저차원적 수준의 학습과 개념적 수준의 학습에 적절히 참여할 수 있도록 사실적 질문과 개념적 질문의 균형을 유지할 필요가 있다. 또한, 논쟁적 질문을 포함함으로써 학생들의 흥미를 높이고 도전적인 사고에 동기를 부여하라.

- 개념적 질문은 개념 간 관계의 본질에 관해 물어야 한다. 다음에 제시되는 질문 줄기는 질문 작성을 시작하는 데 도움이 될 수 있다. 공백 부분은 사실이나 주제가 아닌 개념으로 채워져야 한다.
  - _____와(과) _____은(는) 어떤 관계가 있는가?
  - _____은(는) _____에 어떤 영향을 미치는가?
  - _____와(과) _____은(는) _____에 어떤 효과가 있는가?
  - _____와(과) _____의 힘은 어떻게 상호작용하는가?

- 균형 잡기가 쉽지는 않지만, 질문은 학생들을 안내하되 너무 앞서가서는 안 된다. 질문은 설명에 도움이 되는 예시들을 통해 학생들이 스스로 답을 제시할 수 있도록 해야 한다. 이것은 일반화를 만들 때 피해야 하는 일부 약변화 동사(is, are, have, affect, influence, impact)가 많은 가능한 답변과 접근 방식에 여지를 주기 때문에 질문에는 적합하다는 것을 의미한다. 예를 들어, "왜 환경의 변화가 살아있는 유기체를 적응하게 하는가?"라는 질문은 "환경 변화가 생태계의 유기체에 어떤 영향을 미치는가?"라는 질문보다 훨씬 덜 개방적이다. 첫 번째 질문은 학생들이 스스로 탐구

하여 찾아내도록 요구하지 않고 관계(환경의 변화는 살아있는 유기체가 적응하도록 함)를 직접 제공한다. 학생들이 스스로 생각할 기회를 빼앗지 말아라.

- 질문은 하나의 단원을 구성하거나 분리할 수 있으므로 브레인스토밍하는 시간을 가지면서 질문의 범위를 좁히는 것이 좋다. 예를 들어, "이주와 분쟁 간의 관계는 무엇인가?"라는 질문으로 시작할 수 있지만, "이주는 필연적으로 갈등을 야기하는가?"와 같이 학생들이 관계의 한 측면에만 집중할 수 있도록 다시 질문의 초점을 조정하여라. 좁은 개념적 질문과 넓은 개념적 질문은 각기 장단점을 모두 가지고 있다. 이 경우, 보다 좁은 질문은 학생들이 교사의 시범이나 설명을 많이 필요로 하지 않고 단원 내 여러 지점에서 방향을 잡고 자신의 입장을 다시 생각하도록 유도할 수 있다. "...의 관계는 무엇인가?"라는 보다 넓은 질문은 다양하고 광범위한 사고를 허용하지만, 학생들은 그것에 어떻게 접근할지에 대한 더 많은 안내나 지도가 필요할 것이다.

표 1.4의 세 가지 질문 세트 예시를 고려하라. 각 질문은 학생들에게 어떤 유형의 사고를 장려하는가? 어떤 질문이 두 개 이상의 개념 간의 관계를 이해하도록 학생들을 가장 잘 안내하는가? 각 세트의 질문은 어떻게 함께 작동하여 학생들을 더 큰 이해로 안내하는가?

표 1.4 질문 세트의 예시

광고주는 어떤 설득력 있는 방법을 사용하는가? 광고주는 어떻게, 그리고 왜 설득력 있는 방법을 사용하는가? 광고주가 사용하는 설득력 있는 방법과 판매 사이에는 어떤 관계가 있는가?
자릿값은 무엇인가? 우리는 그것을 어떻게 사용하는가? 자릿값은 큰 수를 나타내는 데 어떻게 도움이 되는가? 자릿값과 수량 사이에는 어떤 관계가 있는가?
물질은 무엇인가? 다른 종류의 물질에는 무엇이 있는가? 물질은 어떻게 분류할 수 있는가? 물질의 속성과 온도 사이에는 어떤 관계가 있는가?

7 명백한 전이: 개념기반 교육과정의 궁극적 목표

교사들에게 학생들이 교사가 가르치는 내용을 알아야 하는 이유를 물으면 다양한 대답이 나온다. 어떤 교사에게는 주제나 사실 그 자체가 중요한 것으로 보인다. 영어 교사는 「Charlotte's Web」은 현존하는 가장 중요하고 잘 알려진 문학 작품 중 하나이기 때문에 아이들은 반드시 그것을 읽고 배워야 합니다."라고 말할지 모른다. 그러나 우리는 교사가 학생이 미래에 생산적인 삶을 영위하는 데 도움이 될 수 있는 교육내용을 가르쳐야 한다고 말하는 것도 자주 듣는다. 교사들은 학생들이 깊이 있고 강력한 사고를 할 수 있는 사람, 문제 해결자, 독자, 작가, 연사로 성장하기를 기대한다. 또한, 학생들이 세상을 다양하게 바라보고, 그들이 배운 것을 바탕으로 행동하는 힘을 갖기 바란다. 개념기반 학습뿐만 아니라 모든 학습의 목표는 전이다.

"사실과 주제는 전이되지 않는다."는 것이 전이를 이해하기 위한 핵심이다. 이것은 사실과 주제가 새로운 상황에 직접 적용될

> "사실과 주제는 전이되지 않는다."는 것이 전이를 이해하기 위한 핵심이다.

수 없다는 것을 의미한다. 우리는 한 상황에서 다른 상황으로 통찰을 발휘하려고 할 때 우리가 가진 지식을 새로운 상황에 적용하기 이전에 항상 개념적 수준으로 추상화하고, 특정 사례에서 더 포괄적인 원리로 일반화한다.

우리의 뇌는 이 과정을 위해 연결되어 있다. 완두콩과 브로콜리를 맛본 유아는 시금치 먹기를 주저한다. 아이는 새로운 채소를 보았을 때 먹을지 말지의 결정을 돕는 맛과 색을 연관시킨 일반화를 형성한 것이다. 또 다른 아이는 "선이 악을 이긴다."는 여러 디즈니 영화를 본 후 공주가 사악한 여왕의 손아귀에서 구출될 것으로 예측한다. 우리는 사실적 예시들과 세계의 논리를 구성하는 개념적 규칙 또는 패턴 사이를 자연스럽게 이동한다.

만약 교사가 주제와 사실적 수준에 머무르게 되면, 학생들도 배우고 있는 것에 대해 더 큰 원리를 도출하기 위한 노력을 멈추게 된다. 학생들이 초등학교 고학년에 이르면 심층적 이해 없이 단서에 따라 지식을 검색하는 상태가 된다. 그러나 교사들은 계속해서 전이를 기대하고 있을 것이다. 학생들이 작년에 「Charlie and the Chocolate Factory」를 읽었다는 것을 알고, 교사들은 그

들이 「James and the Giant Peach」에 대해 더 많은 통찰을 갖게 될 것이라고 가정한다. 분수와 관련된 계산을 수행하는 방법을 가르친 후에는 조리법을 반으로 줄이거나 두 배로 늘리는 문장제를 해결할 수 있을 것으로 기대한다. 교사들은 학습이 이러한 방식으로 전이되지 않을 때 놀람에도 불구하고, 학생들에게 낮은 점수를 주고 진도를 계속 나가는 것은 문제가 된다.

개념적 학습의 가장 큰 장점은 사실에 대한 지식을 전이 가능한 개념적 이해로 전환하는 과정을 가시적이고 구체적으로 만드는 데 있다. 학생들이 「Charlie and the Chocolate Factory」에 대한 독서를 통해 운명과 자유의지 개념 간의 관계를 조사하고 이러한 개념에 대한 일반화를 다듬는 데 상당한 시간을 보낸다면, 「James and the Giant Peach」를 읽을 때 이 책에서 작동하는 일반화를 더 쉽게 인식할 수 있을 것이다. 그리고 학생들이 수학의 알고리즘을 암기하는 것보다는 곱셈과 나눗셈의 관계를 탐구하기 위해 분수 학습을 활용할 때에 적절한 알고리즘이 분명하지 않은 어려운 문장제도 더 잘 해결할 수 있게 된다.

이것은 학문적 전이academic transfer의 예이며, 하나의 과제에서 다음 과제로 이해를 전이하는 것을 의미한다. 다만, 이 책에서 말하는 학습의 전이는 실제적 상황이나 문제로의 전이를 포함하는 것이다. 전이는 개념적 관계에 대한 학생들의 이해를 교실 너머 세상을 보는 방식과 교사가 구성한 학습 활동의 변수 밖 문제를 해결하는 방식으로 전환해야 하는 것이다. 우리의 궁극적인 목표는 단지 「Charlie and the Chocolate Factory」에 대한 공부에서 「James and the Giant Peach」에 대한 공부로 이해를 전이하는 것이 아니다. 학생들이 운명과 자유의지에 대한 관점이 이 이야기들의 등장인물에 어떤 영향을 미치는지를 이해하는 것은 중요하다. 하지만 더 나아가 괴롭힘에 맞서기로 한 학생들의 결정이 그들이 스스로 상황을 통제하는 정도와 관련이 있다는 것을 인식함으로써 이러한 통찰을 학교 내 갈등 해결에 적용하는 것과 같은 실제적 상황에 활용하는 것이 더욱 바람직하다.

개념적 전이conceptual transfer와 연결 짓기 making connections는 다르다. 교사는 종종 학생의 학습을 확장하고 의미 있게 하도록 주제적 연결 또는 사실적 연결을 만들게 한다.

개념적 전이는 학생들이 개념 간의 관계에 대한 통찰을 새로운 시나리오에 적용할 때에만 일어난다.

예를 들어, 세균이 신체에 미치는 영향을 학습할 때 교사는 학생들에게 적절한 손 씻기 부족 문제가 감염 확산에 미치는 영향에 대한 기사를 읽게 하고 모든 학생이 간식이나 점심을 먹기 전에 손을 씻도록 하는 법안을 지지할지를 결정하도록 할 수 있다. 분명히 이 과제를 하기 위해 학생들은 그들이 아는 것을 끌어내야 한다. 그러나 개념을 끌어내도록 요청하는 것은 아니다. 오히려 세균이라는 주제에 대한 사실들을 끌어내도록 한다. 개념적 전이는 학생들이 개념 간의 관계에 대한 통찰을 새로운 시나리오에 적용할 때에만 일어난다.

John Hattie의 연구는 학습을 새로운 상황으로 전이하는 데 있어 개념적 이해가 핵심이라는 주장을 뒷받침한다. Hattie는 다음과 같이 말한다.

어떤 아이디어들을 접하게 되면 우리는 아이디어들을 연관시키고 확장하게 된다. 이는 새로운 아이디어가 될 수 있는 개념적 이해로 이어지게 되며, 이러한 사이클은 계속된다. 개념적 이해는 우리가 새로운 아이디어를 해석하고 완전히 이해하며 그것들을 연관시키고 확장하는 일종의 '옷걸이'를 형성한다(Hattie, 2012, p. 115).

그는 학습을 표면적, 심층적, 전이 학습의 세 수준으로 구분하였다(그림 1.8 참고). 학습에 있어서 세 가지 수준 모두 필수적이며, 이 책의 1장에서는 Erickson이 '시너지를 내는 사고'라고 언급한 내용을 담은 절에서 이와 관련한 요점을 제시하였다. Hattie 등은 "표면적 이해와 심층적 이해는 모두 학생들이 개념적 이해를 개발하도록 이끈다."라고 언급한다(p. 61). 또한 '궁극적인 목표이지만 실현하기 쉽지 않은 것이 바로 전이'라는 것에 동의한다. 학생들이 이 수준에 도달하면 학습은 완성된 것이다(Fisher, Frey, & Hattie, 2016, p. 19).

그림 1.8 **표면적, 심층적, 전이 학습**

출처: Fisher, Frey, & Hattie (2016).

1980년대에 Perkins와 Salomon(1988)은 소위 저차원적 전이low-road transfer 와 고차원적 전이high-road transfer의 차이를 구분했다. 서로 비슷한 과제들을 수행해야 하는 경우 이것을 저차원적 전이라고 한다. 점진적으로 개념을 일반화시켜야 하는 서로 다른 과제로 지식을 전이해야 할 때, 학생들이 고차원적 전이를 수행하고 있는 것이다.

혁신은 학습의 고차원적이고 실제적인 전이에 해당한다. 그리고 이것은 개념적 수준에서 이루어진다.

21세기에 혁신이 필요하다는 데 동의하는 사람들은 교육연구 분야 거물들의 이와 같은 생각을 그냥 넘길 수는 없을 것이다. 혁신은 학습의 고차원적이고 실제적인 전이에 해당한다. 그리고 이것은 개념적 수준에서 이루어진다.

우리는 혁신을 촉진하는 핵심을 설명하기 위해 Perkins와 Salomon의 고차원적 전이와 저차원적 전이를 우리의 학문적 전이, 실제적 전이와 통합했다(그림 1.9). 사실에 대한 깊이 있는 토대나 표면적 수준의 학습은 심층적 학습과 전이, 혁신에 필수적이기 때문에 정규 학교교육에서는 이 그림의 네 개 사분면 모두를 포함해야 한다. 하지만 오른쪽 상단의 사분면이 바로 혁신이 일어나는 지점이라는 것이 가장 중요하다. 이 책은 이 지점에 도달하는 방법을 보여줄 것이다.

그림 1.9 혁신이 일어나는 지점

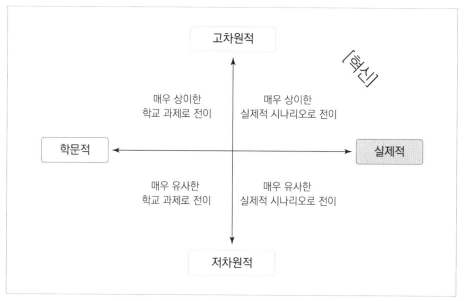

출처: Stern, Ferraro, & Mohnkern (2016).

예를 들어, 공동체를 공부하는 학생들은 공동체와 규칙 사이의 관계를 탐구할 수 있다. 교사는 "공동체에서 규칙을 만드는 이유는 무엇인가?"와 같은 질문을 제시할 수 있다. 또한 교실 맥락에서 시작하여 학생들에게 규칙과 그것을 만든 이유를 탐구하도록 할 수 있다. 학생들은 "공동체에서는 모든 사람이 잘 지낼 수 있게 하도록 규칙을 만든다."와 같은 결론을 내릴 것이다. 학생들의 이해를 심화시키기 위해 교실 너머 더 큰 학교 공동체와 규칙을 탐구하도록 할 수 있다. 다음으로, 교사는 가족과 관련하여 어디서 가족 규칙의 예를 찾아볼 수 있는지, 가족이 잘 지내는 데 있어 그 규칙이 어떻게 도움이 되는지를 질문할 수 있다.

각 맥락이 어떻게 그림 1.9의 왼쪽 아래 사분면에서 오른쪽 위 사분면으로 학생들을 이동시키는지에 주목하라. 학생들은 최종 과제로 스케이트장에서의 안전사고 문제를 다룰 수 있다. 학생들은 모두가 스케이트장을 안전하게 이용하는 데 도움이 될 수 있는 규칙들을 제안할 수 있다. 한 그룹의 학생들은 매 시간의 처음 30분은 초보자를 위한 시간으로 하고, 후반 30분은 더 빨리 가길 원하는 숙련된 스케이터가 예약하도록 하는 방법을 제안할 수 있다. 다른 그룹은 초보자가 안전하게 연습할 수 있도록 링크 중앙부에 줄을 두르고, 숙련된 스케이터는 링크 외부를 사용하여 더 빨리 갈 수 있도록 하는 방법을 제안할 수 있다. 개념적 수준으로 추상화하고 이해를 점점 더 복잡한 과제로 전이할 때 학생들은 실세계의 혁신적인 문제 해결을 연습할 수 있게 되는 것이다.

다음의 표 1.5는 초등학교 고학년 학생이 상당히 복잡한 문제를 해결하기 위해 어떻게 접근하는지를 보여준다. 이것은 Wilmington 소재 North Carolina 대학의 Elizabeth Crawford 교수와 대학원생들이 대학원 수업에서 설계한 것이다. 질문은 사실적 질문(F)과 개념적 질문(C)으로 구분된다. http://climateletsmakeachange. weebly.com/에서 전체 단원과 우수한 자료들을 볼 수 있다.

기후: 변화를 만들자!

Lauren Breen, Elizabeth Crawford, John Clark,
Meredith Mitchell

'기후: 변화를 만들자!' 단원에서 초등학교 고학년 학생들은 기후 변화가 인간, 다른 생물, 생태계에 미치는 영향과 근본적인 원인에 대해 학습한다. 학생들은 여러 맥락에서 개념적 관계를 탐구하는 서로 다른 실제적인 활동들을 수행하는 가운데, 시각적 사고방식, 텍스트·영화·사진에 대한 서면 및 구두 응답, 예시들에 대한 비교와 대조를 통해 '보존, 원인과 결과, 변화, 상호의존, 지속가능성, 시스템'에 대한 개념적 이해를 발견하고 정교화할 것이다. 학생들은 기후가 지구상의 모든 생명체에 영향을 미친다는 것을 알게 될 것이다. 이 단원의 최종 프로젝트는 학생들이 생태 발자국을 줄이기 위한 해결책을 찾는 데 참여하는 것이다. 개념적 관계 및 이에 해당하는 안내 질문을 포함한 자세한 수업 내용은 표 1.5를 참고하라.

표 1.5 단원의 개념적 관계와 안내 질문

단원	개념적 관계	안내 질문
1단원 3-2-1 기후 변화!	인간의 활동은 지구의 기후 시스템 변화를 가속화한다.	• 인간의 활동은 지구의 기후 시스템에 어떠한 영향을 미치는가? (C) • 더 지속 가능하게 살기 위해 인간의 행동은 어떻게 바뀌어야 하는가? (C) • 환경 변화의 지표는 무엇인가? (F) • 어떠한 생활방식을 선택하는 것이 생태학적 발자국에 가장 큰, 또는 가장 적은 영향을 미치게 되는가? (F)
2단원 북극곰, 농장, 기후 변화	기후 변화는 상호 의존적인 동식물종 간의 생태학적 균형을 파괴하고 생존에 필요한 생태학적 생물 다양성을 감소시킨다.	• 지구의 온도 변화는 생태계에 어떠한 영향을 미치는가? (C) • 생태계 내, 생태계 간 변화는 식물과 동물의 생존에 어떠한 영향을 미치는가? (C) • 이산화탄소(CO_2)의 변화는 생태계 내 동식물 종에 어떠한 영향을 미치는가? (F) • 세계 해양의 변화(예 해수면, pH, 온도)는 지구의 생명체에 어떠한 영향을 미치는가? (F) • 기후 변화는 어떻게 질병 확산의 원인이 되는가? (F)
3단원 생각할 거리	인간의 식단 선택은 기후 변화의 원인이 된다.	• 소비자의 선택은 기후 시스템과 생태계에 어떠한 영향을 미치는가? (C) • 식단이 기후에 미치는 영향과 관련되는 요인은 무엇인가? (F) • 어떠한 식단 선택이 기후 변화에 가장 큰, 또는 가장 적은 영향을 미치는가? (F)
4단원 우리는 적응한다!	식물종과 동물종의 생존을 위해서는 생태학적 변화에 대한 적응이 필요하다.	• 인간은 어떻게 기후 변화에 적응하고 기후 변화를 완화하는가? (C) • 종은 그들의 생존을 위해 어떠한 구조적, 행동적 적응을 겪는가? (C) • 어떠한 일상생활 방식의 변화가 인간의 생태학적 발자국을 줄여 기후 변화에 미치는 영향을 낮출 수 있는가? (F)
5단원 기후: 변화를 만들자!	사회적 상호작용은 개인과 집단의 생활방식 선택에 영향을 미친다.	• 사회적 상호작용은 개인과 집단의 생활방식 선택에 어떠한 영향을 미치는가? (C) • 미래의 기후 변화를 완화하는 데 효과적인 개인과 집단의 행동에는 무엇이 있는가? (F) • 실천은 어떻게 환경적 지속가능성을 촉진할 수 있는가? (F)

출처: Lauren Breen, Elizabeth Crawford, John Clark, and Meredith Mitchell, University of North Carolina at Wilmington.

이 장이 개념기반 교육과정의 가장 중요한 원리와 개념기반 단원을 설계하기 위한 기본 단계를 이해하는 데 도움이 되었기를 바란다. 이 교육과정 모델이 복잡한 문제 해결자이자 지식인으로서의 학생들의 잠재력을 일깨운다는 것은 매우 흥미롭다. 암기식 학습을 넘어 학생들을 세계 공동체에 대한 역량 있는 기여자로 성장시키기 위한 교육 유형을 구상할 때 개념기반이 그 중심에 놓인다. 이는 개념적 학습이 정보의 더미나 일련의 개별 학습 목표를 그저 다루는 대신, 깊고 지속적인 통찰을 전이시키는 데 초점을 맞추기 때문이다. 개념적 학습은 학교를 벗어나서는 가치가 없을 시험을 위해 학생들이 벼락치기 하게 하는 대신, 의미 있는 진실을 밝히고 그것을 활용하도록 장려한다.

이 장과 관련하여 더 심도 있는 설명과 추가적인 예시가 필요하다면 Erickson, Lanning, French의 「Concept-Based Curriculum and Instruction for the Thinking Classroom(2nd edition, 2017)」이 도움이 될 것이다. 언어(외국어 포함)와 예술(음악, 드라마 등) 교과에 관심이 있는 경우에는 Lanning의 「Designing a Concept-Based Curriculum for English Language Arts: Meeting the Common Core With Intellectual Integrity(2013)」를 읽어보기 바란다.

생각해 보기

- 개념기반 교육과정에서 사실, 주제, 개념은 어떠한 역할을 하는가? 기능, 전략, 과정, 개념은 어떠한가? 이 모든 요소가 중요한 이유는 무엇인가?

- 전이를 학습 목표로 삼는다는 것은 무엇을 의미하는가? 한 상황에서 다른 상황으로 이해를 전이시키는 데 있어서 개념이 필수적인 이유는 무엇인가?

- 개념기반 단원을 설계할 때 가장 큰 도전은 무엇인가? 이 장을 통해 얻을 수 있는 어떠한 통찰이 설계 과정의 어려운 부분을 극복하는 데 도움이 될 수 있는가?

2장

개념적 학습을
위한 교실

2장   개념적 학습을 위한 교실

이 장에서는 개념기반 교실의 구성 요소를 개괄하고, 학생들의 개념적 이해를 조성하는 데 도움이 되는 전략들을 제시한다. 개념기반 교사는 교실 운영 계획을 상정할 때 다음의 네 가지 기본 원리를 따른다.

1. 아이들의 발달 단계에 있어서 지적 엄격성intellectual rigor은 존중되어야 한다.
2. 개념적 학습은 학생 중심, 사고 중심의 교실에서 가장 잘 나타난다.
3. 학생들에게 개념적으로 학습하는 방법에 대해 분명하게 가르치는 것이 중요하다.
4. 학생들의 사고를 정교하게 개선시키기 위해 개념적 학습은 반복적이어야 한다.

이 장에서는 개념기반 교사처럼 생각하고 가르칠 수 있도록 이러한 원리들과 예시적인 수업 전략에 대해 간략한 설명을 제공하고자 한다.

1   지적 엄격성으로 아이들을 존중하기

모든 연령대의 아이들은 교사가 그들에게 제공하는 것보다 더 많은 지적 엄격성을 가지고 학습할 수 있다. 이는 암기하거나 빠르게 가르쳐야 할 더 많은 사실을 의미하지는 않는다. 아이들은 일반적으로, 아주 어린 나이일지라도, 교사가 보통 요구하는 것보다 더 많은 연결고리를 만들고, 더 많은 결론을 도출하며, 더 많은 잠재적인 해결책에 대한 가설을 세울 수 있다. 물론, 일련의 적절한 발달 과정은 존재한다. 5살짜리 아이에게 차를 운전하라거나 플라톤을 읽으라고 요구하지는 않을 것이다. 하지만 교사들이 어떻게 두 개가 연관되어 있는지, A가 B에 어떤 영향을 미치는지, 왜 그런 일이 일어나는지, 그리고 더 많은 '만약 ~라면 어떻게 되는지'와 같은 유형의, 1장에 열거된 질문들을 함으로써 아이들의 학습을 지적인 수준까지 끌어 올릴 수 있다.

서문에서 언급했듯, 최근 수많은 연구는 아기들과 미취학 아동들이 이전에 알고 있던 것보다 훨씬 더 복잡한 사고를 할 수 있으며, 어린 나이부터 적절한 자극과 성장·발달을 촉진하는 환경이 뇌의 생리적 구조를 바꿀 수 있다는 것을 보여준다(Bowman, Donovan, & Burns, 2002). 핵심은 이상적인 자극의 양을 알아내는 것인데, 이는 연령에 상관없이 아이마다 크게 다를 수 있다.

수많은 연구(Bowman et al., 2002; Hattie, 2009 등)에 따르면, 지적 엄격성을 가지고 학생들을 존중하는 방법은 다음과 같다.
- 학생들이 달성하기를 바라는 일련의 구체적으로 진술된 학습 목표를 갖는다.
- 학생들이 성공적인 탐구를 할 수 있도록 계획하고 준비한다.
- 목표에 대한 탐구와 학생 중심의 발견 기회를 많이 제공한다.
- 사고와 메타인지를 탐색할 수 있도록 성찰하고 질문하는 데 의미 있는 시간을 준다.

3장에서는 학생들의 발견을 촉진하는 방법이나 개념적 학습 목표를 찾는 것에 대해 더 자세히 설명하는데, 우선은 역동적인 교실을 만드는 구체적인 방법에 대해 초점을 맞추고자 한다.

전략 #1. 탐구에 적합한 공간 마련

교사들은 학생들의 흥미를 유발하면서 세상이 움직이는 방법을 발견하는 데 도움이 될만한 자료를 생각해내는 데 능숙하다. 우리는 교사들에게 학생들이 학습 목표의 발견을 잘할 수 있도록 이끄는 최적의 자료에 대해 끊임없이 생각하도록 격려한다. 자석, 경사로, 자동차, 다양한 크기의 공, 깃털, 추, 팽이 장난감, 뉴턴의 요람 장난감, 그리고 뛰노는 아이들과 언덕에서 썰매를 타는 아이들, 달리는 치타와 같은 것들에 대한 이미지 카드를 '움직임, 에너지, 힘'이라고 표시된 큰 상자에 담아 사용하는 것처럼, 개념별로 사물을 정리하고 분류하는 것은 도움이 될 수 있다. 교사는 자료에 대한 생각을 확장하고자 Google에서 개념을 검색해 보기도 한다. Google 이미지는 학생들이 개념을 시각화하는 데 도움이 되는 많은 아이디어를 제공한다. 표 2.1은 수업을 시작하는 데 도움이 되는 아이디어 목록이다. 물론 중복되는 부분이 있고, 각 자료들은 다른 많은 탐구를 위해 사용될 수도 있다. 예를 들어, 균형 척도balance scale는 수학과 과학의 개념뿐만 아니라 사회학을 탐구하는 데 사용될 수 있는데, 그것은 정의justice의 전형적인 상징이기 때문이다.

표 2.1 개념기반 교실의 준비물 예

아이디어	설명
성찰 게시판	머리에서 거대한 생각 구름이 나오는 아이의 모습을 그리거나 인쇄한다. 그리고 "나는 거품에 더 무거운 공을 던지면, 가벼운 공을 던졌을 때보다 더 많은 영향을 입힌다는 것을 알았다. 그것은 더 무거운 물체일수록, 던질 때 더 큰 힘을 지니고, 따라서 그것이 다른 물체와 충돌할 때 더 큰 충격을 준다고 생각한다."와 같이 학습 목표와 관련된 성찰의 예를 생각 구름에 넣는다.
질문 상자	일련의 질문 줄기나 학습 목표와 관련된 질문들을 상자에 넣고, 정기적으로 학생들이 자신의 탐구에 대해 답할 것을 하나씩 선택하도록 한다. 질문 줄기와 아이디어는 표 2.2와 표 2.4를 참조한다.
과학과 자료	블록, 자석, 자동차, 경사로, 공, 손전등, 거울, 사포, 티슈페이퍼, 셀로판, 은박지, 스펀지, 점토, 베이킹소다, 식초, 밀가루, 물, 식물과 가꾸기 재료, 다양한 유전적 특성의 이미지 또는 복제품, 골격계 또는 태양계와 같은 다양한 체계의 모형, 다양한 서식지나 생태계의 모형, 교실 애완동물, 지역 야생동물의 이미지, 원격 조종 장난감, 퇴비 구역이 포함될 수 있다.
사회과 자료	가상공간과 물품(예 놀이 주방, 의상), 지형도와 모형, 지구본, 깃발, 나침반/GPS, 모형 돈, 다양한 세계 종교와 문화 용품, 예술적이고 상징적인 문화 복제품, 역사 텍스트, 재활용 장소, 신문, 뉴스 잡지, 다양한 문화와 장소에 대한 책 등이 있다.
예술과 자료	크레용, 마커, 반짝이 펜, 풀, 고무풀, 어린이용 안전 가위, 놀이 반죽, 그림물감, 분필, 재활용 재료, 음악, 악기, 인형, 다양한 직물 등이 있다.
수학과 자료	꼬마 곰, 계산 칩, 구슬 줄 세기, 주사위, 카드의 점 패턴, 수직선, 막대그래프, 저울, 기하학적 도형, 데이터 차트와 같이 계산을 위한 수많은 용품 등이 있다.
언어과 자료	책, 글자 스티커, 자석 글자, 색칠할 글자와 단어, 탐색하고 잘라낼 이미지로 가득 찬 잡지, 모두 같은 글자로 시작하는 물건 상자, 시, 노래 등이 있다.

전략 #2. 질문이 있는 교실 환경 구축

학생들이 탐구를 할 때, 주요 지점에서 질문을 하는 것이 필수적이다. 표 2.2에는 질문 줄기와 관련 질문 예시 목록이 있다. 교사는 다음과 같이 시작할 수 있다.

> "교실에서 우리는 탐험가입니다! 우리의 목표는 세상이 움직이는 방법을 발견하고, 그 과정에서 재미를 느끼는 것입니다. 탐험가로서 우리의 주된 도구 중 하나는 바로 질문입니다. 우리는 많은 질문을 던지고 답할 것입니다. 선생님이 여러분 각자에게 질문을 던지는 것으로 시작하겠습니다. 여기 질문 게시판이 있네요. 매일 우리는 다음과 같은 질문을 하고 답할 것입니다[표 2.2 참조]. 몇 가지 질문에 답하며 연습해 봅시다."

표 2.2 **질문 줄기 예**

질문 줄기	질문 예시
~에 대해 무엇을 알고 있습니까? 그것의 목적은 무엇입니까?	수에 대해 무엇을 알고 있습니까? 왜 우리는 수를 사용합니까?
언제 (무언가를) 했을 때, 왜 (다른 무언가를) 했을 때, 그 일이 일어났습니까?	탑을 높이 세웠을 때, 그것은 왜 무너졌습니까?
어떻게...?	어떻게 물은 식물에 영향을 미칩니까?
만약...라면, 어떻게 될까요?	만약 공동체에 규칙이 없다면, 어떻게 될까요?

다음으로, 각 학생을 인터뷰하고 학습 목표와 관련된 주요 개념 및 아이디어에 대한 학생들의 관심사와 생각을 메모한다. 이는 일대일 환경에서 질문의 중요한 역할을 보여주고 학생들의 생각을 잘 이해할 수 있도록 해 줄 것이다.

초등 저학년에서 놀이와 학생중심 교실의 중요성을 강조하는 철학의 인기가 날로 높아지고 있다. 그러나 이것은 유치원보다는 어린이집에 더 가까운 완전히 구조화되지 않은 환경과는 다르다. 우리가 달성해야 할 균형은, 일련의 목표를 가지고 학생들이 지나치게 경직되지 않고 성인의 지시 없이도 목표에 도달할 수 있는 기회를 제공하는 것이다. 우리가 흔히 접하는 위험은 교사들이 학습의 최종 결과물을 보여주기를 바라는 마음에서 아이들을 위해 너무 많은 무언가를 할 때이다. 재미있는 일화로, 나는 어버이날을 맞아 예쁜 그림을 선물해 준 두 살배기 아들에게 그림을 그린 사람에 대해 물었고, 아들은 사실 'Marta 선생님'이라고 실토했다. 물론 여기서 두 살배기와 어버이날 그림에 대해 진지하게 논하자는 것은 아니지만, 아이들의 학습 여정에 있어서 너무 침해하고 있는 것은 아닌지 주의할 필요가 있다.

개념기반 교육과정과 수업의 주요 난제 중 하나는 교사들이 학생들을 위해 개념적 관계에 대한 학습 목표를 정교하게 공들여 만들고 분명하게 설명한다는 점이다. 우리는 놀이기반 학습을 권장하고 개념적 이해를 발견하는 방법으로서 학생들의 관심과 흥미를 따른다. 그러나 학생들이 전문 지식을 쌓는 데 필수적인 아이디어를 구성하는 능력을 개발하기 위해서는 성인의 허용적인 지도와 격려 또한 필요하다는 점을 분명히 하고 싶다.

예를 들어, 경사로에 관심을 보이는 유치원생들이 있는 교실을 상상해 보자. 아이들의 관심을 알게 된 교사는 새로운 요소—경사로를 더 높고 길게 만드는 방법, 경사로를 만드는 데 사용할 다양한 재료와 같은—를 포함한 놀이용품을 늘리고 추가하였다. 수업이 끝날 무렵, 학생들은 경사로에 대한 그들 자신의 의미를 형성했다. 이처럼 저자들은 교사가 학생들의 관심, 흥미를 따라야 한다는 생각을 지지한다. 또한 학생들에게 경사로의 가파른 정도에 따라 경사로를 내려오는 자동차 또는 공의 속도 차이를 알아채도록 함으로써, 교사들이 한 걸음 더 나아가기를 제안한다. 학생들은 "경사로의 가파른 정도가 물체의 이동하는 속도를 결정한다. 경사로가 가파를수록 공이나 자동차가 더 빨리 갈 것이다."는 아이디어를 발견할 수 있을 것이다.

학생주도학습child-guided learning과 성인안내학습adult-guided learning 사이의 적절한 균형을 유지하는 것은 어려울 수 있다. 저자들은 National Association for the Education of Young Children: NAEYC에서 발표한 Anne Epstein의 「The Intentional Teacher(2014)」 내용 중 "학생과 교사 모두 학습 과정에서 적극적인 역할을 한다(p. xii)."는 입장을 지지한다. 그녀는 자신의 입장을 뒷받침하기 위해 수많은 연구를 인용하며, "학습에서 전적으로 학생의 노력이나 성인의 지도로만 이루어지는 경우는 드물다(p. 2)."고 하였다. 또한 학생주도 탐구를 해야 하는 최적의 학습 시기와 성인이 좀 더 많은 안내를 해야 하는 시기를 결정하기 위한 가이드라인을 표 2.3과 같이 제시하였다.

표 2.3 학생주도학습 또는 성인안내학습의 결정을 위한 가이드라인

[학생이] 다음과 같을 때 학생주도학습을 지원	[학생이] 다음과 같을 때 성인안내학습을 활용
• 자료, 행동, 아이디어를 적극적으로 탐색하고 스스로 연결고리를 만든다. • 대인관계를 맺고 상호 학습한다. • 서로에게 도움을 요청한다. • 자료, 사건 및 아이디어에 대한 자체 질문을 생각하고 이를 해결하기 위해 조사를 한다. • 문제를 해결하기 위해 스스로 동기를 부여한다. • 자신의 계획에 몰입하여 성인의 개입이 방해가 된다. • 새로운 기능을 익히기 위해 도전한다. • 기존의 지식과 기능을 새로운 방식으로 적용하고 확장시킨다.	• 가정이나 다른 환경에서 자료나 경험을 아직 접하지 못했다. • 학생들이 지식체계(예 자모음 이름)를 스스로 구성할 수 없다. • 관심을 가질 만한 것에 보거나 듣거나 다른 방식으로 주의를 기울이지 못한다. • 어떤 일이 어떻게 또는 왜 일어났는지에 대해 깊이 돌아보지 못하거나, '만약에' 일어날 수 있는 일을 생각하지 못한다. • 심화학습이 필요하다는 것을 학생 스스로 생각하지 못한다. • 정보나 도움을 분명하게 요청한다. • 지루해하거나 주의가 산만하여 집중하는 데 도움이 필요하다. • 정체되고 낙담하거나 좌절한 것처럼 보인다. • 다음 단계의 성취에 대한 준비가 되어 있어 보이지만, 스스로 이를 달성할 가능성은 낮다. • 자신의 행동이 잠재적으로 위험하거나 해를 끼칠 수 있다는 사실을 알지 못한다. • 자료나 행동을 오랜 시간에 걸쳐 매우 반복적으로 사용한다. • 아직 할 수는 없지만 하고 싶은 일에 대해 의식하고 화를 낸다.

　　분명 이 책의 몇몇 전략은 읽고 쓸 수 있는 고학년 학생들을 위한 것이지만, 저학년이나 아직 잘 읽고 쓰지 못하는 학생들을 위한 아이디어들을 전체 장에 걸쳐 전반적으로 다루고 있다. 또한 연령에 상관없이, 개별 학생들이 무엇을 할 준비가 되었는지는 크게 다를 수 있다는 점을 염두에 두는 것은 매우 중요하다. 따라서 교사는 학생들에 대해 더 잘 알고, 학생에 따라 다양한 방식으로 전략을 시도하고 수정하며 사용해야 한다.

② 생각하는 교실을 위한 토대 세우기

학생들은 보통 교사가 사용하라고 요청하는 사고 수준보다 더 복잡한 사고를 할 수 있다. 이는 계속적으로 고려되어야 할 중요한 사항으로, 교사는 학생들의 초기 반응을 그들의 능력을 완전히 드러내는 증거로 받아들이지 않도록 주의해야 한다. 학생들의 초기 반응은 피상적이고 단순하며 모호한 경향이 있다. 그것을 깊이 있고 상세하며 완전하게 만들기 위해서는 연습과 노력이 필요하다. 어린 나이에도 불구하고 학생들은 종종 세상이 움직이는 방법에 대한 오해를 한다. 그리고 이 같은 아이디어는 끊임없이 지속된다. 학생들은 이러한 경향과 관련하여 대부분의 배운 것을 잊어버리거나 사고의 질은 떨어지며, 학습을 낯선 상황에 전이할 수 없다는 것과 같은 문제들을 인식할 필요가 있다.

우리는 처음부터 학습 목표가 학습의 깊이와 구성 및 새로운 상황에서 전이하는 사고의 질이라는 것을 명확히 해야 한다. 대부분의 내용 범위 중심 교실coverage-centered classrooms 을 특징짓는 "네, 알아요, 다음으로 넘어가요."가 아니다. 학생들은 연령이 높아질수록 이 습관을 버리는 데 더 많은 시간이 걸린다.

> 학생들은 보통 교사가 사용하라고 요청하는 사고 수준보다 더 복잡한 사고를 할 수 있다.

The Foundation for Critical Thinking은 인간의 사고가 선천적으로 불완전하고 편향적이라고 지적한다. 이를 개선하기 위해서는 연습이 필요하다. 학생들은 보통 아이디어와 주제들에 대한 단순하고 단절된, 때로는 부정확한 사전 인식을 가지고 학교에 입학한다. 이런 아이디어들은 무의식적인 경향이 있다. 학생들이 그것을 발견하고 개선하도록 돕는 것이 교사의 책무이다.

이 아이디어는 철저한 연구에 의하여 뒷받침되는데, National Research Council(Donovan & Bransford, 2005)이 발표한 「How Students Learn: History, Mathematics, and Science in the Classroom」의 첫 번째 원리는 다음과 같다.

학생들은 세상이 움직이는 방법에 대한 선입견을 갖고 교실로 온다. 만약 그들의 초기 이해가 잘 이루어지지 않는다면, 새로운 개념과 정보를 완전히 파악하지 못하거나 시험을 위해 그것들을 배울 수는 있더라도 교실 밖에서는 그들의 선입견으로 되돌아갈 것이다.

이러한 연구 결과들은 개념기반 수업에 몇 가지 시사점을 제공한다. 첫째, 학생들의 개념적 관계에 대한 이해는 필연적으로 개념들에 관한 그들의 선경험, 선지식으로부터 형성된다. 특히 교사의 목표가 변화, 시스템 또는 상호의존과 같은 보편적인 개념으로 학생들을 이끄는 것이라면, 학생들이 어떻게 이러한 힘이 주변 세계에서 '작동'하는지에 대한 그들의 초기 이해 정도를 인식하도록 하는 것으로 수업을 시작해야 한다. 그러면 의식적으로 그것을 더 분명하고 정확하며, 정밀하고 정교하게 만들어 결국 그들의 이해를 향상시킬 것이다.

둘째, 학생들과 교사 자신에게 개념기반 수업이 성장에 관한 것임을 분명히 해야 한다. 학생들은 종종 학습을 자신이 무언가를 '알거나 모르거나'와 같이 이분법적으로 생각한다. 이는 학교 경험의 상당 부분이 사실적 지식의 개별 조각들을 습득하는 데 맞춰져 있기 때문이다. 철자와 어휘 테스트, 문법 연습, 시간제한 수학 퀴즈 등은 모두 무언가를 '아는 것' 아니면 '모르는 것'처럼 느끼게 학생들을 강화시킨다. 그러나 개념적 이해를 개발하는 것은 다르게 작동한다. 학생들이 "안다."고 말하는 것은 그리 간단하지만은 않다. 학생들에게 자신의 전후 이해를 비교하는 수업을 하고, 보다 정교한 학생 모범사례를 보여주면, 학습에 대한 기대 수준을 재조정하는 데 도움이 될 것이다.

셋째, 학습 환경은 학생들이 자신의 오해를 드러내는 것, 생각을 바꾸는 것, 지적으로 도전하는 것 등을 편안하게 느낄 수 있어야 한다. 개념적 학습의 실제 수행과정은 무지를 인정하고 자신의 단순함을 발견하며, 추측하고 그 과정을 엄격하게 시험하는 과정을 포함한다. 개방적이고 안전하며 지원적 성격의 학습 환경은 필수적이다.

이는 개념기반 단원과 수업을 성공적으로 구현하기에 앞서, 학생들의 학습에 대한 기대와 접근 방식을 파악하는 데 충분한 시간을 할애해야 한다는 것을 의미한다. 다음의 루틴과 전략을 사용하여 지적 성장의 기반을 마련할 수 있을 것이다.

전략 #3. 긍정적인 학습 공동체

신뢰할 수 있는 공동체를 만드는 것은 위기 상황에 대처하고 서로에게 배우는 기회를 확보하기 위해 필수적이다. 교실에서 관계와 신뢰를 쌓으려면 시간과 의도적인 노력이 필요하다. 이 같은 시간을 확보하는 것은 학생들 간에 경청하고, 존중하는 태도로 서로의 가치를 인정하는 환경을 조성할 것이다.

최근 연구는 긍정적인 학습 공동체를 구축하는 데 시간을 할애하는 것의 중요성을 보여준다. The Harvard Men Study는 하버드생 268명의 1930년대 대학 입학부터 현재까지를 추적 관찰하였다. 이 연구의 책임자인 George Vaillant는 다른 사람들과의 관계가 세상 그 어떤 것보다도 매우 중요하다는 70여 년의 증거를 제시하였다(Vaillant, 2009, p. 2). 긍정적인 사회적 관계는 연구 대상들의 성공, 건강, 그리고 전반적인 행복에 있어 가장 중요한 결정요인이었다.

「The Happiness Advantage」의 저자 Shawn Anchor(2011)는 지원적 성격의 집단 안에서 우리가 보다 회복력을 얻고 성공하는 데 도움을 받을 수 있다고 설명한다. 그는 연구에서 관계와 사회적 지원이 성적과 소득보다 행복의 더 큰 예측 변수라는 것을 발견하였다. 긍정적인 사회적 상호작용은 우울증, 불안, 심장질환을 현저히 감소시키는 것으로 나타났다. 여기 여러분이 긍정적인 교실 공동체를 만들 수 있는 몇 가지 구체적인 방법을 소개한다.

- 협력적으로 문제를 해결하는 것을 장려한다. 복잡한 질문을 제시하고 학생들이 함께 문제를 해결하도록 한다.
- 적극적으로 듣는 것을 가르친다. 학생들이 발표자의 의견에 집중하고 더 많은 것을 배우기 위해 관련 있는 질문을 하는 것을 연습하도록 한다. 어린 학생들에게는 많은 모델링과 연습이 필요할지도 모르겠으나, 좋은 청취자가 되는 방법을 배우는 것이 너무 빠른 것은 아니다. 교사는 "눈을 똑바로 보세요. 고개를 끄덕이세요." 등과 같은 특정한 안내를 줄 수 있다. 또한 고학년 학생들을 위해 트라이어드라고 부르는 특정 전략을 사용하기도 하는데, 학생들은 3인 1조로 특정 질문이나 주제에 대해 공부한다. 두 명의 학생이 토론이나 역할극을 하고, 나머지 학생은 관찰 내용을 기록하여 학급의 나머지 학생들과 공유한다. 학생들은 번갈아 가며 관찰자/기록자가 된다.
- 학생들과 위 연구 내용을 공유하고, 강력한 사회적 연대의 긍정적인 영향에 대해 깊이 생각하게 한다.
- 학생들이 서로 마주 보고 함께 공부할 수 있도록 모둠으로 책상을 배치한다. 책상이나 테이블로 둘러싸인 교실의 중앙에 '탐구 테이블'을 배치하

는 것은 교실 안에서 항상 주의를 끌며 호기심과 질문을 유도하는 데 좋다. 탐구 단원에 따라 가르쳐야 할 학습 내용을 지원하기 위해 사고를 자극할 수 있는 물건이나 책을 테이블 위에 올려놓을 수도 있다. 몇몇 교사들은 학생들이 질문을 쓸 수 있도록 테이블 위에 포스트잇을 둔다.

- 학생들에게 이상적인 수업 환경을 설명하도록 한다. "무엇이 배움을 즐겁게 하나요? 어떻게 하면 빅 아이디어를 배울 때 서로 열심히 노력하고 지속해 나가도록 격려할 수 있을까요? 서로에게 좋은 사람이 되기 위해 무엇을 할 수 있을까요? 선생님은 무엇을 할 수 있을까요? 우리가 피하거나 하지 말아야 할 행동엔 무엇이 있을까요?" 노력해야 할 행동과 태도에 대한 포스터와 피해야 할 행동과 태도에 대한 포스터를 만든다. 그리고 며칠에 한 번씩, 수업 분위기를 성찰하는 시간을 10분 정도 갖는다.
- 학생들이 아이디어를 이해하거나 목표를 달성하는 데 도움을 받은 것에 대해 친구들에게 '감사의 표시'를 하도록 한다. "내가 _____을 이해할 수 있도록 도와줘서 고마워."와 같은 간단한 문장 틀을 사용할 수 있다.

교사는 교실을 정서적으로 안전한 공간으로 구축할 수 있는 충분한 힘을 가지고 있다. 아래는 이와 같은 중요한 노력을 추구하기 위해 고려해야 할 성찰 질문들이다.

- 나는 학생들을 공개적으로 지적하기보다는, 개인적으로 접근하여 행동을 바로잡을 수 있도록 하는가? 교실의 전체 학생들 앞에서 학생을 바로잡으려고 하기보다는, 어깨에 손을 얹거나, 주의를 집중하도록 살짝 속삭여라.
- 나는 교실에서 다른 사람을 놀리거나 비웃는 것이 용인되지 않으며 지적 도전과 실수로부터 배우는 것이 규범이자 목표가 되는, 정서적으로 안전한 공간이 되도록 보장하는가?
- 나는 학생들을 개인적인 차원에서 알아가기 위해 노력하고 학생들과의 관계를 통해 동기와 영감을 부여하는가?
- 나는 학생들이 긍정적인 정체성을 형성하는 데 도움이 되는 예시자료와 맥락을 사용하는가?
- 어떻게 하면 나의 참을성을 시험하는 학생들에게 더 많은 인내심과 친절함을 발휘할 수 있을 것인가?

학생들에게 자신의 지적인 여정과 생각이 어떻게 더 깊어지고 향상되었는 지를 기록한 공책이나 스크랩북을 갖도록 한다. 교사는 학생의 향상이 어떤 모습으로 어떻게 일어나는지를 설명할 수 있을 것이다.

"우리는 이 수업에서 생각에 대한 증거를 수집할 것입니다. 우리가 다양한 아이디어를 탐구하면서 생각하는 것들에 대해 스크랩북으로 만듭니다. 매 일 우리는 발전된 아이디어와 생각을 기록할 것입니다. 해가 지날수록, 여 러분은 자신의 지적 성장 과정을 스크랩북을 통해 확인하게 될 것입니다."

학습 저널을 사용하는 것은 쉽고, 어떤 학급 유형에 따라서도 알맞게 조정 할 수 있다. 기본 원리는 학생들이 단원 내의 여러 지점에서 개념에 대한 아이 디어를 수집해야 한다는 것이다. 그들의 아이디어가 발전해감에 따라, 그들의 학습 저널은 더 분명하고 정확해지며, 더 복잡해져야 한다.

초등 저학년: 연구에 따르면 미취학 아동조차도 자신의 생각에 대해 생각 하고 학습하는 방법에 대해 메타인지를 발휘할 수 있다고 한다. 저자들은 그 림 저널을 사용하는 4, 5살짜리 아이들을 만난 적이 있는데, 아이들은 저널에 그린 것들에 대해 서로에게, 그리고 우리에게 이야기하였다. 아이들은 탐구 센 터에서 서로 더 열심히 할 수 있도록 동기를 부여하였다. 또한 이런 목적 달성 을 위해 그룹 저널이나 그룹 스크랩북뿐만 아니라 벽면 공간을 활용할 수도 있다. 학생들이 개념을 탐구하는 동안 사진을 찍어라. 학생들에게 어떻게 아이 디어들이 연관되는지를 그리도록 요청하라. 학생들이 말하는 내용을 캡처하고 이것들을 정기적으로 검토하라. 탐구한 것들에 대한 자료와 기타 증거를 저널 에 추가시키고, 학생들이 이 증거를 탐구할 때 이것들이 의미하는 바와 어떤 생각을 갖고 있었는지를 설명하도록 하라.

초등 중고학년: 매일 지적인 노트를 사용하기 위해선, 각 수업 시간을 질문 으로 시작한다. 학생들이 수업을 시작할 때, 5분 동안 그날의 질문에 대한 답 을 쓰게 하고, 시간이 다 되면 처음 답변 아래에 선을 긋도록 하라. 그런 다음 학습 경험의 결과로 어떻게 자신의 생각이 바뀌었는지를 보여주기 위해 수업 의 마지막 5분 동안 이 과정을 반복할 것을 학생들에게 요청하라.

전략 #5. 짝 코칭

대부분의 교사들은 학생들이 짝과 아이디어를 논의하도록 독려하기 위해 '생각하기 – 짝과 토론하기 – 발표하기' 구조를 사용해 왔다. 이러한 시도는 단순한 아이디어 교환을 넘어, 학생들이 짝과 함께 생각하는 사람으로 성장할 수 있도록 돕는다.

먼저, 탐구할 개념적 질문을 선택한 다음, 표 2.4의 코칭 질문 중 하나를 선택한다. 코칭 질문을 선택하기에 앞서 학생들과 몇 번 연습을 해본다. 이 과정의 시범을 보일 수 있도록 학생, 동료 교사, 관리자에게 짝의 역할을 요청하라. 시범을 보일 때는 각 단계를 설명하고, 학생들에게 그것을 연습해 보도록 한다. 짝 활동을 본격적으로 하기에 앞서 학급 전체적으로 함께 연습한다. 저학년 학생들의 경우, 짝 활동을 본격적으로 하기 전에 교사는 두 명의 학생들을 선택하여 한두 번 정도 시범을 더 보여줄 수 있다. 고학년 학생에게는 칠판에 코칭 질문을 제시하고 짝의 답변을 적도록 하는 것이 도움이 될 수 있다.

1. 질문을 하고 학생들이 자신의 답변에 대해 생각할 시간을 갖도록 한다. 예를 들어, 교사는 개념적 질문(태양은 어떻게 식물에 영향을 미치는가? 또는 어떤 방식으로 물건을 분류할 수 있는가?)을 칠판에 적고 학생들에게 5분 동안 자유롭게 쓰거나 짝과 토론할 시간을 줄 수 있다.

2. 사고력 향상을 위해 함께 활동할 짝을 구성한다. 학생 A는 몇 분 정도 시간을 두고 자신의 생각을 설명해야 하며, 학생 B는 귀를 기울여야 한다. 그런 다음 B는 A의 생각을 확장시킬 수 있는 질문을 통해 A를 코치해야 한다. 시간이 경과 하면, 각자의 역할을 바꾸어 다시 진행한다. 이 활동이 끝나고 나면, 모든 학생은 원래의 질문에 대한 답을 다시 쓰거나 재진술함으로써 자신의 원래 생각을 수정해야 한다.

표 2.4 짝 활동 질문

1라운드	2라운드
학생 A가 자신의 생각을 설명한다.	학생 B가 자신의 생각을 설명한다.
학생 B는 A의 생각을 발전시키는 데 도움이 되는 질문을 한다. • 어떤 의미인지 조금 더 설명해 주겠니? • 네가 생각하는 바를 보여주는 예를 들어 주겠니? • 네 생각 중 어떤 점에 대해 가장 확신을 가지고 있고 어떤 점이 그렇지 않니? • 이걸 설명하거나 이해하기 어렵게 만드는 것은 무엇 때문이니? • 왜 누군가는 네 말에 동의하지 않겠니?	학생 A는 B의 생각을 발전시키는 데 도움이 되는 질문을 한다. • 어떤 의미인지 조금 더 설명해 주겠니? • 네가 생각하는 바를 보여주는 예를 들어 주겠니? • 네 생각 중 어떤 점에 대해 가장 확신을 가지고 있고 어떤 점이 그렇지 않니? • 이걸 설명하거나 이해하기 어렵게 만드는 것은 무엇 때문이니? • 왜 누군가는 네 말에 동의하지 않겠니?

전략 #6. 성찰 템플릿

「Making Thinking Visible: How to Promote Engagement, Understanding, and Independence for All Learners(Ritchhart, Church, & Morrison, 2011)」에서 참고한 이 간단한 템플릿 "처음엔 … 라고 생각했다, 하지만 … 이었다/했다, 그래서 이제 나는 … 라고 생각한다."는 학생들이 자신의 사전인식을 발견하고, 학습 경험의 결과로서 자신의 이해정도가 변화하는 방식을 인식하는 데 도움이 된다. 교사는 활동이나 탐구가 끝날 때 이 문장 프레임워크를 칠판에 쓰고 학생들에게 자신의 생각이 어떻게 바뀌었는지를 공유하도록 할 수 있다. 교사 자신의 사고가 변화한 사례를 예시로 안내하는 것도 도움이 된다.

초등 저학년: 처음에 저는 경사로가 높이 위치할수록 차가 더 빨리 갈 것이라고 생각했습니다. 하지만 마르코의 경사로가 제 생각을 바꾸어 놓았습니다. 마르코는 저보다 더 낮은 위치에서 경사로를 만들었지만, 제 경사로보다 더 빨리 나아갔습니다. (선생님은 우리에게 이에 대한 새로운 단어를 가르쳐 주셨습니다: 가파르다) 그래서 이제 저는 경사로가 가파를수록 차가 더 빨리 나아갈 것이라고 생각합니다.

초등 중고학년: 처음에 저는 웬디와 오빠들이 네버랜드에 머물러야 한다고 생각했습니다. 하지만 저는 어머니가 얼마나 슬퍼하고 그리워했는지를 보았습니다. 그것은 저로 하여금 제가 얼마나 엄마를 사랑하고 엄마가 저를 사랑하

는지를 생각하게 했습니다. 그래서 이제 저는 그들이 집으로 돌아가는 것이 옳다고 생각합니다. 가족들은 함께 있어야 합니다.

이를 통해 학생들은 자신과 친구들이 얼마나 다양하게 생각하고 배우는지를 알 수 있고, 새로운 정보와 경험에 비추어 자신의 생각이 어떻게 변화하고 있는지에 대한 메타인지를 발휘할 수 있다. 학생들에게 말로 자신의 생각을 공유하도록 하는 대신, 포스트잇에 대답을 적고 수업이 끝나면 게시판에 붙이도록 할 수도 있다. 그런 다음 이를 읽고 다음 수업을 시작할 때 교사가 본 전반적인 내용들에 대해 코멘트할 수 있다.

추가 전략: 학생들이 더 나은 생각을 할 수 있도록 서로를 지원하는 교실 문화를 유지하기 위하여 다음의 전략들을 사용할 수 있다.
- 수업 시간에 학생들이 학습과 지적인 성장을 위해 개별적인 목표를 세울 시간을 마련한다. 이는 성적이나 시험 점수에 대한 목표 설정과는 다르다. 오히려 이러한 목표는 학생들이 성취하고자 하는 사고나 이해의 유형에 관한 것이다. 예를 들어, 어떤 학생은 자신의 아이디어를 더 충분하게 잘 설명하는 능력을 강화하고 싶어 할 수 있다. 또 다른 학생은 여성 과학자들에 대해 궁금해할 수 있다. 교사는 학생들의 지적 관심사와 목표를 기록하기 위해 학생들에게 그것에 대해 쓰거나 말하도록 할 수 있다. 학생 개개인의 지적 관심사와 목표를 읽음으로써, 교사가 학생들의 개성에 관심이 있고 학생들을 지적인 존재로 여긴다는 것을 보여줄 것이다.
- 현저히 눈에 띄거나 발전된 학생들의 생각을 인정하고 칭찬해준다. 이는 정교하거나 지나치게 부담스러울 필요가 없다. 한 주 동안 학생들의 대화와 글에 주의를 기울이면서 명료성, 정확성, 구체성, 논리성 또는 정교성을 갖춘 생각에 대한 구체적인 사례 2-3개를 적어 둔다. 그리고 매주 금요일마다 이 학생들의 생각을 칭찬하고 다른 학생들이 좋은 사례로 참고할 수 있도록 5분 정도를 할애한다.

③ 개념적 학습에 대해 분명하게 가르치기

1장에서 언급했듯이, 이러한 사고유형은 어린아이들에게 자연스럽게 발생한다. 하지만 그것은 잠재의식 수준에서 이루어지며, 교사는 학생들이 구체적인 예로부터 빅 아이디어를 의식적으로 추상화하고, 완전히 새로운 상황에 그것들을 전이시키는 것을 잘할 수 있도록 돕는 데 시간을 할애할 필요가 있다. 수많은 권위 있는 연구와 연구자들은 학생들에게 개념적으로 학습한다는 것이 무엇인지를 분명하게 가르치는 것이 매우 중요하다고 보았다.

Clarke, Timperley, Hattie(2003)는 수업의 방향과 계획을 수립하는 중요한 이유는, 교사가 이를 학생들과 공유하여 그들이 학습의 방향을 이해하고 달성해야 할 목표가 무엇인지를 알게 하는 것으로 보았다. 연구자들은 수업의 방향과 계획이 수업을 시작할 때 학생들이 학습 목표를 소리 내어 반복하는 것만큼 간단하지 않다고 지적한다. 그것은 학생들이 목표를 달성했을 때의 모습이 어떤 것인지를 알고, 학습 활동을 통해 어떻게 그러한 목표를 달성할 수 있을지를 이해하는 데 시간을 할애하는 것이다. 저자들의 경험에 비추어보면, 개념기반 학습이 무엇인지에 대해 심층적으로 이해하는 것은 학생들에게 동기를 부여하고 학습을 심화하며, 수업을 보다 효율적으로 만드는 데 큰 영향을 미친다.

나아가 Robert Marzano(2007)는 학생들이 학습 목표를 명확히 이해하는 것이 중요하다는 것을 강조한다. Marzano는 '교사가 고려해야 하는 가장 기본적인 문제는 학습 목표를 설정하고 전달하기 위해 무엇을 할 것인가'라고 보았다(p. 9). 계속해서 Marzano는 피드백은 학생들에게 매우 큰 영향을 미치기 때문에 학습 목표의 역할이 더 중요하다고 보았다. 명확한 목표가 없으면 효과적인 피드백을 제공하기가 어려울 수 있다(p. 12). Hattie(2012)는 '학생들에게 학습의 방향과 성취 수준을 분명하게 가르치는 것이 중요하다'라고 덧붙였다(p. 53). 5장에서 효과적인 피드백을 제공하는 방법에 대해 자세히 다루겠지만, 그것은 학생들이 깊이 있고 개념적인 학습이 어떤 것인지를 아는지에 달려 있다.

자신의 학습을 모니터링하는 학생들의 중요한 역할과 결부되어, 학습 목표에 대한 인식의 중요성은 실제로 아무리 어린 학생일지라도 개념기반 학습이 무엇이고 어떤 느낌인지 분명하게 이해해야 한다고 믿게 한다. 「How Students Learn(Donovan & Bransford, 2005)」의 세 번째 원리는 '수업에서 메타인지적 접근법은 학생들이 학습 목표를 정의하고 그것을 달성하는 과정을 모니터링함으로써 자신의 학습을 통제하는 방법을 배우는 데 도움이 될 수 있다'는 것이다(p. 2). 우리는 이러한 연구들과 다른 연구들에서 학생들이 개념기반 학습에 대한 핵심 용어를 이해하지 않고는 자신의 진행 상황을 적절히 검토할 수 없다고 추론한다.

매우 어린 아이들조차도 개념이 우리가 어떤 것을 구조화하는 데 도움을 준다는 것을 이해할 수 있다. 학생들은 개념의 정의 및 개념이 사실과 어떻게 다른지에 대해 생각할 시간이 필요하다. 개념적 관계에 대한 자신의 진술을 평가하고 제안하는 연습을 할 필요가 있다. 하지만 몇 번의 시도 끝에 우리는 학생들이 학습에 대한 접근 방식뿐만 아니라 동기도 바뀌는 것을 보았다. 학습이 단순히 다른 사람으로부터 들은 내용을 다시 전달하는 것이 아니라, 개인의 지성을 사용하여 자신의 이해를 창조하고 복잡한 상황을 풀어나갈 때, 그것은 학습에 기쁨을 가져다준다. 몇 시간 수업의 투자로 성과는 상당할 것이다. 학생들이 개념적 학습으로 전환하는 데 도움이 되는 한 가지 방법으로 다음의 교실 적용을 고려할 수 있다.

전략 #7. 공통적인 개념기반 언어의 구축

비록 우리가 개념적 수준으로 추상화하는 자연스러운 경향이 있더라도, 사실과 개념을 의식적으로 구별하는 능력이나, 사실, 개념 및 일반화가 서로 어떻게 연관되어 있는지를 이해하는 능력을 처음부터 갖추고 있었던 것은 아니다. 따라서 수업 시간에 지식의 구조를 설명하고 개념적 학습의 구성 요소에 대한 예를 드는 것은 가치가 있다.

초등 저학년: 교사는 개념이 어떤 것을 조직하고 분류하는 데 도움이 된다는 것을 이해시키는 것부터 시작해야 한다. 두 살 정도의 어린아이들은 장난감 트럭, 자동차, 비행기와 같이 이미 잘 알고 있는 것들을 분류할 수 있다. 교사는 두세 개의 개념 단어를 쓰고 학생들에게 단어가 무엇을 의미하는지 말해보게 하거나, 보다 추상적인 개념을 설명하기 위해 사물을 사용할 수도 있다. 예를 들어, 개념이 적힌 종이나 개념을 나타내는 사물들을 두 개 이상의 서로

다른 개념이 표시된 가방에 붙이거나 넣을 수 있다. 그런 다음, 학생들에게 다양한 개념에 해당하는 여러 가지 물건이나 그림을 주고, 중요한 개념에 따라 분류하거나 가방에 넣도록 한다. 지식의 구조를 보여주는 큰 게시판을 만들고 저학년 학생의 언어에 적합하게 고치는 것도 고려해 볼 만하다. 예를 들어, 사실 대신에 예시라고 부르고, 개념 대신에 아이디어나 카테고리라고 부르는 것이다. 일반화는 빅 아이디어라고 부를 수 있다. 이는 지식의 구조를 표현하는 효과적인 방법이며, 학생들은 지식의 구조에 빠르게 연결된다. 예를 들어, 기념일의 개념(또는 아이디어)을 배우는 사회과 단원에서 학생들은 이 개념을 뒷받침할 예시를 제시할 수 있었다. 결국 문화와 전통에 대한 개념이 소개되었고, 학생들은 이러한 개념을 뒷받침할 수 있는 빅 아이디어(안내 질문을 발판으로 삼아)를 생각해 낼 수 있었다.

항목을 정렬하고 분류하는 데 능숙해지면, 다음에 제시되는 몇 단계를 실행하여 학생들이 이해하고 있는 정도를 확인한다. 예를 들어, 자동차와 트럭에서 차량으로, 그리고 교통수단에 이르기까지 개념의 추상화 수준을 점진적으로 높일 수 있다.

초등 중고학년: 이 연습의 끝 무렵에, 학생들은 사실과 예시, 주제, 개념, 그리고 개념적 관계에 대한 일반화를 구별할 수 있어야 한다. 또한 강력한 일반화와 약한 일반화의 차이를 알고 '전이'가 의미하는 바를 이해해야 한다.

1. 학생들에게 다음과 같이 질문한다. "무엇이 우리를 전문가로 만드나요? 어떻게 전문가들은 그렇게 많은 지식을 머릿속에 담을 수 있을까요?" 학생들이 초기에 갖고 있던 생각을 제시하도록 한 후에, 특정 맥락을 통해 좀 더 깊이 있게 생각하도록 한다.

   "수의사를 생각해봅시다. 수의사들은 모든 영역의 다양한 동물들에 관한 많은 지식을 알고 있어야만 합니다. 그들은 수백 가지의 약이 서로 다른 동물들에게 어떻게 작용하는지 그리고 이 약들이 서로 어떻게 반응하는지 알아야 합니다. 아픈 동물들을 치료하기 위한 여러 가지 방법을 배워야 하며 자신이 돌보는 동물들의 문제점이 무엇인지를 파악할 수 있어야 합니다. 어떻게 수의사들은 이렇게 많은 정보를 기억하고 사용할 수 있을까요?"

학생들은 "수의사들은 많은 자료를 읽으며 오랜 시간 동안 공부한다, 수의사들은 자신이 아는 것을 적용하고 실수로부터 학습한다, 수의사들은 다른 이들로부터 피드백을 받아 학습한다."와 같은 다양한 아이디어를 떠올릴 수 있다.

2. 학생들에게 지식의 구조에 대한 그림을 보여주고 "시간, 경험, 학습과 같은 다양한 요소가 전문성 개발에 영향을 미칩니다. 그러나 전문가와 초보자의 가장 중요한 차이점은 두뇌에서 지식을 구성하는 방법입니다." 라고 설명한다. 학생들이 지식의 구조 그림을 살펴보며 짝과 함께 가설을 세우도록 한다. "전문가들이 지식을 구성하는 방법을 보여주는 이 그림에 대해 잘 생각해 보세요. 무엇이 눈에 띄나요? 전문가들은 왜 이런 방식으로 생각할까요?"

3. 학생들이 이미 알고 이해한 예를 활용하여 지식의 구조의 구성 요소에 대해 간략하게 가르친다. 여기서의 목표는 사실, 주제, 개념, 일반화라는 용어가 의미하는 바의 공통적인 이해를 확립하는 것이다.

4. 학생들에게 사실과 개념의 차이를 구별할 수 있는 연습 기회를 제공한다. 그들에게 학문특수용어discipline-specific terms를 사실과 개념의 두 묶음으로 분류하도록 하라. 영문학 수업을 위해 표 2.5의 목록을 참고할 수 있다.

표 2.5 영문학 수업에서 사용한 개념과 사실의 예

사실/예	개념
후크 선장	악당
피터팬	영웅
팅커벨	인물
잠자는 숲 속의 미녀	줄거리
백마탄 왕자님	운명

5. 학생들에게 개념적 관계(일반화 또는 원리)에 대한 진술을 보여주고, "이 것들이 무엇을 의미합니까? 정보를 조직하는 데 어떤 도움이 되나요? 새로운 상황을 이해하는 데 어떤 도움이 되나요?" 등을 묻는다.

6. 개념적 관계에 대한 진술을 개선하기 위해, 약변화 동사와 고유 명사가 있는 몇 가지 진술을 학생들에게 보여주고 진술을 고치도록 한다. "어떻게?" 또는 "왜?"를 묻는 것이 종종 진술을 더 강력하게 만드는 데 도움이

된다는 것을 보여줘라. "그게 왜 중요한데?"라고 묻는 것은 개념적 관계에 대한 진술의 중요성을 제고시킨다. 예를 들어, 아래 일반화에서 복잡성이 증가하는 것을 고려해 보라.

- 악당과 영웅은 이야기에서 두 가지 중요한 개념이다.
- 영웅은 일반적으로 악당을 물리친다.
- 많은 이야기의 줄거리는 영웅이 마침내 사악한 악당을 물리침으로써 자신의 운명을 완수하는 유사한 전개를 따르며, 보통 선이 악을 이긴다는 교훈을 준다.

어떻게 강력한 일반화가 지식의 구조를 따라 구축될 수 있는지를 학생들을 위해 간략하게 보여줘라.

7. 전이를 촉진하기 위해 학생들에게 새로운 상황을 보여준다. 어떤 개념적 관계가 새로운 상황에서 가장 잘 적용되는지를 묻고 그 이유와 방법에 대해 논의한다.

8. 교사는 "두 개 이상의 개념 간의 관계가 무엇인지 스스로 질문함으로써 진술을 추상화할 수 있고 사실들을 사용하여 답할 수 있습니다."라고 말함으로써 학생들이 스스로 자신의 진술을 만들 수 있도록 한다. 학생들에게는 "나는 _____을 이해합니다."라는 시작 문장을 준다.

9. 마지막으로 학생들이 개념과 사실의 차이를 분명히 이해할 수 있도록 다시 한번 질문한다. "개념에 대해 배우는 것은 사실에 대해 배우는 것과 어떻게 다른가요? 개념적 관계의 정의와 중요성은 무엇인가요? 어떻게 우리는 개념적 관계에 대한 진술을 개선할 수 있나요? 개념적 관계를 발견하는 방법에는 어떤 것들이 있나요? 그것들은 새로운 상황에 적용하는 데 어떤 도움이 되나요?"

개념적 학습의 아이디어를 도입하기 위해 이러한 학습 훈련은 학년도 초에 적용하는 것이 가장 적절하다. 하지만 동일한 원리는 어느 시점에서나, 심지어 단원의 중간에서도 적용될 수 있다. 학생들은 이미 가지고 있던 깊이 있는 사실의 토대 위에서 아이디어를 더 잘 개념화할 수 있다. 표 2.6은 3학년 수업 사례이다. 학생들은 이미 자신이 살고 있는 도시인 워싱턴 DC에 대해서 자세히 배우고 있는 중이었다.

표 2.6 개념기반 학습 소개(3학년 사회과 수업 예시)

1. 학생들이 2인 1조로 토의한다: 무엇이 우리를 전문가로 만드는가? 어떻게 전문가들은 그렇게 많은 것을 기억하는가? 교사는 이 질문에 대한 학생들의 대답을 칠판에 기록한다. 교사는 "전문가에 대한 작은 비밀을 하나 알려 주겠습니다. 그들은 지식의 구조라고 불리는 것을 통해 머릿속에 정보를 정리합니다. 이것은 전문가들이 어떤 것을 더 쉽게 기억하고 새로운 상황을 풀어나갈 수 있도록 도와줍니다. 여러분은 이미 이런 방식으로 학습하기 시작했습니다. 우리는 이제부터 이러한 유형의 사고와 학습으로 나아갈 것입니다."라고 말한다.

2. 교사는 현재 단원을 예로 들어 지식의 구조(만약 언어, 미술, 음악을 가르치는 경우라면 과정의 구조)를 보여준다. 주제 수준과 사실(아나코스티아 강, 백악관, 워싱턴 기념탑)에서 시작하여 교사는 각 구성 요소에 대해 간략히 설명하고, 개념(건축적 특징, 자연적 특징, 생활 방식) 및 개념적 관계에 대한 설명으로 마무리한다. "어떤 장소의 건축적 특징과 자연적 특징은 사람들의 생활 방식을 결정한다."

3. 학생들은 개념과 사실을 구분한다: 그런 다음 학생들은 각 범주에 대한 조작적 정의를 내린다. 그들은 개념이 더 '일반적'이고 사실이 더 '구체적'이라고 말할 수 있다. 이는 학생들에게 개념의 핵심 정의 중 하나인 '추상적'이라는 단어를 가르칠 수 있는 좋은 기회이다. 이 경우 각 소그룹은 개념의 예에 대한 두 묶음의 이미지 또는 단어를 얻는다. 개념들은 여러분이 볼 수 있도록 이탤릭체로 되어 있지만 학생들은 크기가 같기 때문에 각 묶음에서 어떤 것이 다른지 알아내야 한다. 학생들은 이미 이러한 사실과 개념에 대한 경험이 있기 때문에, 이것을 하는 것은 꽤나 쉬울 것이다. 요점은 개념과 사실의 차이를 알아보는 것이다. *건축적 특징*: 국회의사당, 백악관, 워싱턴 기념비, 메모리얼 브리지, 14번가 다리, *자연적 특징*: 아나코스티아 강, 포토맥 강, 록 크릭 공원

4. 개념적 관계에 대한 진술: 각 소그룹은 다음의 두 가지 진술을 확인한다.
   • 강은 배를 이용한 교통수단에 있어 중요한 역할을 하므로 사람들은 강가에 정착하여 도시를 만드는 경향이 있다.
   • 사람들은 존경이나 권력과 같은 메시지를 전달하기 위해 건축물과 기념물을 짓는다. 학생들은 이 진술에 관한 다음의 질문들에 대해 논의한다. "이 진술들은 어떤 의미인가? 우리가 정보를 조직하는 데 있어 어떤 도움을 주는가? 우리가 스스로의 힘으로 새로운 상황을 파악하는 데 있어 이 진술들은 어떤 도움을 줄 수 있는가?"

5. 개념적 관계에 대한 진술의 개선: 교사는 고유 명사와 약변화 동사(is, are, have, impact, affect, influence)는 사용하면 안 된다는 기본 사항부터 시작한다. 또한 이 지침의 이면에 있는 근거를 설명한다. 고유 명사는 사실을 의미하며 전이되지 않는다. 약변화 동사는 둘 이상의 개념 간의 관계에 대해 충분히 설명해 주지 않는다. 학생들은 아래의 진술들을 평가하고 수정한다.
   • 워싱턴 DC의 건축물들은 권력을 상징한다.

- 강은 주요 도시의 교통에 영향을 미친다.

6. 시너지를 내는 사고: 학생들은 다음과 같은 진술과 사실에 대해 그룹으로 토론한다. "일반화를 가장 잘 뒷받침하는 사실은 무엇인가? 일반화에 도전적이거나 복잡하게 하는 사실은 무엇인가?" 교사는 시너지를 내는 사고의 힘에 대해 설명한다.
   - 자연적 특징을 살려 접근하는 방식은 그 장소를 더욱 아름답게 만든다(아나코스티아 강, 록 크릭 공원).
   - 아름답게 조성된 건축물은 관광객들의 발길을 사로잡을 수 있다(백악관, 워싱턴 기념비, 제2차 세계대전 기념비).

7. 전이: 교사는 학생들에게 파리나 런던과 같은 그들이 보지 못했던 새로운 도시의 지도와 사진을 보여준다. 학생들은 위 6개의 진술 중에서 새로운 상황을 해결하는 데 가장 도움이 되는 것과 그 이유를 선택해야 한다.

8. 학생들의 언어로 진술: 교사는 학생들이 "두 개 이상의 개념 간의 관계가 무엇인가?"라고 스스로에게 질문함으로써 자신의 진술을 추상화하고, 그것에 대한 답을 얻기 위해 사실을 사용하라고 말한다. 학생들은 "건축적 특징, 자연적 특징, 사람들의 생활 방식 사이에는 어떤 관계가 있는가?"라고 스스로에게 질문할 수 있다. 그리고 학생들은 자신의 언어로 대답해야 한다. 교사는 "나는 _____을 알고 있다."와 같은 시작 문장을 줄 수 있다.

9. 성찰: 토론을 위해 가능한 한 많은 시간을 할애한다.
   - 개념과 사실의 차이점은 무엇입니까?
   - 개념에 대해 배우는 것은 사실에 대해 배우는 것과 어떻게 다릅니까?
   - 개념적 관계의 정의와 중요성은 무엇입니까?
   - 개념적 관계의 진술을 어떻게 개선할 수 있습니까?
   - 개념적 관계를 발견하는 방법에는 어떤 것들이 있습니까?
   - 그것들은 우리가 익숙하지 않은 상황을 해결하는 데 어떻게 도움이 됩니까?

전략 #8. 전통적인 학습과 개념기반 학습의 차이 비교

학생들에게 그림 2.1에 있는 두 개의 그림에 대해 생각해 보도록 하게 한다. 두 그림 모두 학습에 대한 비유를 나타낸다. 첫 번째 그림에서 볼 수 있는 해변에서 조약돌을 모으는 장면은 전통적인 학습에 비유되고, 두 번째 그림에서 볼 수 있는 거친 대리석 조각에 조각품을 새기는 장면은 개념기반 학습에 비유된다. 이와 같은 단계는 어린 학생들에게는 너무 추상적일 수도 있지만 교사는 언제든지 이런 비유를 시도해 보고 학생들이 이해할 수 있는지를 확인할 수 있다.

그림 2.1 **전통적인 학습 대 개념기반 학습**

출처: Jimmy Conde, graphic artist.

전통적인 학습 모델에서 학생들은 교사가 자신의 병에 '수집'해야 할 사실과 아이디어를 말해주기를 기다리면서 다소 수동적인 역할을 한다. 이러한 유형의 학습 목표는 학생들이 학기 말까지(또는 시험 당일까지) 모든 사실을 머릿속에 간직하고, 그 시점에서 그것들을 유지했다는 것을 증명하기 위해 배운 것들을 쏟아내는 것이다. 이러한 유형의 학습은 학생들이 아이디어를 만들거나 자신의 의미를 구성하도록 하지 않는다. 오히려 학생들의 머리는 다른 이들의 아이디어들로 채워지기를 기다리는 빈 병처럼 보인다.

이를 학생들이 지닌 기존의 아이디어를 상징하는, 조각되기를 기다리는 거친 돌덩이에서 시작하는 개념기반 학습 과정과 대조해 보자. 개념적 학습에서 학생들은 자신이 이미 알고 있던 것에서 학습을 시작하고 체계적인 학습을 통해 아이디어를 개선하고자 노력한다. 조각상이 끌 자국으로 인해 더 정교한 형태를 취해가듯, 학습에 임할수록 학생들의 아이디어는 더욱 정확하고 명료해지며 복합적이고 정교해진다. 결국 학습의 산물은 자신이 가지고 있던 지식의 구조에 대한 더 깊이 있고 면밀해진 아이디어이다(교사가 학생에게 암기하도록 한 정보들로 가득찬 병이 아님).

다음의 기본 단계는 학생들의 상징적, 비유적으로 사고하는 능력을 강화하고 나중에 참고할 수 있는 용이한 기준을 제공한다. 우리는 조약돌을 수집하는 것이 아니라, 걸작을 조각하고 있다는 것을 기억하라.

1. 학생들은 짝 활동을 한다. 한 학생은 짝 A, 다른 학생은 짝 B가 된다.
2. 먼저 학생들에게 각 그림을 설명한 후, 각 그림이 학습에 대한 비유로서 무엇을 의미하는가에 대해 토의를 하게 한다. 교사는 다음과 같이 말할 수 있다:

> "오늘 우리는 전통적인 학습과 개념적 학습의 차이에 대해 생각해 보려고 합니다. 우선 이 두 개의 그림을 살펴보겠습니다. 각각은 학교에서의 학습이 어떤 의미인지에 대한 비유를 제공합니다. 이 그림들이 학습과 어떤 관련성이 있는지 알아보겠습니다. A는 손을 드세요. A는 지금부터 위에 있는 그림에 집중할 것입니다. 1분 동안 조용히 상단 패널에 대해 생각해 보세요. 가능한 한 많은 정보를 자세히 파악해 주세요. 1분 후 여러분의 짝에게 상단 패널에 대해 설명합니다. 이제 B는 손을 드세요. B는 짝이 상단 패널을 연구하는 동안 하단 패널에 집중합니다. 가능한 한 많은 세부 정보를 파악해 주세요. 1분 후 짝에게 아래 그림에 대해 설명합니다."

이는 본질적으로 생각하기 – 짝과 토의하기 – 발표하기 전략으로, 모든 학생들이 토의에서 (A 또는 B와 같이) 특정한 역할을 수행하고, 수업에서 자신의 생각에 대한 책임을 지녀야 하므로 저자들이 선호하는 방법이다. 학생들이 토의하는 동안 교사는 교실을 순회하며 토의 내용을 모니터링하고 너무 빨리 끝낸 그룹에게는 이 활동의 목표가 대화를 끝내는 것이 아니라 토의를 심화하기 위해 사고 과정을 지속하기 위한 것임을 암시하는 메시지를 전달한다.

3. 학생들이 각 그림을 자세하게 설명하도록 한다. 학생들이 초기의 생각을 공유한 후에는 더 깊이 사고하도록 한다.
   - 첫 번째 그림은 학습의 과정을 빈 병 안에 조약돌을 모으는 것으로 나타낸 것이고, 두 번째 그림은 학습의 과정을 돌덩이에서 걸작을 조각하는 것으로 표현한 것입니다. 여러분은 이러한 비유 중 하나와 관련된 학습 경험을 해 본 적이 있나요? 여러분들의 경험을 몇 가지 나누어 봅시다.
   - 각 그림의 학습 과정에서 학생과 선생님은 어떤 역할을 하나요? 각 모델의 장단점은 무엇일까요?
   - 첫 번째 그림에서 학생은 빈 병으로 시작합니다. 두 번째 그림에서 학생은 거친 돌덩이로 시작합니다. 이것이 왜 중요한 차이일까요?
   - 첫 번째 그림에서 학생은 결국 어떤 것을 얻을 수 있을까요? 두 번째 그림의 학생은요? 어떤 유형의 학습이 우리에게 더 가치 있다고 생각하나요?
4. 학생들이 전통적인 학습과 개념적 학습을 공책에 쓰면서 비교하도록 한다. 학생들에게 공책의 한 페이지를 반으로 나누도록 한다. 그리고 상단에는 전통적인 학습을 설명하는 내용을 작성하고, 하단에는 개념기반 학습이 어떻게 다른지를 보여주는 내용을 작성하도록 한다. 이때 Foundation for Critical Thinking(Paul & Elder, 2013)이 제안한 SEEI(진술하기State, 자세히 설명하기Elaborate, 예시하기Exampleify, 비유 또는 이미지로 묘사하기Illustrate) 모델을 사용할 수 있다. 표 2.7의 문장 줄기는 학생들이 개념이나 아이디어를 통해 생각하면서 사용할 수 있는 강력한 모델을 제공한다. 저학년 학생들의 경우, 교사는 학생 전체를 대상으로 하여 칠판을 사용해 이 활동을 할 수 있다.

표 2.7 SEEI 탬플릿

(진술하기) 전통적인 학습은 ... 이다.
(자세히 설명하기) 즉, 전통적인 학습의 목표는 ... 이다. 학습의 과정 동안 학생들은 주로 ... 를 한다. 한편 교사들은 주로 ... 를 한다. 결국, 학생들의 학습 산출물은 ... 이다.
(예시하기) 예를 들어...
(비유 또는 이미지로 묘사하기) 그것은 마치 ... 와 같다.

(차이점을 분명하게 진술하기) 반면에 개념적 학습은 ... 이다.
(자세히 설명하기) 즉, 개념적 학습의 목표는 ... 가 아니라, ... 이다. 개념적 학습의 과정 동안 학생들은 주로 ... 를 한다. 반면 교사들은 주로 ... 를 한다. 결국 개념적 학습의 산출물은... 이다.
(예시하기) 예를 들어...
(비유 또는 이미지로 묘사하기) 그것은 마치 ... 와 같다.

출처: Paul, R., & Elder, L. (2013). The thinker's guide to how to write a paragraph: The art of substantive writing. Tomales, CA: Foundation for Critical Thinking.

4 반복 학습의 힘

대부분의 전통적인 학습은 선형적이다. 일련의 성취기준이나 교과서에 대해 생각해 보자. 그 근본적인 가정은 학생들이 주제에서 주제로, 사실에서 사실로, 일방적인 순서로 넘어간다는 것이다. 학생들은 한 성취기준에서 다음 성취기준으로, 한 단원에서 다음 단원으로 넘어가면서 각 내용을 다룸으로써 지식을 축적해간다. 이 과정을 통해 논리적이고 점진적인 길을 내고자 주제와 사실을 신중하게 정렬할 수는 있겠지만, 주제, 사실 및 아이디어 간의 연결에 중점을 두는 경우는 거의 없다.

교사는 개념기반 학습이 학생들에게 익숙한 기존의 학습 방식과 어떻게 다른지를 분명히 할 필요가 있다. 특히 주제기반 수업, 내용 범위 중심 수업에 익숙한 고학년 학생들에게는 더욱 그렇다. 비록 어린 학생들은 학습 방식에 대해 많은 선입견을 가지고 있지 않더라도, 대부분의 교사들은 전통적인 내용 범위 중심의 학교 교육을 최소 16년 이상 받았다는 점을 상기해야 한다. 그동안의 학교 교육이 저자들이 생각하는 좋은 교수에 영향을 미친 방식에 대해 성찰해 볼 필요가 있다.

Parker Palmer(1998)는 「The Courage to Teach」에서 다음과 같이 진술한다.

학생들에게 진리를 탐구하는 데 도움을 주려면, 교사들은 자신을 혁신하기 위해 주의를 기울여야 한다. 우리는 교육에 대한 좁은 시각으로 비전을 설정해왔고, 한쪽 눈을 뜨지 못한 채 의욕을 발휘하기 어려운 상황에서 일 해왔기 때문에, 양쪽 눈을 뜨고 전체를 조망하기 위한 특별한 연습이 필요하다.

학생들과 함께 수업하기에 앞서, 먼저 교사는 자기 성찰을 위해 스스로 또는 다른 교사들과 함께 다음의 연습을 해보는 것이 좋다.

선형적 수업이 작동하는 방식은 다음과 같다. 매일 교사는 수업 중 달성해야 할 목표를 게시한다. 수업 활동은 학생들이 그날의 목표를 달성할 수 있도록 고안되고, 학생들은 매일매일의 학습 내용을 익히고 특정 기능을 숙달할 책임이 있다. 2–3주 후에, 학생들은 해당 단원에서 각각의 목표 달성을 확인하는 시험을 치른다. 예를 들어, 3학년 보건 수업은 표 2.8에 표시된 활동들로 일주일 동안 구성할 수 있다.

표 2.8 **건강 단원 예시(전통적인 학습)**

단원: 건강한 식생활
- 1일차: 학생들은 영양소가 있는 식품과 영양소가 없는 식품의 차이를 설명할 것이다.
- 2일차: 학생들은 주로 탄수화물, 단백질, 지방으로 음식을 분류할 것이다.
- 3일차: 학생들은 탄수화물, 단백질, 지방이 인체에 미치는 영향을 분석할 것이다.
- 4일차: 학생들은 건강에 해로운 식생활의 영향과 식생활을 개선하기 위한 방법을 설명할 것이다.
- 5일차: 학생들은 건강한 식생활을 실천하기 위한 계획을 세울 것이다.

매일의 수업이 논리적인 순서로 진행되는 동안, 각 수업의 목표는 여전히 개별적이고 독립적이다. 직관적인 학생은 학습하는 동안 더 큰 구조나 궤적을 파악할 수 있겠지만, 대부분의 학생들에게 내용은 일시적이고 단편적이며 부분적인 것으로 인식된다. 자신의 생각을 수정하거나 도전적이게 하기 위해 이전 수업의 내용으로 돌아갈 시간이 거의 없다. 모든 수업은 새로운 목표, 새로운 내용을 향한 전진이다.

개념적 학습은 선형적이지 않고 반복적이다. 즉, 학습은 탐구 과정의 반복을 통해 이루어지며, 학생들에게 단일 학습 목표와 관련하여 아이디어를 개발하고 이해를 심화시킬 수 있는 여러 기회를 제공한다. 표 2.9의 단원 개요를 살펴보자.

표 2.9 건강 단원 예시(개념기반 학습)

> 단원: 건강한 식생활의 맥락에서 선택과 의사결정
> 일반화: 건강에 좋은 식품을 선택하면 더 나은 삶을 살 수 있다.
> 질문: 음식에 대한 선택은 우리의 삶에 어떤 영향을 미칠까?
> 탐구 사이클:
> • 맥락 #1: 물리적 형태와 무게
> • 맥락 #2: 에너지
> • 맥락 #3: 수면과 기분
> • 맥락 #4: 면역체계

    개념기반 단원에 포함된 대부분의 내용은 전통적인 선형적 단원에 포함된 내용과 동일하다. 두 단원 모두 학생들에게 음식에서 발견되는 특정 영양소와 그것이 신체에 미치는 영향에 대해 제공할 것이다. 그러나 개념기반 단원에서의 학습목표는 학생들이 개념 간의 관계에 대한 이해를 심화시킨다는 점에서 전통적 학습과 차이가 있다. 이 경우 학생들은 음식과 건강에 관련된 '선택'이라는 더 큰 개념, 즉 개인이 자신의 삶을 통제하는 과정을 이해하게 된다. '선택'은 학생들이 식품에 대한 또래의 유혹에서 중독에 이르기까지의 모든 것을 학습하는 동안 그들에게 스스로 이 개념의 의미를 구성할 수 있는 많은 기회를 제공하는, 건강 단원의 수업에서 몇 번이고 되풀이하여 다룰 수 있는 개념이다. 학생들은 몇 가지 맥락을 탐구하지만, 이 학습은 일시적이거나 단절된 것은 아니다. 개념과 탐구의 반복적인 순환 과정은 학습에 일관성과 유목적성을 부여한다.

    또한 각 맥락은 이전 맥락에 비해 복잡성이 증가한다. 이 건강 단원의 경우, 두 번째 맥락인 에너지를 학습할 때 학생들이 신체가 음식을 분해하는 방식과 음식으로 무엇을 하는지를 탐구하면서 더 큰 복잡성이 야기된다. 세 번째 맥락인 영양분이 신체의 수면 요구와 기분 조절에 미치는 영향을 탐구할 때 또 다른 복잡한 요소가 추가된다. 마지막 맥락에서 면역체계의 기본 사항과 음식이 어떻게 면역체계를 강화하거나 약화하는지를 탐구할 때 복잡성은 가중된다.

전략 #9. 선형 학습 대 반복 학습

학생들이 선형 학습과 반복 학습은 서로 다르게 구성된다는 것을 이해하는 것이 중요하다. 많은 학생은 수업 시간에 다룬 내용을 하나씩 점검해 나가는 학습을 구체적이고 생산적이라고 느끼기 때문에 그것을 기대하고 선호한다. 반복 학습은 학습 목표의 목록을 점검해 나갈 수 없기 때문에 처음에는 좌절감을 느낄 수 있다. 다음의 활동은 학생들이 반복 학습의 과정을 이해하고 그 진가를 알아보도록 하는 데 도움이 된다.

그림 2.2 **반복 학습과 선형 학습 과정**

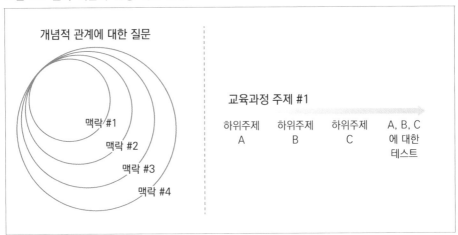

1. 수업 시간에 그림 2.2에 있는 두 개의 이미지를 보여주고, 학생들에게 차이점에 대해 설명하게 한다. 각 이미지를 설명하는 것처럼 보이는 단어를 함께 제시하라. 표 2.10은 시작하는 데 도움이 되는 몇 가지 주요 관찰 내용과 차이점이다.

표 2.10 반복 학습과 선형 학습의 이미지 차이

반복 학습	선형 학습
서로 맞물린 원	직선
반복되는 사이클로 이동	단계별 이동
항상 개념적 질문으로 회귀	항상 앞으로 이동
개념으로 통합된 고유한 맥락	하위 주제로 세분화
각 맥락은 이전 맥락보다 더 크고 복잡	A는 B, B는 C로 이어짐

2. 학생들에게 다음 시나리오를 제시한다. 그리고 어떤 시나리오가 반복적인 과정과 더 밀접하게 관련을 맺는지 질문한다.

- 시나리오 A: 학생들은 케이크 굽는 방법을 배우고 있습니다. 선생님은 학생들에게 바닐라 케이크 레시피를 알려주고, 학생들은 재료들을 계량하고 조합한 다음, 케이크를 굽습니다. 선생님은 학생들이 제대로 이해했는지 확인하기 위해 각각의 케이크를 맛봅니다.
- 시나리오 B: 학생들은 케이크 굽는 방법을 배우고 있습니다. 먼저 학생들은 밀가루, 설탕, 계란, 베이킹파우더, 우유, 바닐라를 이용해 바닐라 케이크를 굽습니다. 학생들은 케이크의 맛과 식감을 평가하고 그 특성에 주목합니다. 그런 다음 학생들은 이번에는 버터를 넣고 두 번째 케이크를 구운 뒤, 케이크의 맛과 식감을 다시 평가합니다. 이번에는 버터 대신 기름을 사용하여 세 번째 케이크를 굽고 이것이 케이크의 맛을 어떻게 바꾸는지에 주목합니다. 학생들은 맛과 식감이 알맞을 때까지 레시피에 변화를 주는 실험을 계속합니다.

3. 각 학습 유형의 장단점에 대해 토의한다. 예를 들어 학생들은 반복 학습이 실험을 통해 발견을 촉진하고 아이디어나 과정을 개선하는 데 초점을 둔다는 것을 알 수 있다. 이는 학생들에게 학습 과정에서 더 많은 주도성을 부여한다. 하지만 이런 방식으로 학습하는 것이 지루하게 느껴질 것이라고 우려할 수도 있다. 학생들은 선형 학습이 더 간단하고 쉽지만 깊이 있고 지속적인 학습으로 이어질 가능성은 낮다는 점을 알게 될 것이다.

전략 #10. 단순한 아이디어 대 정교한 아이디어, 정적 아이디어 대 동적 아이디어

이 장에서 설명한 반복적인 과정을 통해 가르치는 것은 학생들이 개념에 대한 자신의 생각이 정교해진다는 것이 어떤 것인지 아는 경우에 효과가 있다. 많은 교사는 학생의 사고가 정체되고, 본인의 수업이 개념에 대한 얕고 피상적인 견해를 강화하는 것처럼 느껴질 때 좌절감이 든다. 우리가 공부하는 맥락과는 상관없이 왜 매일 같은 논의를 계속하는가? 답은 간단하다. 이는 학생들이 그들의 학습 경험에 기대하는 것이다. 학교는 자주 학생들에게 아이디어를 이해하는 것이 아닌, 아이디어를 맞추는 것에 대해 보상한다.

수모형과 다른 물건들을 사용하여 수와 양의 개념을 공부하는 1학년 학생들에 대해 생각해 보자. 학생들은 그 개념을 정의하고 예를 떠올리며 수와 양의 개념을 인식할 수 있다. 그러나 실제로 학생들이 더 깊이 있게 이해하기를 바란다면, 개념이 존재하는 점점 더 복잡한 상황을 살펴보아야 하고, 학생들은 이 목적을 분명히 알 필요가 있다. 여기 학생들이 다양한 맥락에서 반복적인 과정을 통해 개념을 공부하는 목적을 이해하도록 하는 한 가지 방법이 있다. 이는 세심한 스캐폴딩과 수정을 통해 이러한 활동이 어린 학생들에게도 가능하다는 것을 보여주는 사례이다.

초등 저학년: 두 가지 다른 유형의 학습에 대한 아이디어를 비교하기 위해 그림 2.2의 이미지를 활용한다. 원은 정교하고 동적인 학습을 보여주고, 직선은 단순하고 정적인 학습을 보여준다. 표 2.11에서 더 간단한 용어를 선택하라. 예를 들어 '정적'이라는 용어 대신 '그대로 유지되는'이라거나, '동적'이라는 용어 대신 '끊임없이 변화하는' 또는 '진전'이라는 용어를 사용할 수 있다. 아이디어를 비교·대조하기 위해 전체 학급 토의를 실시한다. 학생들에게 아이디어를 읽게 하는 대신 표 2.12의 시나리오를 실행하고, 각 탐구 사이클을 진행한 후에 전체적으로 다시 토의한다. 3단계에서는 새로운 학습 경험이나 정보를 통해 이해가 어떻게 확인되는지 또는 반론을 제기하거나 복잡하게 하는지를 보여주는 이야기를 만들 수 있다.

표 2.11 단순하고 정적인 학습과 정교하고 동적인 학습의 차이점

단순한: 기본적인	정교한: 복잡한
• 복잡하지 않은 • 소박한 • 알지 못하는 • 쉬운, 어렵지 않은 • 간단한 • 분명한 • 있는 그대로의	• 미묘한 차이의 • 지식이 풍부한, 박식한 • 여러 부분으로 구성된 • 어려운 • 충분히 깊이 생각한 • 다면적인
정적인: 그대로 유지되는	동적인: 끊임없는 변화 또는 진전을 특징으로 하는
• 고정된 • 변하지 않는 • 움직이지 않는 • 멈춘 • 안정된	• 항상 개선되는 • 성장 중인 • 정착하지 않는 • 적극적인

초등 중고학년:

1. 단순한, 정교한, 정적, 동적이란 용어의 공통된 정의를 개발한다. 학생들에게 종이 한 장을 반으로 접게 한 후, 다시 반으로 접어서 4개의 칸을 만들도록 한다. 각 칸에는 하나의 용어에 대한 정의를 적게 한다. 그런 다음 각 학생은 짝과 함께 각 용어에 대해 가능한 한 많은 동의어를 나열하도록 한다. 다음의 표 2.12는 학생이 수행한 활동의 예시이다.

2. 표 2.12의 두 학생이 수행한 활동 내용을 제시하고, 두 학생 중 어떤 학생이 정교하고 동적인 이해를 발전시키고 있는 것처럼 보이는지 질문한다.

3. 학생들은 각 탐구 사이클을 진행하며 주어진 정보를 활용하여 다음을 수행할 수 있는 방법을 찾아야 한다.

• 자신의 이해를 확인한다.
• 자신의 이해에 반론을 제기한다.
• 자신의 이해를 검증한다.
• 자신의 이해를 복잡하게 한다.

이러한 용어들(확인한다, 반론을 제기한다, 검증한다, 복잡하게 한다)이 무엇을 의미하고 어떤 모습으로 나타나는지 토의해 보라. 학생들에게 다음과 같이 물을 수 있다. B는 자신의 이해를 확인하는 정보를 언제 찾았나요? 이해에 반론을 제기하나요? 이해를 검증하거나 복잡하게 하나요? 그 결과는 어땠나요? 어떻게 이것이 아이디어를 더 정교하고 동적으로 만들었나요?

학생들에게 예외나 뉘앙스, 상태를 다루는 아래와 같은 문구들을 소개한다. 학생들에게 지나치게 단순한 사고를 피하는 데 도움이 될 수 있는 다른 문구들도 브레인스토밍하도록 하게 한다.

• 만약 ... 그렇다면 ...
• ... 일 때만
• 하지만 ...
• ... 하지 않는 한
• 만약 ... 라면, 결과는 ... 로 바뀔 것이다.
• 이에 대한 예외는 ...

표 2.12 단순하고 정적인 아이디어 대 정교하고 동적인 아이디어

수와 양은 어떤 관계인가요?	
학생 A 초기 응답: 수는 양을 나타냅니다.	학생 B 초기 응답: 수는 양을 나타냅니다.

탐구 사이클 #1: 물건
학생들은 수와 양을 탐구하기 위해 수모형, 큐브, 공, 손가락 등을 사용한다. 학생들은 물건을 비교할 때 크고 작은 것의 차이분만 아니라 많고 적은 것의 차이가 있음을 알게 된다.

| 학생 A:
네! 제 말이 맞았어요! 수는 양을 나타냅니다. 제가 네 개의 수모형을 가지고 있을 때 선생님은 숫자 4를 보여줍니다. 제가 손가락 네 개를 들어도 선생님은 숫자 4를 보여줍니다. | 학생 B:
음, 그렇군요. 수는 실생활에서 다양한 양을 나타내는 데 사용됩니다. 7개의 수모형은 3개의 수모형보다 더 많다는 것을 보여줍니다. 수가 더 크다는 것은 더 많은 양을 의미하며, 그것은 실제 물건을 사용하는 대신 숫자로 나타낼 수 있습니다. |

탐구 사이클 #2: 점
학생들은 점이 있는 카드와 주사위를 이용하여 수와 양을 계속 탐구한다. 학생들은 점을 옮겨서 일렬로 정렬할 수 없으므로, 어떤 물건(카드 또는 주사위)에 있는 점들로 수를 비교하는 것이 조금 더 어렵다는 것을 알게 된다.

| 학생 A:
네! 제 말이 맞았어요! 수는 양을 나타냅니다. 해당량을 점들이 나타내고 있어요. 주사위에 있는 5개의 점은 숫자 5를 의미합니다. | 학생 B:
저는 해당량이 카드나 주사위에 표시될 때마다, 우리가 그것을 더 빨리 인식하기 위해 해당 숫자를 기억할 수 있다는 것을 알게 됐습니다. 이제 누군가가 주사위를 굴리면, 점을 하나씩 셀 필요 없이 주사위가 나타내는 숫자를 금방 말하면 됩니다. |

탐구 사이클 #3: 선
학생들은 수와 양의 관계를 더 탐구하기 위해 Chutes and Ladders, a Human Game Map과 같은 게임을 사용하여 수직선에 대해 배운다. 학생들은 수들이 선의 특정 지점과 선을 따라 움직이는 여러 위치를 모두 나타낼 수 있다는 것을 알게 된다.

| 학생 A:
네! 제 말이 맞았어요! 수는 양을 나타냅니다. 수직선에서 네 칸을 이동하는 것은 숫자 4를 나타냅니다. | 학생 B:
수직선은 흥미롭고 조금 더 복잡합니다. 우리가 양을 조금 더 더하거나 덜어내면, 그것은 수직선을 따라 앞으로 이동하거나 뒤로 이동하는 것과 같습니다. |

출처: Math content adapted from Donovan & Bransford(2005).

다시 보기

이 장의 초반 부분에서 개념기반 교실의 토대를 세우기 위해 간단하면서도 강력한 네 가지 원리를 설명했다:

1 어린 학생들의 발달 단계를 존중하면서도 지적 엄격성을 추구할 수 있다.
2 개념적 학습은 학생중심, 사고중심의 교실에서 가장 잘 일어난다.
3 학생들에게 개념적으로 학습하는 방법에 대해 분명하게 가르치는 것이 중요하다.
4 개념 학습은 반복적이다. 학생들의 사고를 정교하게 개선하고 향상시킬 기회가 필요하다.

많은 교사에게 있어 개념기반 교실이 전통적인 내용 범위 기반 교실과는 다르게 운영되며, 학생들이 이 같은 차이점을 인식해야 한다는 것을 깨닫게 될 때 가장 큰 통찰의 순간이 온다. 저자들은 학습의 목적에 대한 정보를 학생들에게 의도적으로 제공하거나 계획된 수업 활동의 이면에 있는 의도를 설명하는 교사가 거의 없다는 점을 발견하였다. 학생들이 개념적으로 학습하는 방법을 알고 반복적인 학습 과정을 기대하게 하는, 생각하는 교실을 구축하기 위해 시간을 투자하는 것은 훗날 커다란 이득으로 나타날 것이다.

생각해 보기

- 어떻게 학생중심 교실, 사고중심 교실을 만들 수 있을까? 그 과정에서 당면하게 되는 문제점에는 어떤 것들이 있을까?

- 학생들이 학습에 대해 기대하게 하고, 개념적으로 학습하는 방법을 가르치기 위해 어떤 전략을 사용할 수 있을까?

- 반복적 학습이 이처럼 강력한 이유는 무엇일까? 각 탐구 사이클을 통해 학생들의 이해가 더 깊고 정교해지도록 하려면 어떻게 해야 할까?

3장

개념기반
수업을 위한 전략

3장   개념기반 수업을 위한 전략

앞 장에서는 개념기반 교실의 토대를 마련하는 데 필요한 권장 사항을 대략적으로 설명하였다. 개념기반 수업이 제대로 작동하기 위해서는 학생들이 반복적으로 점차 심화되는 학습을 기대하고, 정교하고 전이 가능한 이해를 개발하는 것이 목표라는 것을 이해하는, 생각하는 교실을 만들어야 한다.

다음으로 개념을 기반으로 지도하는 교사가 학생을 위한 학습 경험을 설계할 때의 교육원리는 다음과 같다:

1. 교사는 개념과 개념적 관계에 대한 학생들의 사전 이해preunderstanding를 파악해야 한다.
2. 각 개념에 대한 깊은 이해는 여러 개념 간의 관계를 정교하게 이해하는 데 필요하다.
3. 학생들은 스스로 개념적 관계를 '발견'해야 한다.
4. 전이는 개념적 학습의 수단이자 결과이다.

①▶ 학생의 사전 이해로부터 시작하기

교사들을 위한 획기적인 보고서 「How Students Learn: History, Mathematics, and Science in the Classroom(Donovan and Bransford(2005)」은 우리에게 학습에 대한 기본적인 사실을 상기시킨다.

학생들은 세상이 어떻게 돌아가는지에 대해 '선개념preconception'을 가지고 학교에 온다. 만약 초기에 이해한 것이 학습으로 들어오지 못한다면 학생들은 새로운 개념과 정보를 파악하지 못하거나, 시험을 보기 위해 배울 수는 있지만 교실 밖에서 다시 선개념으로 되돌아갈 수 있다(p. 1).

이것은 개념으로 수업하는 교사에게 특히 중요하다. 궁극적 목표는 학생들이 기후 변화에서부터 시작해서 가정 폭력에 이르기까지 크고 작은 현실 세계의 문제를 해결하는 데 그들이 학습한 내용을 활용할 수 있도록 깊고 지속적인 이해를 개발하는 것이다. 연구에 따르면 이 목표를 달성하기 위해 먼저 매일 학생들의 사전 이해 정도를 점검하고 수업 과정에서 이를 고려해야 한다.

학생들의 사전 이해에서 출발해야 하는 또 다른 이유는 그것이 우리가 핵심적인 학습 단원에서 개념과 개념적 관계에 대해 학생이 가지는 이해의 성장을 추적할 수 있기 때문이다. 학생들의 사전 이해를 초기에 가시화하지 못하면, 학생들이 새로운 것을 전혀 배우지 못한 채로 수업이나 단원이 지나가 버릴 수도 있다. 개념에 대한 학생들의 초기 사고를 기록하지 않는다면 교사도, 학생도 학습 경험의 영향을 제대로 알 수 없다. 학생들이 개념에 대해 더 깊고, 명료하며, 정확하고, 보다 정교하게 이해했는지는 기준선 없이 파악할 방법이 없다.

학생들의 사전 이해 정도를 측정하는 것은 복잡하거나 많은 시간을 필요로 하지 않는다. 다음에 제시되는 전략들의 유용성을 고려해 보자. 대부분 새로운 것이 아닌, 개념적 사고에 대한 사전 이해를 드러내기 위해 수정한 전략이다.

전략 #1. 학습 일기 쓰기

- 학생들이 생각할 수 있도록 간단한 개념적 질문 또는 일련의 질문을 게시판에 게시한다.
- 학생들의 학습 일기에 질문의 답을 적도록 한다.

모든 학생이 개념에 대해 실질적인 것을 생각하고 쓸 시간을 갖는 것이 중요하므로 학생의 반응을 살피고, 쓰기 싫어하는 학생을 격려해야 한다. 이와 같은 연습을 위해 질문을 의도적으로 구성해야 한다. 표 3.1의 질문과 같이 다양한 유형의 질문을 생각해 보는 것이 도움이 된다. 어떤 질문이 학생들의 생각을 가장 잘 자극하고 원하는 이해를 이끌어낼 수 있는지 생각해 보자.

학생들이 학습 일기를 작성한 뒤에 자신이 이해한 내용을 서로 보여주는 것이 도움이 된다.

- 학생들이 짝과 의견을 나누도록 하고, 서로의 생각에서 유사점과 차이점을 찾도록 한다.
- 무작위로 학생 몇 명을 선정해 그들의 아이디어를 학급 전체와 공유한다. 그다음에 다른 학생들이 동의 또는 동의하지 않는 의견이나, 사례를 제시하도록 한다.
- 논쟁적인 질문에 대해서는, 학급의 전반적인 의견을 파악하기 위해 빠른 설문조사를 실시한다.

표 3.1 **개념적 질문의 예**

잘 아는 개념 정의	잘 모르는 개념 정의	관계 이해	관계 토론
'책임'의 정의는 무엇인가? 예시를 드시오. '의무'와 '책임'은 같은 의미인가? 왜 그런가? 또는 왜 그렇지 않은가? 그것을 어떻게 정의할 것인가?	'평등'이라는 용어를 이전에 들어본 적이 있는가? 이 개념이 의미하는 것이 무엇이라고 생각하는가? 사람들을 다르게 대하는 것이 공정한가? 아니면 모두 똑같이 대하는 것이 공정한가? 당신의 생각을 설명하시오.	'규칙'과 '책임'은 어떤 관련이 있는가? 규칙과 평등의 관계는 무엇인가? 이 개념들은 어떻게 다른가? 이 개념들은 어떻게 비슷한가?	공동체에서 규칙과 책임 중 어떤 것이 더 중요한가? 규칙은 자연스럽게 책임감을 형성하는가? 평등을 실현하기 위해서, 규칙은 필수적인가?

전략 #2. 네 모퉁이 토론

전체 수업에서 학생들의 이해를 돕는 또 다른 전략은 네 모퉁이 토론Four corner 활동이다. 이 활동은 모든 학생이 질문에 답해야 한다는 요구사항과 신체 움직임이 결합되어 있어 좋다.

절차는 간단하다.

1. 객관식의 형태로 개념에 관한 질문을 제시함으로써 학생들이 생각할 수 있도록 한다.

"다음 중 ＿＿에 대한 여러분의 이해와 가장 일치하는 것은 무엇인가요?"와 같이 시작한다. 이것은 개념적 관계뿐만 아니라 개별 개념에 대한 이해도를 측정하는 데 효과적이다. 다음은 예시이다.

> 여러분은 은유가 무엇이라고 생각하나요?
> a. 두 사물의 비교
> b. 한 사물을 다른 것과 일치시키는 언어적 표현
> c. 두 가지를 서로 동등하게 만드는 것
> d. 다른 것을 대표하거나 상징하는 것으로 간주되는 것

2. 학생들에게 몇 분간 조용히 생각할 시간을 제공한다. 답할 시간을 설정하고 학생들이 답을 미리 말하지 않도록 한다. 모든 학생이 스스로 그 문제를 생각해 볼 기회를 갖는 것은 중요하다. 또한, 이 문제를 접한 초기에 '직감적 반응'을 경험한 학생들은 문제에 대해 다시 생각해 볼 시간을 가질 것이다. 학생들이 조용히 생각하는 동안 답을 적도록 하는 것이 유용하다. 특히 학생들이 친구들의 답안을 보고 자신의 답을 바꿀 수 있다고 의심하는 경우 더욱 그렇다.

3. 각 선택지를 교실 모퉁이에 배치한다. 두꺼운 종이를 사용해 각 모퉁이에 하나씩 선택지를 게시할 수도 있다. 학생들은 자신이 선택한 답이 있는 모퉁이로 이동해 투표한다.

4. 각 팀에게 자신이 이 답을 선택한 이유에 대해 토의하도록 하고, 각 팀의 대표가 학급 전체에 발표한다. 또는 활동성이 적은 수업을 활발하게 하기 위해 각 코너 집단이 그들 답변의 장점을 주장해 다른 팀의 구성원을 설득하여 끌어올 수 있도록 한다.

전략 #3. 스펙트럼 입장진술

토론을 할 때 학생들의 흥미를 더 이끌어내려면 반대되는 두 개의 명확한 대답이 있는 것과 같은 논쟁의 여지가 있는 질문이나, 학생들이 동의·비동의를 선택할 수 있는 질문을 활용하는 것이 좋다.

생각할 시간을 잠시 가진 뒤, 학생들에게 이 질문에 대한 입장을 정하도록 한 다음, 그들의 생각에 대해 토론하기 전에 "입장을 정하고 이동해라."라고

요청한다. 다음은 이 활동의 단계이다.

1. 학생들에게 조용히 생각할 시간을 잠시 준 뒤, 논쟁의 여지가 있는 질문을 하거나, 동의/비동의 진술문을 준다. 예를 들어 교사는 "공동체에서 규칙이나 책임 중 무엇이 더욱 중요한가?"라는 질문을 할 수 있다. 또는 "말로 하는 발표가 글보다 더 설득력이 있다."는 진술문을 제시하고 동의하거나 동의하지 않는지를 선택하도록 할 수 있다.

2. 학생들에게 자신이 선택한 항목에 줄을 서는 것으로 질문에 대한 입장을 취하도록 한다. 위의 질문의 경우 스펙트럼의 한쪽 끝은 '규칙'이 되고 다른 쪽 끝은 '책임'이 된다. 진술문의 경우 스펙트럼의 한쪽 끝은 '동의'이고 다른 쪽 끝은 '비동의'이다. 원하는 결과는 한 줄이므로, 학생들에게 벽에 기대거나 바닥에 붙어있는 테이프를 따라 줄을 서라고 하는 것이 도움이 될 수 있다. 또한, 게시판에 시각 자료를 게시하는 것이 도움이 된다(그림 3.1 참고).

그림 3.1

규칙은 매우 중요하다.	책임은 매우 중요하다.
규칙과 책임은 똑같이 중요하다.	

일단 학생들이 정한 '입장' 스펙트럼을 따라 늘어선 줄을 정확히 반으로 나누고 한쪽에 있는 모든 학생에게 줄에서 한 발짝 물러나도록 한다. 학생들은 여전히 동일하게 한 줄로 서 있지만, 그림 3.2와 같이 두 개의 분리된 줄을 형성한다.

그림 3.2

	책임은 매우 중요하다.
규칙은 매우 중요하다.	

다음으로 줄의 절반을 다른 절반쪽으로 이동시키면 학생들은 두 개의 평행선을 만들어 서게 된다. 각 학생의 맞은편에는 질문에 대해 다른 관점을 가진 학생이 서게 된다. 이러한 모습은 그림 3.3에서 볼 수 있다.

그림 3.3

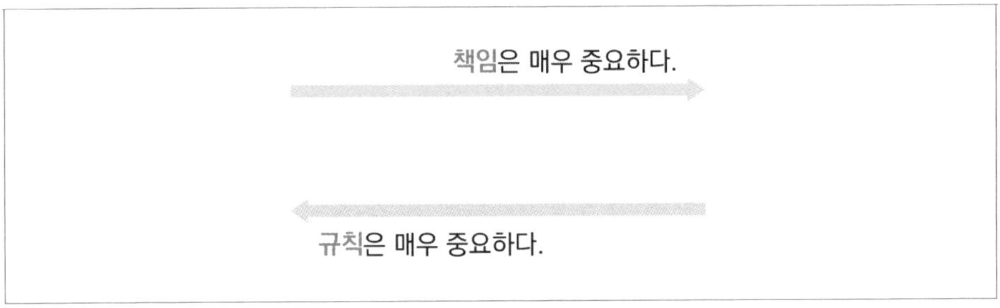

책임은 매우 중요하다.

규칙은 매우 중요하다.

마지막으로, 학생들에게 질문에 대한 자신의 입장과 그 이면의 논리를 반대편에 있는 학생에게 공유하게 한다. 또는, 조금 분위기를 달아오르게 하도록 학생들에게 각자의 입장을 대변할 수 있는 1~2분의 시간을 주어, 상대방과 미니 토론을 벌이게 한다. 교사는 학생들의 논쟁이나 토론을 듣고 그들의 수업 이해 정도를 가늠한다.

우리는 항상 학생들에게 개념적 질문에 대한 답변을 글로 기록하도록 요청한다. '입장을 정하고 나누어 이동하는' 활동은 짧은 시간 동안 학생들의 생각을 살펴볼 수 있게 한다. 나중에 단원에 대해 되돌아볼 수 있도록 자신의 생각을 작성하는 것이 중요하다. 활동을 마무리하기 위해 조용하게 글을 쓸 수 있는 시간을 몇 분 정도 제공하라.

전략 #4. 갤러리 워크

개념에 대한 초기의 이해를 담아내면서 학생들을 움직이게 하는 또 다른 방법은 교실에 붙어있는 다른 사람의 의견이 적힌 포스터에 자기 생각을 기록하도록 하는 갤러리 워크Gallery walk 활동을 하는 것이다.

1. 교실 주위에 개념적 질문이 적힌 여러 장의 포스터 용지를 설치한다. 표 3.1과 같이 다양한 질문을 포함하여 각 구역의 학생들로부터 다른 유형의 사고를 끌어낼 수 있도록 고려해야 한다. 학생들은 교실을 돌아다니며 각 포스터에 답을 작성하므로 학생이 답안을 작성할 수 있는 충분한

공간이 있는지를 확인해야 한다.

2. 각 포스터에 3명 이하의 학생이 활동할 수 있도록 각 학생에게 시작 장소를 지정해 준다. 학생이 많은 학급의 경우 같은 포스터를 여러 개 제시하여 학생들이 동시에 활동할 수 있는 공간을 제공한다. 한 포스터당 3명을 초과하는 인원은 너무 북적인다. 첫 번째 포스터에서 학생들은 자신의 이름을 작성하기 전에 질문에 대해 충분히 생각하고 신중하게 답변을 작성할 수 있도록 한다.

3. 이후 학생들은 각 포스터에 제시된 친구들이 쓴 글을 읽고 자신의 생각을 작성한다. 교사는 학생들이 서로의 의견에 대해 동의하고 추가적인 의견을 제시하거나, 이유를 들어 동의하지 않거나, 질문을 하는 등 상호 반응하도록 격려한다. 목표는 글로 하는 대화에 참여하고 아이디어를 탐색하도록 하는 데 있다. 다음의 문장 시작어를 제시하여 탐색에 도움을 줄 수 있다:

   • 나는 마리아의 의견에 동의하며, 덧붙여서……
   • 나는 동의하지 않아 숀, 왜냐하면……
   • 쟈스민의 코멘트에 궁금한 점은……

4. 일단 학생들이 교실을 한 바퀴 다 돌면, 처음의 포스터로 돌아가 활동하는 동안 누적된 친구들의 답변을 읽는다. 포스터당 한 명의 발표자가 포스터에서 나타난 가장 공통적인 아이디어, 독특하거나 흥미로운 아이디어를 공유한다.

글로 대화하는 갤러리 워크 활동은 완벽한 단원 마무리 활동이기도 하다. 단원의 마지막에 포스터를 다시 붙이고 학생들에게 자신의 원래 답변을 찾아가도록 하라. 포스트잇이나 다른 색 사인펜을 사용하여 원래 답변에 현재 변화된 생각을 작성하도록 하라. 이후 학생들은 학습 과정을 거치면서 자신의 생각이 어떻게 변하게 됐는지 학습 일기로 작성할 수 있다.

중요한 점은 다음과 같다. 학생들의 사전 이해를 확인하는 방법으로 이런 전략을 제시했지만, 개념기반 단원 전체에서 같은 활동으로 학생의 진보 정도를 확인할 수 있다. 이 활동은 재미있으며 상호작용적이다. 또한, 학생들이 이 활동을 몇 번 수행해 보면, 15분 내외의 시간에서 효율적으로 실행할 수 있다.

2 ▶ 새로운 개념 도입하기

이 장의 처음 네 가지 전략은 교사가 다루는 개념이 학생들에게 친숙한 것이라는 가정하에 이루어진다. 예를 들어 학생들이 이전에 경험한 맥락으로부터 알 수 있는 일반적인 개념의 사례로서 규칙과 책임의 개념을 사용할 수 있다.

하지만 깊이 있는 이해와 학문적 역량을 성취하기 위해 학생들은 이전에 접해본 적 없는 새로운 개념도 배울 필요가 있다. 예를 들어 수학을 배우는 학생들은 '분수' 개념을 이해해야 하고, 영어를 배우는 학생들은 '문화'의 개념을 배워야 하며, 사회를 배우는 학생들은 '지역' 개념에 대한 인식을 발전시켜야 한다. 비록 분수를 공부하기 전 '나눗셈'의 개념이나 지역을 공부하기 전 '도시'와 '주'의 개념과 같은 관련 개념에 대한 학생들의 사전 이해를 노출시키는 것이 도움이 될 수는 있겠지만, 대부분의 학생은 학문 특수적인 개념에 대한 사전 이해가 거의 없을 것이다.

새로운 개념을 도입할 때 가장 큰 실수는 개념을 사실처럼 다루는 것이다. 많은 교사는 본능적으로 어휘와 같은 개념을 가르치고, 교과서적인 정의를 제공하며, 나중에 학생들에게 그 정의에 대한 퀴즈를 내고 싶어 한다. 여기서 문제는 학생 스스로가 개념과 사실을 의미 있게 구분하는 데 어려움을 겪는다는 것이다. 이를 학생에게 맡기면, 그들은 집에서 제대로 이해하지 못한 채 정의만을 암기할 것이다. 그리고 학생들은 물론 교사들도 개념에 기반해서 적용·분석·평가를 할 수 없을 때 실망하게 될 것이다.

학생들이 개념을 이해하도록 돕는 것은 정의를 아는 것 이상을 의미한다. 기억력 이상의 것을 위해 See-Think-Wonder, 개념 획득 및 SEEI(진술, 상세화, 예시, 묘사) 전략을 사용하는 것을 고려해보라.

전략 #5. See-Think-Wonder

다음은 「Making Thinking Visible: How to Promote Engagement, Understanding, and Independence for All Learners(Ritchhart, Church, & Morrison, 2011)」의 또 다른 훌륭한 전략이다. 하나의 전략에서 간결성과 매력성을 모두 찾기란 쉽지 않은데, 이 전략은 매우 간단하고 매력적이다. See-Think-Wonder는 새로운 개념을 도입하는 데 활용할 수 있는 좋은 방법이다.

그림이나 사물을 보았을 때,

- 무엇이 보이나요?
- 무슨 일이 일어난다고 생각하나요?
- 무엇이 궁금한가요?

이 전략은 흥미를 유발하고 학생 스스로 질문을 만들어 내는 데 도움이 된다. 토론 중에 나타날 수 있는 오해를 분명히 드러내기 위해 그림이나 사물이 나타내고 있는 바를 명확히 파악하는 것이 중요하다. 다음 전략에서는 개념의 중요한 속성에 대해 좀 더 자세히 살펴보도록 하자.

전략 #6. 개념 획득

개념을 획득하기 위한 수업은 계획하기가 어렵지 않으며, 미스터리에서 단서를 모으는 것처럼 느껴지기 때문에 학생들은 이 수업을 좋아한다. 다음은 예와 예가 아닌 것에서 패턴을 이끌어냄으로써 두뇌의 자연스러운 개념 형성 과정을 모방한 단계이다.

1. 예: 개념을 획득하기 위한 수업의 목표는 학생들이 많은 예를 조사하여 개념에 대한 자신의 '정의'를 개발하는 데 있다. 이는 학생들이 이전에 많이 노출되지 않은 분야, 사전 이해가 거의 없거나 온전히 이해하지 못했을 가능성이 있는 분야에 적합하다. 예를 들어,

- 과학 시간에 저학년 학생들은 무언가 살아있다는 것이 어떤 의미인지에 관한 질문을 받는다. 학생들이 처음 추측한 것을 적고 난 뒤, 교사는 생물에 관한 슬라이드 여러 장을 보여준다. 첫 슬라이드는 사람이거나, 여러 동물일 수도 있다. 학생들은 생물이 달리고, 먹고, 숨을 쉰다는 것을 추측할 수 있다. 그다음으로 선생님은 나무, 꽃, 이끼의 슬라이드를 보여줄 수 있고, 아이들은 식물이 달릴 수 없으므로 선생님이 제시한 새로운 예에 비추어 그들의 답을 수정해야 할 수도 있다. 아마도 학생들은 이 모든 것들이 성장한다는 것을 알아차리고 목록에 이것을 추가했을 것이다. 이 수업은 점차 더 모호한 예를 가지고 계속된다. 선생님이 솔방울과 로드킬 당한 동물의 사진을 보여주면 학생들은 그들의 정의를 바꿔야 한다. 과학에서 "살아있다"는 것은 살아있거나, 살아있었던 모든

것을 의미하기 때문이다.

- 역사 수업시간에 학생들은 리더십을 공부한다. 학생들은 George Washington, Abraham Lincoln, Frederick Douglass, Eleanor Roosevelt 네 명의 미국 지도자들에 대한 짧은 설명을 읽는 것으로 시작한다. 학생들은 네 명이 모두 지도자의 사례라는 것을 파악하고, 이들의 공통점을 찾는 작업을 한다. 처음 두 사람이 대통령이었다는 것을 알아차릴 수 있지만, Frederick Douglass, Eleanor Roosevelt는 선출된 지도자가 아니기 때문에 대통령을 리더십의 특성에서 제외한다. 하지만 학생들은 이 네 명이 국가에 영향력을 행사할 수 있었다는 것을 충분히 알아차릴 수 있다.

일반적으로 교사들이 이 단계에서 '선호'하는 방식은 역사를 배우는 학생들이 George Washington과 Eleanor Roosevelt에 관한 책을 읽고 그들의 삶에 관한 날짜나 세부 사항을 강조하고 암기하도록 하는 것이다. 그러나 학생들에게 이 수업의 목표가 사실에 기반한 용어를 찾아 외우는 것이 아니라 더 큰 개념을 탐구하기 위해 이러한 사실들을 활용하는 것임을 안내한다면 학생들은 훨씬 더 수업에 몰입하게 된다.

2. 예와 예가 아닌 것의 구별: 학생들은 목표로 한 개념의 정의를 학습하고 난 뒤, 이 정의를 더 많은 예와 예가 아닌 것에 적용하는 연습을 한다.

- 과학 교사는 학생들에게 생물과 무생물의 사진을 한 묶음씩 나누어준다. 학생들은 자신이 알고 있는 정의에 비추어 살아있는 것과 그렇지 않은 것의 두 가지 묶음으로 분류한다. 그다음 분류한 결과가 같은지 확인하기 위해 다른 모둠과 비교한다.

- 역사 교사는 학생이 형성한 리더십 개념에 역사적 인물이 적합한지를 판단하기 위해 2인 1조로 Christopher Columbus, Charles Darwin, King George 3세와 같은 인물 목록에서 한 명을 조사하도록 한다. 그들은 그들이 조사한 인물이 리더십을 가진 인물인지 아닌지를 주장하기 위한 증거로 그들이 발견한 내용을 사용하며, 학급의 학생들과 공유한다.

3. 중요 특성 확인: 마지막으로 교사는 개념의 중요한 특성을 따라 학생들을 안내한다. 개념에 더 근접한 공식적인 '정의'는 수업의 마지막에 다루

어진다. 이때쯤이면 학생들은 개념에 대한 이해가 상당히 높아져 있으므로, 실제로 무엇을 작성하고 있는지를 '이해하고' 있으며, 단지 개념의 정의를 사실처럼 '외우려고 하지는 않을 것'이다.

4. 성찰: 수업의 마지막에 성찰의 시간을 갖는 것도 좋다. 개념을 '이해한' 것은 언제였는가? 어떤 예 또는 예가 아닌 것이 가장 어려웠는가? 짝/모둠이 개념에 대한 이해를 높이는 데 어떻게 도움이 되었는가? 개념과 사실의 다른 점은 무엇인가? (사실의 반대로서) 개념을 배우는 것은 어떻게 다른가?

5. 개념 게시판과 개념 지도: 교실의 한쪽 공간을 개념 게시판으로 지정하여 학습하면서 나오는 모든 개념을 게시할 수 있는 공간으로 활용하는 것이 좋다. 모든 학문 분야의 개념 대부분은 서로 어떤 식으로든 연관되어 있으므로, 학생들은 이를 사용하여 학기 내내 다른 지점에서 다른 개념들 사이의 연결을 나타내는 개념 지도를 그릴 수 있다.

전략 #7. Marzano의 6단계 어휘 모델

Robert Marzano(2004)는 학생들이 학문적 어휘에 대한 이해를 탄탄히 하는 데 도움을 주는 여섯 단계를 제시했다. 이것은 학생들에게 새로운 개념을 소개하는 또 다른 방법이다. 각 단계는 다음과 같으며 자세한 설명은 그의 책을 참고하라.

처음 세 단계는 학생들에게 새로운 용어를 소개하는 단계이다.

마지막 세 단계는 학생들의 용어에 대한 이해도를 높이고 정교하게 하기 위해 시간이 지남에 따라 경험해야 하는 여러 종류의 다양한 노출을 제공하는 단계이다. 여섯 단계는 다음과 같다.

- 1단계: 설명 – 학생에게 친숙한 진술, 설명 또는 새로운 용어의 예를 제공한다.
- 2단계: 반복 – 학생에게 진술, 설명 또는 예를 자기 말로 다시 설명하도록 한다.
- 3단계: 표현 – 학생에게 용어를 그림, 기호 또는 그래픽으로 표현하도록 한다.

- 4단계: 토론 – 학생들을 어휘 공책에 있는 용어에 대한 지식을 더하는 데 도움이 되는 체계적인 어휘 토론에 주기적으로 참여시킨다.
- 5단계: 성찰 및 개선 – 학생이 주기적으로 공책을 다시 보며 토의하고 작성한 것을 개선하게 한다.
- 6단계: 학습 게임에 적용 – 학생들을 용어를 사용할 수 있는 게임에 주기적으로 참여시킨다.

전략 #8. SEEI 프레젠테이션

2장에서 설명한 전략 중 하나로 SEEI를 기억하고 있을 것이다. 이것은 비판적 사고 재단(Foundation for Critical Thinking)이 제시한 전략 중 우리가 가장 선호하는 도구이며, 우리는 그들의 안내를 확인할 것을 강력하게 추천한다. 안내는 「The Thinker's Guide to How to Write Paragraph(Paul & Elder, 2013)」에서 찾을 수 있다. 비유를 사용해 비교하는 것은 본질적으로 개념적 수준의 추상화를 요구하기 때문에, SEEI의 마지막 단계인 묘사하기illustrate는 특히 학생들의 개념적인 힘을 키우는 데 유용하다. 이 전략을 사용하는 것은 학생들이 강력한 문해 능력을 개발하는 데 도움을 주는 추가적인 효과도 있다.

전략 자체는 매우 간단하다. 학생들에게 핵심 개념과 그것의 모든 복잡성에 대한 글로 된 설명을 제공한다. 그다음 다른 학생에게 개념을 가르치도록 한다. 이것은 학생들에게 개념의 정의를 보고 쓰도록 하거나, 짝에게 간단하게 설명하도록 하는 것과는 다르다. 아래의 단계를 거치면 개념에 대해 보다 실질적으로 참여시킬 수 있고, 더 큰 이해를 가져올 수 있다.

1. 목표한 개념에 대해 명확하지만 복잡한 설명을 찾아 쓰는 것부터 시작한다. 대부분의 수학과 과학 교과서에서 그러한 비유적인 예시와 함께 설명을 제공하고 있지만, 그것들이 이해하기 어렵기 때문에 교사들은 거의 활용하지 않고 있다. 이 활동은 도전적인 요소가 있을 때 가장 잘 작동하므로, 설명을 지나치게 단순화하는 것은 적절하지 않다. 충분한 설명과 약간의 예시를 포함한 한두 쪽 분량의 개요는 가장 효과적이다. 또한 짧은 영상을 활용할 수 있다.
2. 학생을 모둠으로 배정하고, 목표한 개념을 이해할 수 있도록 소리 내어 읽게 한다. 인터넷, 교과서, 교사 등 학생들이 이용할 수 있는 자원을 활

용하여 질문하고 답을 찾도록 격려한다.

3. 학생들이 개념에 대해 기본적인 이해를 한 후에는 SEEI 모델(표 3.2 참조)을 사용하여 서로 협력해 개념을 자신의 단어로 설명하도록 한다. 발표 과정에서 다른 사람과 공유할 수 있도록 포스터 또는 다른 방법으로 설명을 작성하여 함께 제시하도록 한다. 학생들의 설명이 분명하고 정확한지 확인하기 위해 충분한 시간을 할애한다. 번갈아 가며 진행하고 피드백을 제공한다. 창의성을 발휘하도록 유도하고 개념의 사례인 것과 사례가 아닌 것, 삽화를 제시한다. 이때, 교사가 제공한 텍스트에 포함된 예는 사용하지 않는다. 학생들은 이해를 증명하기 위해 자신만의 예와 예가 아닌 것을 제시해야 한다.

표 3.2 SEEI 모델

진술, 상세화, 예시, 묘사
생각을 명확히 진술하기
아이디어를 자세히 설명하기. 다시 말해서… 이건… 말하자면… 오히려….
예시하기. 예를 들어… 하지만, 예가 아닌 것은 …이 될 것이다. 왜냐하면….
(비유 또는 이미지로 묘사하기) 이건 마치….

출처: Adapted from Paul, R., & Elder, L. (2013). The thinker's guide to how to write a paragraph: The art of substantive writing. Tomales, CA: Foundation for Critical Thinking.

모둠으로 수업을 진행한다. 몇 개의 모둠에는 아이디어 진술을 공유하도록 하고, 다른 모둠에는 아이디어를 자세히 설명하거나 예를 제시하도록 한다. 설명보다는 삽화 그리기가 더 다양하게 나올 수 있기 때문에, 삽화를 공유하는 것도 좋다. 학생들은 추상적인 비교를 하거나 그들의 이해를 비언어적인 형태로 표현해야 하므로, 삽화는 종종 이해 또는 오해를 가장 잘 나타내는 방법이다. 청중은 발표자의 이해도를 측정하고 의미를 설명하기 위해 질문을 하도록 한다.

③ 개념기반 교육을 나타내는 두 단어: 발견과 전이

앞의 전략은 개념 이해를 위한 여정에서 중요한 첫 단계이다. 익숙한 개념을 다룰 때는 먼저 학생들의 사전 이해를 확인해야 한다. 새로운 개념을 도입하는 방법에 대해서도 신중해야 한다. 그러나 개념적 학습의 핵심은 개념적 관계에 대해 깊고 정교한 이해를 개발하는 것이다. 다음 장에서는 개념적 수업의 가장 중요한 측면에 대한 네 가지 학습 프레임워크를 제공하며, 두 개 부분에서는 학생들이 개념적 관계에 대한 이해도를 높일 수 있는 과정을 구성하는 데 도움이 되는 간단한 두 가지 아이디어를 제공한다.

Dave Yarmchuk은 교사들이 개념기반 모델을 아주 쉽게 이해하는 데 도움이 되는 핵심 키워드를 만들었다. 그것은 매우 간단하지만 효과적이다. 우리는 개념기반 교육과정 및 교육에 대한 H. Lynn Erickson과 Lois Lanning의 책(2014, 2017)과 어떻게 학생들이 학습하는지(Donovan & Bransford, 2005)에 대한 국가 연구 위원회(National Research Council)가 지원한 연구물, 그리고 개념을 강력하게 뒷받침하는 수학, 과학, 역사, 언어, 음악 및 다른 교과에 관한 수많은 책을 읽었다. 어려운 과정이었지만 우리가 찾고 있는 것의 본질을 단 두 개의 단어로 종합할 수 있었다.

발견 → 전이

이 두 단어로 된 Dave Yarmchuk의 핵심 키워드는 개념 학습의 가장 중요한 원리를 요약하고 교사들이 가장 흔한 두 가지 함정을 피하는 데 도움을 준다.

단계 #1. 발견: 만약 당신이 '이해중심 교육과정Understanding by Design'을 안다면, Wiggins와 McTighe(2005)의 '심층적 학습'이라는 말이 낯설지 않을 것이다. 이것은 교사가 "Jose, 너는 이것을 알아야만 해. 금요일에 배운 내용이야!"라고 하는 대신에 학생들이 탐구를 통해 단원의 빅 아이디어를 '발견'할 수 있도록 계획해야 한다는 것을 뜻한다.

교사들이 개념을 가르치면서 하는 가장 큰 실수는 학생들에게 두 개념 사이의 관계가 무엇인지 직접적으로 제시함으로써 개념을 단지 '다루는' 것이다. 교사가 칠판에 작성한 "어떤 사람은 다른 사람보다 사회에서 더 많은 권력을 가지고 있다."는 진술을 공책에 옮겨 적음으로써 학생들이 정체성과 권력의 관계를 배우도록 하는 것은 우리가 지향하는 바가 아니다. 교사는 권력을 '다루어' 왔을지는 모르지만, 학생들은 그 의미를 '찾아내지' 못했고, 권력이 그들의 세계를 어떻게 형성하는지 전혀 이해하지 못했다. 발견이 핵심이다.

단계 #2. 전이: 학생들이 두 개 이상의 개념 간 관계를 알아내거나 발견하면 이 지식을 사용하여 새로운 상황에 적용할 수 있다. 이것이 개념적 학습의 목표이다. 예를

> 학생들이 두 개 이상의 개념 간 관계를 알아내거나 발견하면 이 지식을 사용하여 새로운 상황을 해결할 수 있다.

들어 사회 교과 수업을 듣는 학생들은 고대 중국과 이집트를 탐구할 수 있다 (Grade 2, Virginia Standards of Learning, 2008). "제한된 자원은 사람들이 상품과 서비스를 생산하고 소비하는 데 있어서 선택을 요구한다." 이러한 통찰은 그 자체로 훌륭한 결과물이지만 개념 간의 관계를 이해하는 첫 단계에 불과하다. 그러나 많은 교사는 성취감을 느끼며 여기서 멈추는 함정에 빠진다. 학생들이 이러한 관계를 밝혀내길 바라는 진짜 이유는 이를 통해 그들의 세계를 다르게 보기 시작하기 때문이다. 개념적인 관계를 발견함으로써 학생들이 새로운 지식을 사용하여 문제를 분석하고, 의사결정 하며, 자신에게 중요한 방식으로 다른 이들에게 영향을 미치기를 바란다.

그래서 학생들은 개념적 관계를 발견한 후 전이를 연습할 필요가 있다. 학생들은 캘리포니아의 가뭄과 관련된 기사를 읽고 비디오를 보거나 인터뷰를 한다. 교사는 "제한된 자원 및 재화와 서비스를 소비를 위해 할 수 있는 것을 알고, 캘리포니아에서 물 사용에 대한 선택을 옹호하는 광고 캠페인을 어떻게 기획할 수 있을까?"라고 물을 수 있다. 그런 다음 학생들은 모둠을 이루어 상품과 서비스를 소비하는 데 있어 선택의 복잡성을 고려한 광고 캠페인을 만들어 수업에서 발표하고, 희소성, 자원, 재화와 서비스를 소비하는 것에 대한 이해가 그들의 선택에 어떻게 영향을 미치는지 토의한다. 이것은 더 적은 내용을 다루지만, 시간은 더 걸리는 일이다. 개념적 학습은 전이를 위한 시간과 에너지가 필요하며 이것은 선택사항이 아니다.

전이에 있어서 어려운 부분은 개념적 전이보다 단지 주제를 확장하는 데 쉽게 빠질 수 있다는 것이다. 여기서 주제를 확장한다는 것은 고대 중국과 이집트에 대한 단원을 가르치고, 학생들에게 이러한 문명이 오늘날 사회에 어떤 영향을 미치는지 확인하도록 요청하는 것을 의미한다. 이 경우 학생들은 학습한 사실과 주제에 대한 지식을 활용하지만, 개념은 전혀 사용하지 않아도 된다. 확장 활동으로서는 매력적인 활동이고, 몰입도를 높일 것이며, '실제 세계와의 연결성'을 볼 수 있게 해준다. 하지만 이것은 개념적 관계에 대한 통찰을 요구하지 않기 때문에 개념적 전이는 아니다.

학생들은 새로운 상황으로의 전이를 연습하면서 자신만의 새로운 맥락을 찾는 과정에서 탐구 기능을 연습할 수 있다. 고대 문명에 대한 같은 예를 가지고 보면 진정한 전이 과제는 학생들이 현재의 사례를 찾고, 교실에서 학습한 고대 중국과 이집트에 관한 내용과 탐구를 통해 발견한 현재의 사례로부터 증거를 사용하여 희소성과 소비자 선택에 관한 아이디어를 증명하도록 요청하는 것이다.

또한 전이 과제는 개념적 이해를 위한 의미 있는 수행 평가를 만들어 낸다. 학생들이 수업 시간에 교사가 한 말을 단순히 외우기만 해서는 이와 같은 과제에 성공할 수 없다. 학생들이 개념을 이해하지 못하거나 개념을 적용하는 것이 미흡할 경우 교사는 바로 알아차릴 수 있을 것이다. 학생에게 새로운 것을 주고 그들이 가진 개념적 이해가 문제를 해결하는 데 어떻게 도움이 되는지 보여달라고 요청하면, 개념적 이해의 정도를 가감 없이 알 수 있을 것이다.

전략 #9. 이해를 발견하고, 전이하는 학습

학생들에게 아래의 그림을 보여주고, 다음 질문에 대해 토의한다.
- 개념기반 교실에서 열쇠는 무엇을 나타내는가? '개념적 관계'
- 열쇠가 왜 땅에 묻혀있는가? '학생들이 구체적인 맥락을 통해 그것을 밝혀내야 하기 때문.'
- 보물상자는 무엇을 상징하는가? '개념적 이해를 통해 잠금을 해제할 수 있는 새롭거나 참신한 상황.'
- 누가 발견하고 있는가? '선생님이 아닌 학습자.'

그림 3.4 **발견과 전이**

출처: Jimmy Conde. graphic artist

발견과 전이의 두 가지 원리에서 가장 좋은 점은 학생들이 사고하고 있도록 한다는 데 있다. 이것은 학습을 극대화하기 위한 핵심이다.

4 발견: 개념적 탐구 사이클

다시 말하지만, 개념적 학습을 위해 염두에 두어야 할 가장 중요한 점은 학생들이 개념적 관계를 밝히고 이러한 관계에 대한 그들만의 이해를 자신의 언어로 표현하도록 하는 것이다. 이것이 안내 질문과 그것을 만드는 능력이 매우 중요한 이유이다. 이러한 교육 방식은 일반적으로 탐구기반, 귀납적 또는 구성주의 교육으로 불린다. 학생들이 스스로 의미를 구성하기 때문에 깊은 이해를 위한 가장 좋은 방법이다.

전략 #10. 개념적 탐구 사이클

매우 기본적인 수준에서 교육은 그림 3.5와 같이 두 가지 주요 구성 요소를 순환해야 한다.

그림 3.5 **개념적 탐구 사이클**

추상적인
개념적 문제

구체적인
특정 맥락

출처: © 2015 Julie Stern

- 학생들은 개념적 관계에 대한 추상적 질문에 반응한다.
- 학생들은 수학 문제, 과학 실험, 역사적 순간 또는 글의 구절 등 개념이 중요한 역할을 하는 특정한 맥락을 탐구한다.

1. 학생들에게 개념적 질문을 제시하고 그 관계를 설명하는 특정 맥락으로 그들을 안내한다. 즉, 맥락은 추상적인 개념적 질문에 답하는 데 도움이 된다.

2. 구체적 맥락을 자세히 학습한 뒤, 학생들은 학습한 정보에 비추어서 개념적 질문에 대해 다시 생각해보아야 한다. 구체적인 맥락은 보다 추상적인 개념적 관계를 이해할 수 있는 기초를 제공하며, 그 개념들은 학생들이 공부한 특정 맥락에 대한 통찰을 얻는 데 도움을 준다. '새로운 맥락에서 학습한 사실과 예는 개념에 대한 일반화를 뒷받침하는 증거'가 된다. 학생들은 개념적 관계에 대한 진술을 설명하기 위해 반드시 '증거'를 제시해야 한다.

3. 다음 단계는 개념 간의 관계를 더 자세히 설명하기 위한 두 번째 맥락을 제공하는 것이다. 학생들이 더 많은 맥락이나 사실을 수집할수록, 이해는 더욱 깊어지고, 새로운 상황에 적용하는 능력은 더욱 정교해진다. 같은 개념적 질문을 다양한 맥락에서 학습함으로써 학습의 깊이와 폭의 균형을 맞출 수 있다. 그 폭은 학생들이 노출되는 다양한 맥락과 사례에 의해 결정된다. 그러나 내용범위 중심의 교실과는 다르게 개념기반 교실에서는 단원의 개념을 통해 많은 맥락을 경험함으로써 깊이 있는 이해를 달성하게 된다.

교실에서 이것은 어떻게 구현되는가? 표 3.3의 사례를 살펴보자.

표 3.3 깊이 있는 학습

실제 교실에서의 예: 적응

개념적 질문: 동물의 특성과 환경 간의 관계는 무엇인가?

맥락

소개하는 맥락:

- 따뜻한 물로 이주하는 고래 및 기타동물
- 색을 바꾸는 카멜레온
- 사막의 낙타
- 박쥐 및 기타 야행성 동물

학생들은 동물의 특성과 환경 사이의 관계를 학습한다. 학생들은 가장 단순하고 분명한 예부터 시작하여 점점 더 복잡한 예로 이동해, 단원이 진행될수록 이해를 심화시킨다. 예를 들어, 적응에 관한 단원은 환경이 너무 추워졌을 때, 이주하는 동물의 예로부터 시작할 수 있다. 하지만 학생들은 추위 속에서도 살아남을 수 있는 특성을 가진 다른 동물들도 찾을 수 있다. 결국, 학생들은 고래, 카멜레온, 낙타, 박쥐에 대한 지식을 얻을 수 있다. 그러나 더 중요한 것은 동물이 환경에 반응하고 적응하는 방법에 대해 깊고 지속적인 이해를 발견하기 위해 이러한 주제에 대한 학습을 활용했다는 것이다. 이것은 이러한 모든 주제를 다루지만, 학습에 개념적 일관성을 가져오지 못하는 단원보다 학생들에게 훨씬 더 흥미롭고 유용하다.

간단히 말해서, 교사는 먼저 '학생들이 대답할 개념적 관계의 성격에 대한 흥미로운 질문'을 던진다. 이를 통해 학생과 교사는 선입견, 사전 지식, 오해의 소지가 있음을 알 수 있다. 그다음 학생들은 개념적 질문에 대한 답으로 돌아가기 위한 추상화를 가능하게 하는 특정 맥락(사실적 예, 텍스트 또는 기타 내용의 조각들)에서 개념을 탐색한다. 학생들이 개념적 질문에 대한 답을 찾을 수 있도록 맥락은 신중하게 선정되어야 한다. 개념적 질문에 대해 학생들이 구체적인 맥락적 사실에 비추어 한 답변은 이해의 증거 또는 이해하지 못했다는 증거로 작동하며, 가장 중요한 부분이다.

단원 도입 시 제시하는 맥락에 대해서는 교사의 더 많은 방향 제시와 안내가 필요하다. 교사는 학생들을 구체적인 통찰로 이끌 안내 질문을 제공하거나 놀이에서 개념을 강조하는 방식으로 맥락을 제시할 수 있다. 텍스트, 영상 또는 수업 활동은 학생들을 어렵지 않게 이해의 길로 접어들 수 있도록 설계되어야 한다. 목표는 수렴이며, 이것은 교사가 모든 학생이 큰 틀에서는 같은 개념적 관계를 밝혀내길 원한다는 것을 의미한다.

학생들이 개념적 관계를 새로운 맥락에 적용하여 그들의 이해를 심화할수록 교사가 지원할 필요는 줄어든다. 교사는 학생들에게 개념적 관계에 대한 이해를 강요하는 대신 학생들이 목표한 이해에 도달하기 위한 과정을 도전적이고 복잡하게 만들기 시작한다. 이 시점에서 목표는 발산일 수 있다. 즉, 학생들은 매우 깊은 학습을 위해 독특한 개념적 관계를 발견할 수 있으며, 친구들의 의견을 반박하는 결론에 도달할 수도 있다. 물론 모든 일반화는 맥락으로부터 나온 강력한 증거가 수반되어야 한다.

이 책을 읽는 독자들은 개념적 탐구 과정이 반복적이라는 것을 알아차렸을 것이다. 이것은 학생들이 같은 개념적 관계를 여러 가지 다른 맥락에서 학습해야 함을 의미한다. 이것은 학생들이 영어 수업에서 각각이 별개의 맥락으로 작용하는 이솝 우화 중 하나를 읽고 개념적 질문으로 돌아가는 것을 의미할 수도 있다. 또, 그림 형제의 동화와 이솝 우화를 짝지어 두 편의 다른 단편 시리즈의 맥락에서 같은 개념을 학습할 수도 있다. 수학에서 이러한 맥락은 복잡성이 증가하게 되는 일련의 문제일 수도 있다. 어떤 경우든 간에 학생들이 단원의 끝에서만이 아니라 '단원 전반에 걸쳐 개념적 질문으로 여러 번 돌아가서 개념적 관계에 대한 자신의 이해를 명확히 재고하는 것은 필수적인 과정'이다.

이러한 방식은 개념 간의 관계를 파악하는 데 필수적인 학생들의 생각을 정제하고 정교하게 만든다. 개념에 대한 학생들의 사전 지식에서부터 시작한다는 것을 항상 염두에 두어야 한다. 학생들은 이미 선행 학습과 개인적인 경험을 통해 개념에 대해 꽤 많이 알고 있는 경우도 종종 있다. 학생들이 단원의 활동을 살펴보고 아이디어를 유지하는 것만으로는 충분하지 않다. 학생들은 자신들의 생각에 명확성, 정확성, 논리성, 정교성을 더하고 사고의 발전과정을 추적함으로써 그들의 배움을 나타내야 한다. 이것은 더 깊이 있는 학습을 달성하기 위한 또 다른 핵심 요소이다.

전략 #11. 생성, 분류, 연결, 정교화

「Making Thinking Visible: How to Promote Engagement, Understanding, and Independence for All Learners(Ritchhart et al., 2011)」은 학생들이 스스로 개념적 관계를 진술하는 데 큰 도움이 된다. 다음은 이에 대한 설명이다.

이해의 지도를 그릴 주제, 개념 또는 이슈를 선택한다.
- 이 주제나 이슈를 생각할 때 떠오르는 아이디어와 초기 생각 목록을 '생성'한다.
- 아이디어가 얼마나 중심적인지, 주변적인지를 기준으로 '분류'한다. 중앙 근처에 중심적인 아이디어를 배치하고, 바깥쪽으로 주변적인 아이디어를 배치한다.
- 공통점이 있는 아이디어 사이에 연결선을 그어 아이디어를 '연결'한다. 아이디어가 어떻게 연결되는지 설명하는 짧은 문장을 쓴다.
- 초기 아이디어를 확장하거나 추가되는 새로운 아이디어를 더해 지금까지 작성한 아이디어 또는 생각을 '정교화'한다(p. 125).

저학년 학생들이 이 과정을 이해하기 위해서는 '연필, 숙제, 책상'과 같이 매우 익숙한 것을 사용하여 과정을 모델링하는 것이 유용하다. 그런 다음 '축구, 잔디, 사람, 규칙'과 같이 학생들이 연습할 수 있는 것으로 이동한다. 또한 학생들이 분류하고 연결했으면 하는 단어를 사용해 첫 번째 단계를 진행하는 것도 도움이 된다. 가장 중요한 단어를 정렬 과정에서 일부 사용하거나, 그 단계를 건너뛰고 두 개 이상의 아이디어가 어떻게 연결되어 있는지 질문할 수 있다. 또한 종종 교사들은 학생들이 몇 차례 연습할 때까지 마지막 단계를 건너뛰기도 하지만, 학생들은 결국 스스로 관련된 아이디어를 생각해 내기 시작할 것이다.

전략 #12. 표면적 학습과 심층적 학습의 비교

학생들은 개념적 탐구 사이클을 거치면서 반복 학습의 과정과 목표를 떠올려야 한다. 학생들에게 그림 3.6의 시각 자료를 보여주고 두 수영선수를 비교하도록 한다. 이 그림의 의미는 무엇인가? 학생들은 다음과 같은 아이디어를 내야 한다. "잠수부가 깊이 들어갈수록 바닷속은 더욱 흥미로워진다." 또는 "표면에만 머무르면 학습이 지루해질 수 있다." 학생들은 그들이 학습하는 새로운 맥락을 더 깊게 파악함으로써, 새로운 맥락이 자신의 일반화를 더 흥미롭고, 통찰을 담고 있으며, 잘 뒷받침하도록 해야 한다.

그림 3.6 표면적 학습과 심층적 학습

출처: Jimmy Conde, graphic artist

⑤ 수단이자 목적으로서의 전이

개념적 학습의 목표가 전이라고 말하는 것은 때때로 혼란스러울 수 있다. 교사들은 개념적 학습의 목표가 전이라는 것에 대해, 단원이 끝나면 전이가 된다고 생각하기도 한다. 우리는 종종 교사들이 "정말 좋아! 나는 학생들에게 개념에 관해 몇 주간 가르쳤고, 학생들이 이해한 내용을 새로운 상황에 적용하는 평가를 계획했어. 만약 학생들이 아이디어를 전이시킬 수 있다면, 우리는 목표를 달성한 거야!"라고 말하는 것을 듣는다.

이것은 바람직하지 않다. 학생들에게 이해를 새로운 상황으로 전이시킬 기회를 주기 위해 단원이 끝날 때까지 기다린다면 우리는 실망할 수밖에 없다. 학생들은 자신이 일반화한 것을 시험하고, 새로운 맥락에서 어떻게 적용할 것인지를 결정할 수 있는 정기적인 연습을 많이 해야 한다.

개념을 새로운 방식에 따라 반복적으로 학습하게 하는 탐구 사이클 활용 수업의 장점은, 단원 전체에 걸쳐서 전이의 기회를 제공하기 수월하다는 것이다. 학생들은 사전 지식을 바탕으로 한 두 개념 사이의 관계에 대한 아이디어로부터 시작한다. 그다음 첫 번째 탐구 사이클을 진행하는 동안 새로운 맥락에서 이러한 이해를 테스트한다. 학생들에게는 이미 전이가 시작되었다.

이 과정에서 어려운 점은 학생들이 자연스럽게 자신의 이해를 전이하는 데 익숙하지 않다는 것이다. 녹색 채소는 맛이 없다는 것을 일찍이 학습하는 유아처럼 비록 우리의 뇌는 일련의 예로부터 개념적 관계를 끌어내도록 연결되어 있지만, 우리는 의식적으로 이 과정을 거의 실행하지 않는다. 또한 학생들이 중학교에 진학할 때쯤이면, 학교에서 배우는 내용에 대해서 의미가 있거나 실용적인 적용을 기대하지 않는 경우가 많다. 이 때문에 개념 전이를 위한 과정을 의식하고 의도적으로 실행할 수 있는 도움이 필요하다.

1. 적용되는 개념 인식하기: 이 상황에서 어떤 개념이 적용되는가? 어떤 개념적 관계가 이 시나리오를 형성하는 것으로 보이는가?
2. 개념적 관계에 대한 사전 이해 가져오기: 이 개념들 사이의 관계에 대해 내가 이미 알고 있는 것 중 무엇이 진실인가? 내가 이해하는 데 도움이 되는 구체적인 예는 무엇이 있는가?
3. 어떤 사전 이해가 적용되는지 결정하기: 이 새로운 상황이 내가 과거에 학습했던 상황과 다른 점은 무엇인가? 나의 일반화는 이 상황에 적용될 수 있는가? 나의 사전 이해 중에 어떤 부분이 전이될 수 있고 어떤 부분이 그렇지 않은가?
4. 새로운 상황에 기반하여 이해를 수정하기: 새로운 상황에 비추어 내가 가진 이해를 어떻게 수정할 수 있을까?

학생들은 종종 명확한 답이 있는 것을 배우고 싶어 한다. 모순되거나 복잡한 것들은 일반적으로 환영받지 못하며, 학생들의 뇌는 그러한 것들을 걸러내기 위해 노력한다. 그러나 개념적 관계에 대한 중요한 이해는 학생들이 지금까지 쌓아온 일반화에 맞지 않는 사례와 정보에 대면하고, 이를 처리하는 과정에서 이루어진다. 이는 일반화가 모든 새로운 상황에 항상 적용될 수는 없으며, 새로운 상황을 특별하게 만드는 것들에 세심한 주의를 기울이는 것이 중요함을 의미한다.

이와 관련한 사례를 들어보자면, 학생들은 과거에 사람들이 살았던 방식을 학습할 때, 종종 사람들의 관습과 삶의 방식이 시간에 따라 변한다고 결론짓는다. 기술과 다른 요소들은 사람들이 살아가는 방식에 영향을 주고 변화시킨다. 예컨대 학생들은 식민지 시대, 남북 전쟁, 재즈 시대, 대공황 시대의 미국을 별개의 맥락으로 볼 것이다. 그러므로 7월 4일 미국 독립기념일과 같은 기념일에 대해 시대마다 다른 이야기를 볼 수도 있다. 그러나 미국인들은 여러 세대에 걸쳐 퍼레이드와 불꽃놀이로 기념일을 축하해왔다. 이는 시간이 지남에 따라 삶의 방식은 달라지는 경향이 있지만, 여전히 그대로 유지되는 전통과 풍습이 있음을 알 수 있게 한다.

전이는 학생들이 익숙한 패턴을 인식함으로써 새로운 상황을 해결할 수 있도록 도움을 줄 수 있다. 그러나 동시에, 고민 없는 전이는 새로운 현상의 고유한 특징을 지워버려 이를 오해하도록 만들기도 한다.

이것이 학생들의 이해를 깊이 있게 하고 변화시키는 데 있어 전이가 중요한 이유이다. 전이는 학생들이 익숙한 패턴을 인식함으로써 새로운 상황을 해결할 수 있도록 도움을 줄 수 있다. 그러나 동시에, 고민 없는 전이는 새로운 현상의 고유한 특징을 지워버려 이를 오해하도록 만들기도 한다.

따라서 교사들은 학생들이 전이를 연습할 수 있는 기회를 설계하는 것이 아니라 전이 과정에서 '실패'할 수 있는 기회를 설계하는 것이 중요하다. 이것은 학생들이 그들의 일반화와 딱 들어맞지 않는 새로운 상황에서 그들만의 방식으로 상황과 상호작용을 해야 할 필요가 있다는 것을 의미한다. 전략 #13은 이를 위한 한 가지 방법이다.

전략 #13. 전이하기

이 활동을 학습 단원의 중간이나 끝에 통합하는 것을 고려해 보아야 한다. 학생들이 이 활동을 하기 전에 개념에 대해 생각하고 몇 개의 '일반화'를 구성해 보는 것이 중요하다.

1. 전이의 의미에 대해 학생들과 토의한다. 이 용어는 명확하지 않을 수 있으니, 전이의 세 가지 측면에 관해 이야기하는 것이 도움이 된다.

- 분석하기: 이해를 전이한다는 것은 새로운 상황을 예측 가능한 패턴에 따라 부분으로 나눌 수 있다는 것을 의미한다. (예 학생들은 수학 시간에 짝수, 홀수, 덧셈의 관계를 인식하여 패턴을 결정할 수 있다.)

- 예측하기: 이해를 전이한다는 것은 새로운 상황의 결과나 영향을 예측할 수 있다는 것을 의미한다. (예 학생들은 과학 시간에 꿀벌 개체 수의 감소가 같은 서식지에 사는 다른 종들에게 큰 영향을 미치리라 예측할 수 있다.)
- 문제 해결하기: 이해를 전이한다는 것은 개념에 대한 이해를 바탕으로 문제에 대한 해결책을 제시할 수 있다는 것을 의미한다. (예 학생들은 지리 시간에 자원과 갈등이 어떻게 연관되어 있는지에 대한 깊은 이해를 바탕으로 자원을 둘러싼 충돌을 방지하는 방안을 제시할 수 있다.)

2. 학생들에게 현재 학습 중인 개념에 대한 이해를 전이하는 방법의 목록을 작성하도록 한다. 자신의 이해를 활용하여 새로운 상황을 분석하거나, 예측하거나, 문제를 해결할 방법을 하나 이상 생각해보도록 한다. 전이가 잘 이루어지는 방법에 주목하면서 학생들이 제안한 목록에 대해 토의한다.

3. 다음으로, 개념에 대한 학생들의 이해가 부족해 보이는 명확한 시나리오를 제시한다. 교과나 단원에 따라 다르겠지만 다음은 일반적으로 좋은 예이다.
- 유형이 다른 수학적 문제
- 변칙 또는 예외
- 이전에 학습한 맥락과 명백한 특징은 공유하면서도 심층적으로는 매우 다른 예

4. 학생들에게 개념적 이해를 바탕으로 분석, 예측 또는 문제를 해결하도록 요청한다. 그다음 적용의 정확성에 대해 토의한다. 예를 들어 학생들이 예측 활동을 하는 경우 예측한 내용에 대한 실제 결과를 제시한다. 그리고 다음 질문에 대해 토의한다.
- 무엇이 여러분의 이해가 이러한 맥락에서 잘 전이할 수 있을 방법을 예측하는 것을 어렵게 하는가?
- 무엇이 새로운 맥락에서 여러분의 일반화가 쉽게 상황으로 적용되지 않는다는 신호를 주는가?
- 각각의 맥락이나 상황의 차이를 고려하지 않고 무분별하게 이해를 전이할 경우 어떤 위험이 있는가?

6 단원 계획표의 예

　대부분의 학교는 단원의 목표와 종합적인 평가 계획이 담긴 단원 계획과 매일의 수업 계획 두 가지 공통된 교육과정 문서를 사용한다. 교사들이 만들어 내야만 하는 계획의 목록이 길어지는 것은 좋지 않기 때문에, 최소한의 수업 순서와 학습 경험을 대략 스케치하는 간단한 계획표의 사용을 권장한다. 교사는 학습에 대한 학생들의 요구를 반영해야 하므로, 계획표는 수정이나 변경할 수 있다. 하지만 이것은 우리가 모든 학습 목표를 위해 충분한 시간을 가질 수 있도록 안내를 제공한다.

　우리는 개념기반 교실에서 수업에 단계적으로 접근할 방법을 설명하기 위한 단원 계획표unit calender를 예시하였다. 표 3.4는 모든 단원에 적용 가능한 일반적인 단원 계획표이다. 이는 하나의 구체적이고 특정한 방법을 옹호하기 위한 것은 아니며 사례로 제시한 것이다.

　이 단원 계획표는 지속가능성에 대한 3학년 단원이며 개념기반 단원에 대한 일련의 수업을 계획하는 방법을 시각화하는 데 도움이 된다. 그러나 이 단원 계획표는 수많은 단원 조직 방법의 하나일 뿐이다. 다만 이 사례를 통해 교사가 어떻게 추상적인 개념적 질문으로 시작하고, 어떻게 총괄평가 전에 학생들이 개념적 탐구 사이클을 여러 번 경험하게 하는지를 확인할 수 있다.

표 3.4 단원의 지도 계획 사례

1-2차시
- 지속가능성에 대한 초기 생각의 개념 지도
- 지속가능성 이미지: 보기, 생각하기
- 공통 속성 및 예시로 지속가능성에 대한 개념 달성 활동

3-4차시
- 주성적인 개념적 질문과 학생들의 초기 응답: 인간과 지속가능성 사이에는 어떠한 관계가 있는가?
- 단원의 주가적인 개념 논의 및 개념 제시문 구성 시작
- 가능한 탐색: 음식, 물, 교통, 전기

인간과 지속가능성 사이에는 어떠한 관계가 있는가? 특정 맥락

5-6차시
- 맥락1: 인간의 필요
  공정 식품, 물, 교통수단 그리고 전기
- 질문에 대한 응답을 다시 수정하기

인간과 지속가능성 사이에는 어떠한 관계가 있는가? 특정 맥락

7-8차시
- 맥락2: 생산 차원에 따른 에너지의 유형
  유한에서 무한까지의 확장과 지구에서 미치는 영향에 대한 그래픽 조직자
- 응답을 다시 수정하기

인간과 지속가능성 사이에는 어떠한 관계가 있는가? 특정 맥락

9-10차시
- 맥락3: 인간의 행동
  탄소 발자국과 책임감 있는 행동에 대한 특징
- 응답을 다시 수정하기

인간과 지속가능성 사이에는 어떠한 관계가 있는가? 특정 맥락

11-12차시
- 생성하기-분류하기-연결하기 -정교화하기
- 지속 가능한 농장 방문하기
- 응답을 다시 수정하기

13-14차시
- 모든 응답을 요약하고 생각이 어떻게 발전되었는지를 진술하기
- 나는 예전에 이렇게 생각했다… 지금은…하지만… 지금은…
- 활동을 실제 청중에게 발표하기

종괄 과제
제안된 요지의 연결 구조를 분석하고, 이러한 상황에서 인간의 필요와 지속 가능성 간의 균형을 논의하기
학습 내용을 근거로 활용한 해결책을 제안하기

인간과 지속가능성 사이에는 어떠한 관계가 있는가? 특정 맥락

4장에서는 탐구 사이클의 각 단계가 작동하는 방법에 대한 수업의 다섯 가지 프레임워크를 설명할 것이다.

⑦ 개념적 사고, 기능 연습, 암기 및 복습의 균형잡기

많은 교사가 개념적 이해를 위한 교육이 전통적인 교육과 비교했을 때 시간이 오래 걸리는 것은 아닌지에 대해 걱정한다. 개념과 해당 주제에 대한 깊이 있는 학습은 필연적으로 더 적은 수의 주제로 더 많은 시간을 학습해야 한다는 것으로 인식되곤 하는데, 그것은 부담이 되는 일이다. 그러나 이러한 방식으로 가르치는 것은 학생들이 학습한 내용을 실제로 기억하게 하고 한 학년 동안 이해의 깊이를 보여주는 통찰 있는 연결을 할 수 있으므로 더 많은 사실적 내용을 배울 수 있다는 것을 깨달을 수 있다.

학생들은 이해의 깊이가 부족하면 부정확하게 반복하거나 부분적으로 반복하거나, 또는 잊어버리게 된다.

사실, 우리는 많은 사람이 소중하게 여기는 신화에 맞서야 한다. 교사가 어떤 자료를 제시하면(예) 학생들에게 무언가를 말하거나 수업 시간에 복습하는 것) 학생들은 그것을 배울 것이라는 인식은 여러 반대되는 반증에도 불구하고 많은 교사가 사실로 확신하는 것이다. 학생들에게 정보를 숟가락으로 떠먹이거나, 무언가 하는 방법을 단계적으로 설명하는 것이 단기적으로는 더 효율적이라고 느낄 수 있다. 그러나 학생이 가지는 이해의 깊이가 부족하면 부정확하게 반복하거나 부분적으로만 반복하거나, 또는 잊어버리게 된다. 두 달 이상 가르친 교사라면 누구나 이것을 목격해왔을 것이다. 그리고 학생들이 두 차시 후, 한 주 후, 한 달 후, 다음 학년도에도 여전히 잘못 또는 부분적으로 이해하거나 잊어버리는 상황에 반복적으로 충격을 받는다.

Foundation for Critical Thinking의 Paul(n.d.)이 작성한 「The Art of Redesigning Instruction」의 짧은 발췌문에 제시된 비유를 고려해 보라.

교사가 학생들을 위해 모든 것을 정신적으로 씹어서 삼킬 수 있도록 지적 부리에 넣어주는 노력을 하는 '개똥지빠귀 어미'의 방식으로 가르친다면,

학생들은 "선생님이 어떻게 말하고 무엇을 생각해야 하는지 정확히 알려주지 않으면 나는 아무것도 이해할 수 없어요. 선생님이 나를 위해 모든 것을 알려줘야만 해요. 나는 선생님이나 교과서가 말하는 것을 반복하는 것 이상을 할 필요가 없어요."라고 말하는 '폴리 앵무새' 학습자가 되는 경향이 있다.

안타깝게도 학생들이 이런 방향안에서 성장할수록, 교사들은 '개똥지빠귀 어미' 방식의 가르침을 확대하며 그 방향을 수용하려고 노력한다. 어느 한쪽의 성장은 다른 한쪽의 보상적 성장을 낳는다. 중학교 단계까지 대부분의 교사와 학생은 하위 수준의 단편적이고 표면적인 지식 중심의 교수·학습에 빠져있다. 교사들은 이러한 수준의 학생들을 위한 선택지가 없다고 느끼거나 더 나쁜 경우 그들은 학생들이 정말 그런 능력이 없는지에 대해 어떤 생각조차도 하지 않는다.

「The Art of Redesigning Instruction」이 제시한 이 짧은 비유는 모든 교사가 읽어볼 필요가 있다. 이 비유는 학습한 것을 기억하지 못하는 문제에 대한 해결책으로서 제시하는 더 많은 복습, 더 많은 개별적인 연습, 학생들을 위해 세분화하는 그 이상의 노력은 종종 문제를 더 악화시킬 뿐임을 상기시킨다. 이 일로 인해 낭비되는 시간은 말할 것도 없다.

여러 연구와 우리의 모든 경험은 학생들이 학문 분야의 개념적 관계를 깊이 있게 이해했을 때, 사실을 더 잘 기억하고 학습한 내용을 전이할 수 있다고 말한다(Bransford, 2000; Bruner, 1977; Hattie, 2012; Newmann, Brik, & Nagaoka, 2001). 만약 학생들이 깊이 이해하지 못했다면 잊게 될 것이고, 해마다 다시 배워야 할 것이다. 대부분의 교사는 자신이 가르치는 과목에 대해서만 생각한다. 많은 교사가 거의 모든 교과, 특히 언어와 수학 교과에서 해마다 일어나는 엄청난 양의 반복을 깨닫지 못하고 있다. 주제기반, 내용범위 중심 교육 모델의 결과는 단순하고 간단하다. 한 귀로 듣고 다른 귀로 흘리는 것과 같이 학생들은 잊어버린다.

개념기반 교육과정과 수업은 학생들이 읽고 쓰는 법과 같은 기초 기능을 익히기 위한 단원을 설계하는 데 매우 유용한 방법이다. 유치원 또는 1학년 단계에서 다음과 같은 개념적 이해를 고려해 보자. 사람들은 공식적·비공식적인 방식으로 언어를 사용한다. 교사는 학생들에게 다음과 같이 질문할 수 있다. "우리가 언어를 사용하는 다양한 방식에는 어떤 것들이 있는가?", "왜 우리는 다양한 방식으로 언어를 사용하는가?" 그리고 사람들이 친구, 아기, 인형에게 말하는 방식을 뉴스 보도, 안전에 대한 정보, 이야기에서 말하는 방식과 비교할 수 있다. 모두 개념적 탐구 사이클에서 서로 다른 맥락으로 작동한다. 이것은 다음과 같은 이해로 이어질 수 있다. "공식적 언어는 학습을 확장하고 학생들에게 문법 규칙 뒤에 있는 '이유'를 제공함으로써 의사소통을 명확하게 하도록 돕는 규칙과 구조를 가지고 있다."

기능 수업을 계획할 때는 1장에 제시된 그림 1.6 Lois Lanning의 과정의 구조를 참고할 수 있다. 이 모델을 사용해 전략이나 기능과 관련된 복잡한 과정 뒤에 숨겨진 빅 아이디어나 '이유'를 생각해 내려고 노력하라. 그다음 이 모델에 따라 학생들이 복잡한 과정 안에서 '이유'를 발견하도록 돕는 구체적인 맥락과 함께 추상적인 개념적 질문을 제시한다.

물론 자동으로 나올 정도의 기능 연습과 암기는 필요하다. 균형이 중요하며, 매주 학생들의 기억력을 개발하고 중요한 사실이나 기본 기능을 빠르게 회상할 수 있도록 하는 시간을 갖는 것이 좋다. 일반적으로 흥미로운 개념적 질문으로 학생들의 관심을 끈 후에 기본 기능 연습과 암기를 위한 시간을 허용하는 것이 합리적이다. 개념을 달성하기 위한 수업을 진행하며, 사실적 내용에 적용할 수 있는 추상적인 개념적 질문의 흥미로운 맥락을 하나 정도 탐구하도록 한다. 정리하자면, 먼저 이해하고, 그 이후 기능 연습과 암기와 같은 자동화 과정을 반복하는 것이다.

부모가 교육과 학습의 변화에 대해 어떻게 반응할지 걱정된다면 Erickson과 Lanning(2014)의 「Structure of Knowledge and Structure of Process」와 여기에 제시된 연구 중 일부를 공유하여 왜 그들의 자녀에게 그들 학창시절의 학습 경험과 다른 방식으로 가르치는지를 이해시킬 필요가 있다. 개념적 접근이 필수적일 수밖에 없는 두 가지 이유가 있다.

1. 학생들의 두뇌에 개념적 도식을 구축하는 것은 암기만 하는 것보다 정보를 더 잘 기억하는 데 도움이 된다.
2. 복잡한 상황을 풀 수 있는 추상적인 아이디어를 제공하는 것은 학생들이 자신의 이해를 특정한 상황이나 새로운 상황으로 전이하는 데 도움이 된다.

이 장에서는 교사가 개념적 학습 목표에 부합하는 수업을 설계할 수 있도록 지원하는 몇 가지 전략을 제시했다. 그러나 이러한 전략은 학생들이 개념적 학습을 경험할 수 있는 많은 가능한 방법들을 구상하는 데 도움을 주는 출발점일 뿐이다. 개별 전략보다 더 중요한 것은 장 첫머리에 요약한 기본 원칙이다. 이것은 반복할 가치가 있다.

1. 교사는 개념과 개념적 관계에 대한 학생들의 사전 이해(정도)를 파악해야 한다.
2. 각 개념에 대한 깊은 이해는 여러 개념 간의 관계를 정교하게 이해하는 데 필요하다.
3. 학생들은 스스로 개념적 관계를 발견해야 한다.
4. 전이는 개념기반 학습의 수단이자 결과이다.

이러한 원리를 이해하는 교사들은 여기서 제공하는 전략을 넘어 자신이 선호하는 교수 스타일에 맞는 방식으로 특정 학생의 요구를 쉽고 즉각적으로 충족시킬 수 있다. 4장에서는 이러한 전략과 일련의 수업 구성 요소를 결합하여 다양한 단원의 유형에 대해 역동적이고 응집력 있는 학습 경로를 만드는 방법을 보여줄 것이다.

💬 생각해 보기

- 단원이나 수업을 시작할 때 학생들이 개념에 대해 가진 사전 이해를 측정하는 것이 중요한 이유는 무엇인가? 이를 위해 어떤 전략을 사용할 수 있는가?
- 교사는 단원학습 초기에 암기가 아닌 새로운 개념의 이해를 발달시키기 위해 무엇을 할 수 있는가?
- '발견과 전이'의 의미는 무엇인가? 교실에서 이 과정은 어떤 단계로 이루어지는가?
- 학습의 전이와 심층적 학습 간의 관계는 무엇인가?

4장

개념기반 수업
설계를 위한 도구

4장 개념기반 수업 설계를 위한 도구

우리는 설계 과정을 더 잘 안내하고 학생들이 개념적 관계를 발견하도록 하기 위해 다섯 가지 일반적인 교육 모델을 각색하였다. 교육적 도구를 적용할 때 기억해야 할 가장 중요한 것은 개념적 이해가 목표라는 것을 확실히 하는 것이다.

자주 활용되는 이러한 모형은 학생들을 참여시키고 지속적인 학습을 촉진하는 특징이 있다. 하지만 그 모형들은 때로는 전통적인 교수법과 동일한 수준의 표면적 이해로 구현되기도 한다. 수업 설계의 첫 번째 단계는 항상 단원의 목표 중 하나를 나타내는 개념적 관계의 진술을 확인하는 것이다.

개념기반 수업 프레임워크의 네 가지 주요 단계는 다음과 같다.

1. 학생들은 개념 사이의 관계에 대한 '개념적 질문'에 대해 자신의 초기 생각으로 답한다.
2. 학생들은 관계의 성격을 설명하고 깊이 있는 사고로 나아가는 데 필요한 사실적 토대를 제공하는 하나 이상의 '구체적인 맥락'을 탐구한다.
3. 학생들은 개념적 관계를 설명하는 데 도움이 되는 맥락으로부터 나온 증거와 함께 개념적 관계에 대한 진술을 '설명'한다(쓰기, 그리기, 말하기 등).
4. 학생들은 그들의 이해를 새로운 상황으로 '전이'한다.

이 장의 모든 수업 프레임워크는 위의 기본 단계를 따르고 있으며 단계 사이에 몇 가지 사항이 추가된다. 각 프레임워크는 생각을 자극하는 질문과 그 질문이 실제로 어떻게 나타날 수 있는지에 대한 몇 가지 예를 포함하는 단계를 포함한다. 특히 이 단계는 수업이 1시간씩 여러 번 진행되는 경우, 수업 기간에 걸쳐 이 단계가 자주 발생한다는 점에 유의해야 한다.

① 수업 프레임워크 #1. 탐구 학습

탐구 학습은 아마도 초등학교에서 가장 인기 있는 수업 모델일 것이다. 탐구가 무엇을 의미하는지에 대한 공통된 정의는 없지만, 거의 모든 접근 방식의 핵심은 학생 중심의 조사 활동이다. 교사는 학생들이 자신의 질문을 개발하고 관심에 따라 탐구를 수행하도록 돕는 것을 목표로 한다. 학급 규모가 큰 경우, 이 수업 모델은 성공하기 매우 어려울 수 있다.

개념기반 수업은 교사가 개념적 이해를 단원의 목표로 삼고 있기 때문에 구조화되거나 안내된 탐구를 사용한다(Erickson et al., 2017). 개념적 이해의 과정에 대한 탐구를 위해 Kathy Short가 제시한 Authoring Cycle(Carber & Davidson, 2010)의 몇 가지 단계를 적용하였다. 수업 단계, 질문 줄기 목록 및 이 과정이 교실에서 어떻게 구현되는지는 표 4.1을 참고하라.

이주, 문화 및 전통에 관한 예시 단원을 살펴보자(Texas Essential Knowledge and Skills for Social Studies, Grade 2). 다음은 이 단원의 개념적 목표 중 일부이다.

- 사람들은 다양한 요구를 충족시키기 위해 이주한다.
- 이주민들은 그들의 관습과 전통을 가져오며, 이는 종종 지역사회의 변화에 기여한다.

연결과 탐구 단계Connecting and exploring에서 학생들은 소모둠으로 학습하며 '관습'이나 '전통'이라는 단어를 들었을 때 떠오르는 것을 그릴 수 있다. 다음으로 교사는 2학년 각 반의 교실에 휴스턴에 온 다양한 이민자 그룹의 사진, 음악, 의복 및 공예품을 각각 전시할 수 있다. 수업은 각 교실을 돌며 학생들이 본 다양한 것들을 그래픽 조직자를 활용하여 그리거나 작성하며 증거를 수집하는 과정으로 진행된다.

두 번째 단계인 질문하기 단계Asking questions에서 교사는 학생들에게 인간의 이주 개념에 대해 학습할 것이라고 안내할 수 있다. 학생들은 공통적인 속성을 결정하기 위해 이주의 이미지와 예시를 탐색하는 개념 이해 활동을 할 수 있다. 다음으로 교사는 학생들이 이주에 관해 가능한 많은 질문을 브레인스토밍하도록 요구할 수 있으며, 질문을 분류하고 순위를 매기고 탐구할 질문을 선택하도록 도울 수 있다. 각 모둠은 집단이 이주한 이유와 그들이 가져온 관습이나 전통의 증거를 찾아야 한다.

표 4.1 탐구 학습 수업 프레임워크

수업 단계	질문 줄기	수업 활동
1. 연결하기와 탐구하기 자극과 동기유발: 단원 학습의 '이유' 학생들에게 "이 주제는 나에게 왜 중요한가?"와 "이 주제에 대해 내가 이미 알고 있는 것은 무엇인가?"를 질문함으로써 흥미를 유발하고 사전 지식과 연결하도록 한다. 질문 줄기는 3인칭으로 작성하는데, 일반적으로 이것은 교사가 주도하기 때문이다. 단원에 대한 학생들의 관심을 자극하면서 그들의 사전 지식과 삶을 연결하기 위해 노력한다.	• _____을 상상해보아라. • 만약_____이 일어난다면 어떻게 될 것인가? • 이것은 얼마나 중요한가? • _____은 사실인가? • _____과_____ 중 어느 것이 더 중요한가? • 단어 _____을 생각하거나 들을 때 무엇이 떠오르는가? • _____의 어떤 점이 좋은가? • 얼마나 자주 _____에 의존하는가? • 우리, 우리 가족, 우리 지역 사회, 우리의 도시에 ___이 왜 중요한가?	• 이미지 • 연극 • 만지기/만지기 쉬운 물체 • 음악/미술 • 교실 공간 변형 • 비디오 • 음식 샘플/냄새 • 러닝 워크Learning walk • 아이디어 스케치
2. 질문하기 이 부분은 학생들이 조사와 탐구를 통해 '발견'하기를 원하는 빅 아이디어(개념적 관계들)에 대한 교사의 명확한 목표가 있지만 보다 학생 주도적인 활동으로 전환된다.	• 이 단원의 개념은 무엇인가? • 어떤 관계를 조사해야 하는가? • 어떤 영향을 조사해야 하는가? • 어떤 질문을 할 수 있는가? • 이것을 어떻게 조사해야 하는가? • 발견하고자 하는 것은 무엇인가? • 첫 번째/두 번째/세 번째로 무엇을 알아야 하는가? • 이것을 무엇과 비교하거나 대조할 수 있는가? • 탐구 질문은 무엇인가? • 가설은 무엇인가? • 어떤 패턴을 발견할 수 있는가? • 어떤 예가 이것을 더 잘 이해하는 데 도움이 되는가?	• 교사는 질문을 떠올리는것에 대해 시범을 보인다. • 초대받은 과학자나 다른 성인이 질문을 떠올리는것에 대해 시범을 보인다. • 학생에게 예시로 제시된 질문에 대한 선택권을 부여한다. • 가능한 많은 질문을 브레인스토밍한 다음 분류한다. • 질문에 순위를 매긴다. • 가설의 순위를 매긴다. • 가능한 조사 활동의 순위를 매긴다. • 개념 이해 활동 • 가능한 조사 방법의 순위를 매긴다.

수업 단계	질문 줄기	수업 활동
3. 조사하기 및 구성하기 이것이 이 단원의 핵심 단계이다. 주제에 대한 더 큰 통찰을 얻기 위해 개념 간의 관계에 대한 학생들의 발견을 촉진해야 한다.	• 개념 간의 관계에 대해 어떤 증거를 수집할 수 있는가? • 어떤 패턴이 보이는가? • 어떤 효과가 나타나는가? • 조사의 결과로 어떤 추가적인 질문이 생겼는가? • 학습한 것을 어떻게 보여줄 것인가?	• 그래픽 조직자 • 개념 지도 • 원인 및 결과 도표 • 비교 및 대조 도표 • 조사 전략 및 도구에 대한 명확한 교육 • 시각적으로 사고방식 표현하기 • 적어도 한 번 이상 새로운 상황으로 이해를 전이
4. 더 나아가기 여기서 해결해야 할 실세계의 중요한 문제를 이상적으로 포함하고 있는 새로운 상황이나 맥락을 통해 학습에 대한 총괄 평가를 실시한다. 또한, 학생들에게 행동을 취하도록 함으로써 진정성 있고 유목적적인 학습이 되도록 한다.	• 조사의 결과로 이해가 어떻게 깊어졌는가? • 어떻게 새로운 상황에 나의 이해를 적용할 수 있는가? • 새로운 상황에서 어떤 작은 차이를 발견할 수 있는가? 이것은 어떻게 나의 이해를 심화시키는가? • 나는 이 주제에 대해 어떻게 행동할 수 있는가?	• GRASP(목표, 역할, 청중, 상황, 결과물 발표) • 실제 청중을 대상으로 한 프레젠테이션 • 최소 두 번의 전이 • 이 단원이 한 사람으로서 학생들을 어떻게 변화시켰고, 어떻게 변화를 만들 것인지에 대한 성찰

　　일단 학생들이 조사하고 구성하기 시작하면 탐구를 위해 휴스턴으로 이주한 특정 집단을 선택할 수 있다. 교사는 먼저 탐구 전략을 명료하게 가르친 다음 학생들이 선택한 집단에 관해 안내된 탐구를 수행할 수 있는 자원을 제공할 수 있다. 학생들은 그래픽 조직자를 사용하여 자신이 학습한 것을 보여줄 수 있는 결과물을 만들 수 있다.

　　마지막 단계에서 학생들은 휴스턴 지역사회를 구성하는 다양한 집단과 문화를 묘사하는 벽화를 학교 벽에 그리고 이를 학부모 초청의 날에 공개할 수 있다. 학생들은 단원을 진행하는 동안 자신이 학습자로서 어떻게 성장했는지에 대해 부모에게 성찰적인 발표를 할 수 있다. 총괄평가를 위해 학생들은 아직 학습하지 않은 집단에 대해 배우고, 그 집단이 휴스턴의 문화와 전통에 어떻게 영향을 미쳤는지 설명할 수 있다.

② 수업 프레임워크 #2. 가설 생성과 검증

학생들이 단원을 구성하는 개념을 안내받으면 개념 간의 관계에 대한 가설을 생성하고 검증할 준비가 된 것이다. 「The Art and Science of Teaching (2007)」에서 Robert Marzano는 실험적 탐구, 문제 해결, 의사결정 또는 조사 활동을 통해 학생들에게 가설을 생성하고 검증할 수 있는 기회를 제공하면 실제적인 학습이 이루어질 것으로 보았다. 이런 기회를 제공하는 것이 중요한 이유는 가설을 생성하고 검증하는 과정에서 학생들은 자신이 사전에 형성한 개념을 학습에 개입시킬 수 있기 때문이며(학생들의 초기 가설은 개념이 서로 어떻게 관련되는지에 대한 사전 이해를 드러낼 것이다), 새로운 지식이 학생 자신의 사전 이해에 도전하거나 이를 확인하는 방식을 인식하도록 하기 때문이다.

개념적 관계에 대한 가설을 생성하고 검증하는 것은 일반적으로 아래와 같은 단계로 이루어진다.

1. 학생들은 개념적 질문(자신의 사전 이해)에 대한 첫 번째 응답을 작성한다.
2. 학생들은 가설(주제/맥락/사실)을 생성하기에 충분한 특정 맥락에 대해 대략적으로 학습한다.
3. 학생들은 주제에 비추어 개념적 관계에 대한 가설을 생성한다.
4. 학생들은 자신의 가설을 검증하기 위해 주제에 대해 더 많이 학습한다.
5. 학생들은 맥락의 증거에 의해 뒷받침되는 개념적 관계에 대한 개선된 진술로 추상화한다. (단계 4와 5는 여러 번 반복할 수 있다.)
6. 학생들은 이러한 이해를 새로운 상황으로 전이한다.
7. 학생들은 사고와 이해의 성장에 대해 성찰한다.

학생들이 이러한 단계를 거치기 위한 준비로 교사는 표 4.2에 표시된 프레임워크를 참고할 수 있다.

표 4.2 가설을 생성하고 검증하는 수업 프레임워크

수업 원리	교사 성찰 질문	수업 활동
1. 단원의 개념적 관계에 대한 명료로 하는 목표로 시작한다.	• 이 단원에서 핵심적인 개념적 관계는 무엇인가? • 학생들의 참여를 유도하고 바로 깊이 있는 생각을 할 수 있는 개념적 질문을 만들려면 어떻게 해야 하는가? • 수업 전 개념에 대한 학생들의 사전 이해를 측정할 수 있는 질문은 무엇인가?	• 학생들은 개념적 관계에 대한 생각을 학습 일기에 기록한다. • 모둠의 개념이 비언어적 표현을 그림으로 나타내고 이를 전시한 뒤 갤러리 워크 활동을 통해 학급의 사고의 폭을 파악한다. • 소모둠으로 개념적 질문에 대해 토의하고 교사는 관찰한다. • 교사는 다양한 관계 진술의 예시를 제공하고 학생들은 어느 것이 자신의 생각과 일치하는지, 왜 그런지를 설명한다.
2. 가설을 세우기 위해 탐구 주제에 대한 지식 또는 텍스트에 대한 배경, 역사적 사례와 같은 충분한 배경을 제공한다.	• 학생들은 어떤 내용을 통해 개념을 조사하는가? • 학생들이 이 맥락에서 개념에 대한 유용한 가설을 생성할 수 있도록 하는 배경 정보는 무엇인가? • 어떻게 하면 학생들의 흥미를 유발하고 탐구할 수 있는 발판을 마련할 수 있는가? 학생들이 풀어야 할 '미스터리'를 어떻게 설정할 수 있는가?	• 주제의 기초를 소개하는 흥미로운 이미지 스테이션 또는 갤러리 워크 활동을 한다. • 기본 배경을 설명하는 미니레슨 또는 학생 프레젠테이션을 한다. • 역사적 사건이나 인물에 대한 주요 구절이나 인용문을 연극으로 낭독한다. • 학생들은 4개 또는 5개의 주요 세부 사항이 포함된 '팩트 시트'를 읽는다. • 학생들은 KWL(아는 것Know, 알고 싶은 것Want to know, 학습하는 것Learning) 차트에서 배경지식을 브레인스토밍한다.
3. 학생들은 개념적 관계에 대한 현재 이해를 바탕으로 주제나 텍스트에 대한 가설을 생성한다.	• 학생들은 주제/텍스트에 대한 가설을 생성하기 위해 개념에 대한 현재 가지고 있는 이해를 어떻게 사용할 수 있는가?	• 학생들은 포스트잇에 주제나 텍스트에 대한 가설을 브레인스토밍하고 분류한다. • 학생들은 학습 일기에 기능한 많은 넓은 가설을 나열하고 가장 좋은 것에 동그라미를 친다. • 짝과 함께 검증할 가설에 대해 토의하고 합의한다.

수업 원리	교사 성찰 질문	수업 활동
4. 학생들에게 특정 맥락을 통해 주제에 대한 자신의 가설을 검증하고 개념 관계를 검증할 수 있는 텍스트나 경험을 제공한다.	• 어떤 경험이 학생들 자신의 가설을 검증하고 개념 간의 관계에 대해 더 정교하게 이해할 수 있게 하는가? • 어떤 탐구 전략이 학생들로 하여금 이 주제에 대한 가설을 검증하는 데 가장 도움이 되는가?	• 개별 읽기, 가설에 대해 찬성 및 반대의 근거로 제시된 증거에 대한 의견 표시, 텍스트 및 발견된 증거에 대한 모둠 토의. • 학급 전체가 영상 또는 강의를 시청하고 가설에 대해 찬성 또는 반대하는 증거를 기록한다. 짝과 함께 가설의 실행 가능성에 대해 논의하고 필요한 경우 수정한다. • 학생들은 온라인으로 정보를 조사하고 가설에 대한 찬성 또는 반대 증거를 검증하기 위한 증거를 수집한다. • 학생들은 스테이션을 돌아다니며 가설을 검증하기 위한 증거를 수집한다.
5. 학생들에게 주제에 대해 학습한 것이 비주얼 개념을 만들기 위해 어떤 개념을 일반화하도록 요청한다.	• 학생들은 일반적으로 개념에 대한 전이 가능한 이해를 만들기 위해 주제에 대한 학습을 어떻게 활용할 수 있는가?	• 학생들은 개념 간의 관계를 표현하는 진술문을 작성한다. • 추가로 _____. • 학생들은 개념적 관계의 비언어적 표현을 그림으로 나타내고 짝에게 자신의 생각을 설명한다. • 발견적 문제 해결법(Synectics)― 학생들은 다양한 이미지를 고려하여 개념적 관계를 가장 잘 나타내는 이미지를 선택한다.
6. 학생들에게 개념적 진술 관계에 대한 전이(및 친구의 진술)를 수정하고 검증하게 한다.	• 학생들이 진술의 명확성, 정확성, 정밀도, 깊이, 폭, 관련성, 중요성 및 공정성을 어떻게 향상시킬 수 있는가? • 학생들이 자신의 진술을 뒷받침하기 위해 사실을 어떻게 활용할 수 있는가?	• 학생들은 진술이 정확성과 중요성을 향상시키기 위해 "왜?", "어떻게?", "그래서?"를 질문한다. • 학생들은 학습한 맥락 밖에서 자신의 일반화를 뒷받침할 수 있는 사실과 예를 열거한다. • 학생들은 다른 사람의 진술을 읽은 후 증거를 가지고 그것들을 지지하거나 수정한다.

수업 원리	교사 성찰 질문	수업 활동
		• 학생들은 자신이 어떻게 진술문을 작성했는지 보여주기 위해 지식의 구조도를 작성한다. • 학생들은 자신의 진술을 더 검증하고 수정하기 위해 연구를 수행한다.
7. 학생들에게 학습에 대해 성찰하고 개념적 관계에 대한 진술의 전이 가능성을 설명하도록 요청한다.	• 학생들은 학습에 대한 인식과 개념에 대한 새로운 이해에 유용성을 어떻게 얻을 수 있는가? • 학생들이 자신의 사고와 이해의 성장을 추적하도록 어떻게 도울 수 있는가?	• 학생들은 개념에 대한 자신의 초기 생각으로 돌아가서 그들의 새로운 생각과 비교한다. • 학생들은 자신의 이해가 어떻게 변했는지 설명하는 배움 공책exit slip을 작성한다. • 학생들은 초보자부터 전문가까지 듣급과 루브릭을 통해 성장을 추적하고(5장 참조) 이러한 진전을 이루기 위해 두뇌에서 무슨 일이 일어났는지 설명한다. • 학생들은 '복잡함' 또는 '깊이 있는' 사고를 할 때 수업의 요점이 말하고, 어떤 느낌인지 설명한다. • 전이 가능한 새로운 아이디어를 사용할 수 있는 상황에 대해 짝을 지어 브레인스토밍한다. • 학생들은 짝 활동에서 어떻게 자신의 생각을 밀어붙이거나 돌파구를 이끌었는지 설명한다.

시에 대한 다음의 4학년 수업 사례를 살펴보자. 개념적 관계는 "시인은 시의 분위기를 설정하기 위해 운율과 반복되는 구절을 사용한다."와 같이 설정될 수 있다.

1. 개념적 질문: 학생들은 "왜 시인은 운율과 반복되는 구절을 사용하는가?"라는 질문에 대한 초기 응답을 작성한다.

2. 배경: 다음으로 학생들은 시인 Cristina Rossi에 대해 알아본 뒤 "누가 바람을 보았는가?(Who Has Seen the Wind?)"라는 시를 읽는다.

3. 가설 생성: 시인과 시의 제목에 대해 알고 있는 내용을 바탕으로 학생들은 시인이 운율과 반복되는 구절을 사용하는 방법과 이유에 대해 가설을 세운다.

4. 가설 검증: 학생들은 시를 읽고 운율과 반복되는 구절이 시에 어떤 영향을 미쳤는지에 대해 토의한다. 교사는 안내된 토의를 진행하며 생각과 느낌에 대한 아이디어를 이끌어내기 위해 시를 읽을 때 어떤 느낌이 드는지 학생들에게 질문할 수 있다.

5. 일반화: 학생들은 왜 시인이 운율과 반복되는 구절을 사용하는지에 대한 수정된 생각을 가지고 처음의 질문으로 돌아간다. 학생들은 시에서 찾은 증거를 사용하여 응답을 방어한다.

6. 전이: 학생들은 이해한 내용을 William Makepeace Thackeray의 "동물원에서(At the Zoo)"와 같은 다른 시로 전이한다. 이 시는 앞의 시와는 분위기가 전혀 다르며, 다른 방식으로 운율과 반복되는 구절을 사용한다. 학생들은 토의한 다음 이 새로운 시에서 찾은 증거를 사용해 더 성찰하기 위해 그들의 사고를 수정한다.

7. 성찰: 학생들은 수업에서 자신의 사고가 더 명확해진 방법에 대해 성찰한다.

3 ▶ 수업 프레임워크 #3. 복잡한 과정을 위한 워크숍 모델

워크숍 모델은 수년 동안 영어 수업에서 일반적으로 사용되어 왔으며, 최근에는 수학 수업에도 적용되기 시작하였다. 이 아이디어는 교사가 피드백을 제공하기 위해 복잡한 과정에서의 기능을 연습하는 학생들에게 가능한 한 많은 교실 활동 시간을 제공하는 것이다. 이는 학생들이 집에서 교사가 기능을 시연하는 영상을 시청하고, 교사가 피드백을 제공할 수 있는 학교에 와서 이를 연습하는 '거꾸로 교실flipped class'의 개념과 크게 다르지 않다. 거꾸로 교실에서 뒤집히는 것flipped은 학생들이 설명을 듣는 곳(집에서)과 연습하는 곳(학교에서)이다. 워크숍 모델에서는 수업 시작 시 교사가 미니레슨을 진행하고 나머지 수업 시간에는 학생들이 짧은 수업에서 제공한 전략을 연습한다.

워크숍 모델의 지지자 중 한 명인 문해력 전문가 Chris Tovani(2011)는 워크숍 모델에 대해 다음과 같이 말한다.

> 연습 시간의 대부분을 실제로 운동하는 데 사용하는 필드의 운동선수처럼, 우리 반 학생들은 수업 시간의 대부분을 실제로 읽고, 쓰고, 생각하는 데 할애한다. 1년 동안 매일 워크숍 모델을 사용하여 시간을 조직함으로써 학생들의 읽기, 쓰기, 사고 능력이 향상되고 있는지 확인할 수 있다(p. 39).

워크숍 모델은 예술이나 언어와 같은 과정 중심 교과의 수업을 디자인하는 데 특히 효과적이다. 과정의 구조는 1장의 그림 1.6을 참고하라. 수학과에도 중요한 과정, 전략 및 기능이 존재한다. 하지만 과정 측면을 지식 측면의 수업으로 보완하는 것이 필수적이다. 과정의 구조가 수학 수업에만 유일하게 적용되는 수업 설계 구조는 아니다. 과학 및 사회와 같은 다른 교과에서는 워크숍 모델을 과정의 구조에서 나온 개념적 관계를 진술하는 데 사용할 수 있다. 워크숍 모델은 학자들이 학문을 위해 '수행'하는 복잡한 과정이다. 표 4.3은 과학과의 사례이다.

표 4.3 과학과의 복잡한 과정의 사례

> 과학자들은 문제를 해결하기 위해 상황에 대해 질문하고, 관찰하고, 정보를 수집한다
> (NGSS, K-2, ETS-1-1, Engineering Design).

워크숍 모델에서 중요한 것은 복잡한 과정을 수행하는 데 필수적인 특정 전략이나 기능에 대한 미니레슨을 제공하는 데 있다. 예를 들어, 복잡한 과정을 위한 워크숍 모델의 적용 시 복잡한 과정이 '설득력 있는 글쓰기'라면, 먼저 '설득력 있는 주장을 하는데' 초점을 맞추고, 설득력 있는 글쓰기의 해당 부분에 대한 미니레슨을 진행할 수 있다. 다음으로 '강력한 추론을 사용하고 적절한 증거를 제공하는 방법'을 소개하기 전에 먼저 학생들이 그 기능을 연습하도록 한다.

설득력 있는 글쓰기의 각 측면은 몇 개의 차시로 나눌 수 있다. 짧은 안내 강의는 구체적이고 간략해야 한다. 미니레슨을 들은 뒤, 학생들은 제시된 기능이나 전략을 연습하기 위해 수업 시간의 대부분을 사용한다. 수업 시간의 대부분은 학생들의 연습에 할애되고 교사에게는 구체적이고 긍정적인 피드백을 제공할 수 있는 시간이 주어진다. 표 4.4는 수업 준비에 유용하게 사용할 수 있는 수업 설계의 단계이다.

표 4.4 워크숍 모델의 수업 프레임워크

수업 원리	교사 성찰 질문	수업 활동
1. 시작: 개념적 질문	• 이 단원에서 핵심적인 개념적 관계는 무엇인가? • 학생들의 참여를 유도하고 즉각적으로 깊이 생각할 수 있는 개념적 질문을 만들려면 어떻게 해야 하는가? • 수업 전 개념에 대한 학생들의 사전 이해를 측정할 수 있는 질문은 무엇인가? • 학생들은 현재 목표를 이전 학습과 어떻게 연결할 수 있는가? • 학생들을 차시 목표로 이끌기 위해 개념에 대한 현재의 이해를 어떻게 활용할 수 있는가? • 학생들은 어떻게 수업 전략과 전반적으로 복합적인 과정 사이의 연결을 명확히 표현할 수 있는가?	• 학생들은 개념적인 관계에 대한 초기 생각을 학습 일기에 기록한다. • 모둠은 개념의 비언어적 표현을 그림으로 나타내고 이를 전시한 뒤 갤러리워크 활동을 통해 다른 학생들의 생각을 확인한다. • 소모둠으로 개념적 질문에 대해 토의하고 교사는 관찰한다. • 교사는 관계에 관한 진술의 다양한 예시를 제공하고 학생들은 어느 것이 자신의 생각과 일치하는지, 왜 그런지를 설명한다. • 오늘의 목표가 이전의 학습과 어떻게 연결되는지 토의하고 함의한다.
2. 미니레슨	• 이 전략이나 기능에 대한 사고방식을 명확하게 묘사하거나 구체적인 전략이나 기능을 어떻게 시범을 보일 수 있는가? • 학생들을 교사의 설명에 어떻게 참여시킬 수 있는가? • 학생들은 교사의 설명을 수업 활동과 어떻게 연결할 것인가? • 학생들은 짧은 안내 강의를 어떻게 복합적인 과정 전반으로 연결할 것인가?	• 교사는 전략이나 기능을 실행하는 동안 자신이 생각하고 있는 것을 보여주기 위해 '생각한 것을 말하기'[think-aloud]를 수행한다. • 학생들은 교사를 인터뷰하여 교사가 이 전략을 완성하는 방법에 대해 자세히 알아본다. • 학생들은 교사의 미니레슨에서 발견한 것을 짝과 공유한다. • 학생들은 교사가 복잡한 과정에 대한 새로운 전략이나 기능을 소개하는 영상을 시청한다.

수업 원리	교사 성찰 질문	수업 활동
		• 학생들은 자신의 말로 설명을 작성한다. 교사는 이를 학생들에게 공유하고 오류를 수정한다.
3. 활동 시간	• 학생들은 전략이나 기능을 어떻게 연습할 것인가? • 연습을 위해 어떤 특정 맥락을 사용할 것인가? • 학생들이 연습하는 동안 어떻게 안내와 피드백을 제공할 것인가? • 성공과 진전을 어떻게 축하할 것인가?	• 학생들은 이 전략이나 기능이 예를 평가한다. • 학생들은 자신의 기능을 연습하고 평가한다. • 다른 학생들과 연습 활동에 대해 서로 피드백을 제공한다. • 학생들은 기능 또는 전략을 연습할 방법을 선택한다.
4. 일반화 및 요약	• 학생이 현재의 목표를 이전 학습과 어떻게 연결할 수 있는가? • 학생들이 복잡한 과정의 개념적 관계를 나타내는 전이 가능한 진술을 작성하기 위해 특정한 기능이나 전략에 대해 학습한 내용을 어떻게 사용할 수 있는가?	• 학생들은 수업 목표가 복잡한 과정과 어떤 관련이 있는지 설명한다. • 학생들은 오늘 학습한 개념과 어제 학습한 개념 사이의 관계에 대해 진술문을 작성한다.
5. 전이	• 학생들은 개념적 관계에 대한 진술이 전이 가능성을 어떻게 평가할 수 있는가?	• 전이 가능한 새로운 아이디어를 사용할 수 있는 상황에 대해 짝과 함께 브레인스토밍한다. • 교사는 학생들이 기능에 대한 이해를 전이할 수 있는 새로운 상황을 제시한다. • 짝과 함께 진술이 예를 평가하고 그것이 새로운 상황으로 전이될 수 있는지를 확인한다.

발전시켜야 할 필요한 필수적인 기능에 해당하는 '주장을 뒷받침하기 위해 관련된 증거를 탐색할 수 있는 기능'에 중점을 둔 설득력 있는 글쓰기에 대한 아래의 예를 참고하라.

1. 도입: 교사는 설득력 있는 글쓰기에서 주장을 뒷받침하기 위해 관련된 증거를 찾아 사용하는 능력을 향상시킬 목적으로 수업을 시작한다. 먼저 이전 수업을 복습하며 학생들에게 관련 단어를 토의하도록 한다. 다음으로 학생들에게 수업목표가 달성하고자 하는 기능이 이전의 학습과 어떻게 연결되는지 짝과 이야기하도록 한다.

2. 미니레슨: 교사는 "학생 식당에서 튀긴 음식을 제공해서는 안 된다."는 자신의 주장을 뒷받침하는 적절한 증거를 찾는 방법을 보여주기 위해 소리내어 생각하기를 진행한다. 학생들은 짝에게 그가 사용한 단계를 자신의 말로 공유한다.

3. 활동 시간: 스캐폴딩 전략을 사용하여 교사는 증거로 사용할 수 있는 몇 가지 진술과 주장을 제공한다. 학생들은 짝을 이루어 어떤 진술이 관련 증거의 좋은 예이고 어떤 진술이 그렇지 않은지를 식별한다. 그리고 학생들은 교사가 미리 수집한 자료를 사용하여 자신의 주장에 대한 증거를 선택하는 단계로 이동한다. 교사는 다른 스캐폴딩 전략을 적용해 좀 더 연습이 필요한 학생들을 안내하고 돕는다.

4. 일반화 및 요약: 학생들은 설득력 있는 글쓰기에서 관련 증거의 역할에 대한 진술을 작성한다.

5. 전이: 다음 수업이 시작될 때 교사는 새로운 주장을 제시하고, 학생들의 이해와 연습을 심화하기 위해 진술 목록에서 관련 증거를 선택하도록 한다.

수업 프레임워크 #4. 프로젝트기반 학습

프로젝트기반 학습은 학생들에게 학습의 의미를 제공하고 학습에 보다 높은 체계성과 실제성을 부여하며, 매일 이루어지는 수업이 단편적으로 진행되지 않게 하는 한 가지 방법이 된다. 많은 학교에서 학생들에게 동기를 부여하고 학습을 보다 학생 자신에게 관련성 있고 포괄적으로 만드는 방법으로써 프로젝트기반 학습을 활용한다. 프로젝트기반 학습은 개념기반 교육과정 및 수업과도 완전히 조화를 이룬다. 다만, 프로젝트 학습의 초기부터 개념적 목표를 명확히 하고 이를 교육과정 전체에 걸쳐 초점을 맞추는 데 주의해야 한다.

프로젝트기반 학습과 개념기반 학습이 추구하는 두 가지 중요한 교육적 노력을 함께 적용한 프레임워크에 대한 안내는 Buck Institute의 Gold Standard Project-Based Learning(PBL)을 통해 제작되었다. Buck Institute는 프로젝트기반 학습에 대한 명료한 정의를 제공한다.

프로젝트기반 학습은 학생들이 흥미롭고 복합적인 질문, 문제 또는 도전에 대해 조사하고 답하기 위해 오랜 시간 동안 학습함으로써 지식과 기능을 습득하는 교육 방법이다.(What is Project-Based Learning? n.d.).

또한 다음과 같은 방식으로 개념기반 학습의 특성에 따른 명확한 설계 요소를 제공한다.
1. 프로젝트는 명료한 지식, 이해 및 기능으로부터 시작한다.
2. 프로젝트는 학생들이 이해를 발견할 수 있도록 탐구나 귀납적인 과정을 활용한다.
3. 프로젝트는 학생들의 참여를 유도하고 두뇌를 활성화하기 위해 진술보다는 질문이나 도전으로 시작하며 이를 지속하게 한다.

그림 4.1은 Gold Standard PBL 설계의 일곱 가지 요소이고, 표 4.5는 Gold Standard PBL의 각 요소와 접근 방식을 개념기반 단원에 적용하기 위해 수정한 방법이다.

그림 4.1 Gold Standard PBL의 일곱 가지 설계 요소

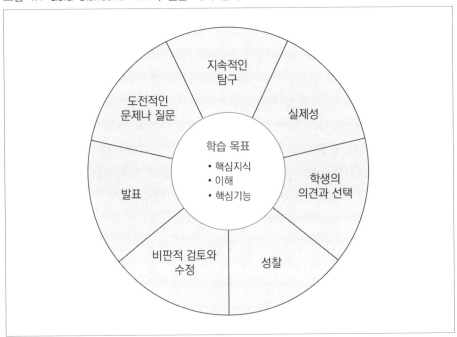

출처: Buck Institute for education. https://www.pblworks.org/what-is-pbl/gold-standard-project-design. 역자 삽입.

표 4.5 프로젝트기반 학습과 개념기반 학습의 결합

Gold Standard PBL의 요소	전통적인 PBL	개념기반으로 수정된 PBL
핵심 지식, 이해, 기능	이 프로젝트는 비판적 사고, 문제 해결, 협업 및 자기 관리와 같은 성취기준을 포함하는 학생 학습 목표에 초점을 맞추고 있다.	이 프로젝트는 비판적 사고, 문제 해결, 협업 및 자기 관리와 같은 성취기준 외에도 개념적 학습 목표에 중점을 둔다.
도전적인 문제나 질문	프로젝트는 적절하게 도전적인 수준에서 해결해야 할 의미 있는 문제 또는 대답해야 할 질문으로 구성된다.	프로젝트는 개념적 이해를 통해 해결해야 하는 개념적 질문 또는 의미 있는 문제로 구성된다.
지속적인 탐구	학생들은 질문하고, 자원을 찾고, 정보를 적용하는 엄격하고 확장된 과정에 참여한다.	학생들은 개념적 이해를 나타내고 도전, 문제 또는 질문을 해결하는 데 적용하기 위해 여러 다른 상황을 탐구한다.

Gold Standard PBL의 요소	전통적인 PBL	개념기반으로 수정된 PBL
실제성	프로젝트는 실제적 맥락, 과제 및 도구, 질적 기준을 포함하거나 혹은 학생 개인의 관심사, 흥미 및 그들의 삶의 문제에 영향을 미친다.	실제성은 개념적 이해를 실제 상황으로 전이하는 것을 포함한다.
학생의 의견과 선택	학생들은 어떻게 작업하고 무엇을 만들 것인지를 포함하여 프로젝트에 대한 몇 가지 사항을 결정한다.	학생들은 자신들이 조사한 다른 맥락을 선택할 수 있으며 고유한 개념적 이해에 도달할 수 있다. 이러한 선택은 프로젝트에서의 또 다른 선택이다.
성찰	학생과 교사는 학습, 탐구 및 프로젝트 활동의 효과, 학생 활동의 질, 어려움과 극복 방법에 대해 성찰한다.	학생들은 개념적 이해의 발전과 이러한 이해를 새로운 상황으로 전이하는 것의 효과에 대해 성찰한다.
비판과 수정	학생들은 과정과 결과를 개선하기 위해 피드백을 주고받는다.	학생의 비판과 수정에는 개념적 이해 및 전이의 효율성에 대한 비판과 수정이 포함된다.
산출물 발표	학생들은 설명, 전시 또는 발표함으로써 프로젝트 활동을 외부에 공개한다.	개념과 개념적 관계는 산출물 발표를 통해 명백하게 나타난다.

출처: (앞의 두 개 열) What Is Project-Based Learning? (n.d.).

프로젝트기반 학습을 한 차시의 수업을 통해서만 구현하는 것은 불가능하다. 개념기반 프로젝트를 계획하기 위한 프레임워크는 한두 차시의 수업이 아니라 단원을 설계하는 데 사용해야 한다. 단 며칠 만에 지속적인 탐구를 활용해 지식을 쌓거나 프로젝트 과정과 결과물을 비판하고 수정할 수 있는 방법은 없다. 최소 3~4주 동안 진행되는 프로젝트에 이 PBL모형을 사용하는 것을 권장한다. 프로젝트는 종종 훨씬 더 장기간에 걸쳐 진행될 수도 있다.

개념기반 프로젝트를 계획할 때 프로젝트의 개요, 프로젝트 목표 달성의 몇 가지 기준, 주요 활동의 마감일 등을 확인할 수 있는 안내 문서를 만들어 학생에게 제공하는 것이 좋다. 프로젝트 과제의 프레임에 대한 한 쪽짜리 개요서를 작성하는 것이다. Wiggins와 McTighe(2005)가 만든 GRASPS 모델의 수정된 버전(목표Goal, 역할Role, 청중Audience, 상황Situation, 결과물 발표Public product, 기준Standards)에 '개념'을 추가한다면 개념적 목표에 계속해서 집중할 수 있도록 할 수 있다.

- 개념: 학생들이 이 프로젝트에서 조사할 개념을 정한다.
- 목표: 명확한 목표를 제시하여 학생들이 자신의 목표를 가지고 무엇을 해야 하는지 알 수 있게 한다.
- 역할: 학생들에게 실세계에서의 역할이나 관점을 부여한다.
- 청중: 학생들이 최종 결과물을 설계할 때 명심해야 할 실제 청중을 묘사하라.
- 상황: 질문이나 문제를 특정 맥락과 연결하고 간략하게 설명한다.
- 결과물 발표 또는 수행: 학생들에게 수필, 연극, 웹 사이트, 다큐멘터리, 사업 제안서 등 도출해야 할 결과물을 안내한다.
- 성공을 위한 기준: 프로젝트의 성공적인 완수를 위한 기준을 제시한다. 이 기준에는 최종 결과물의 질을 평가하기 위한 루브릭과 포함되어야 하는 필수 구성 요소를 개략적으로 확인하는 체크리스트를 포함한다.

개념을 추가하여 수정한 GRASPS(C-GRASPS)는 교사가 프로젝트를 구성하는 데 필수적인 요소를 기억하는 데에는 유용하지만, 이것이 반드시 학생들에게 프로젝트의 요소들을 설명하는 가장 자연스러운 순서는 아니다. 아래 3학년 교실의 사례에서 프로젝트의 각 요소를 식별할 수 있는지 확인해 보라.

우리는 하루에 몇 번이나 무언가를 버리는가? 이것들은 다 어디로 가는가? 지구의 인구가 증가함에 따라 점점 더 많은 쓰레기가 환경으로 유입되고 있다. 미국인들은 평균적으로 매일 1.8kg이 넘는 쓰레기를 버린다. 쓰레기는 종종 토양, 공기, 그리고 물에 섞이며, 이것은 우리의 건강을 위협할 수 있다. 우리는 '음식물 쓰레기', '재활용할 수 있는 쓰레기', '일반 쓰레기' 세 종류의 폐기물을 탐구할 것이다. 우리는 쓰레기와 관련된 여러 가지 상황에서 일정한 패턴을 탐색하고 가정과 학교에서 환경에 미치는 영향을 줄일 방법을 생각해 낼 것이다. 학부모회에 제안서를 제출하여 이 중요한 사안에 대한 조치를 취할 수 있도록 도울 것을 촉구할 것이다.

교사는 C-GRASPS와 함께 채점 루브릭을 포함시킬 수 있다. 또는 학생을 프로젝트의 성공 기준을 결정하는 과정에 함께 참여하도록 하는것이 유익할 수도 있다. 예를 들어 위의 3학년 교실 사례에서, 교사는 학생들에게 어떤 좋은 제안이 포함되었는가를 판단해 보도록 하기 위해 공개 포럼에서 해결책을 제안하는 연사의 동영상을 보도록 할 수 있다.

프로젝트에 대한 비전이 있다면, 수업을 설계할 때 표 4.6의 수업 원리와 단계를 고려하라. 프로젝트기반 학습은 개념적 이해를 실세계에 적용하고 활용하도록 하기 때문에 학생들이 개념적 관계를 발견할 수 있게 하는 강력한 방법이다. 프로젝트의 효과를 최대화하려면 다음과 같은 점에 유의해야 한다.

- 깊이 있는 탐구나 개념의 전이가 요구되지 않는 실제적이고 흥미롭거나 실습 중심의 프로젝트를 계획하는 것은 어렵지 않다. 프로젝트 설계에 익숙하지 않은 경우, 개념적 이해의 전이를 필요로 하는 실세계의 시나리오로 시작하는 것보다는 한 단원에서 가르칠 개념과 맥락으로 시작하는 것이 도움이 될 수 있다. 이때 루브릭이나 채점 요소에 개념적 이해와 증거를 포함해야 한다.
- 학생들은 산출물에 더 집중하기 위해 프로젝트에서 탐구 단계를 서두르는 경향이 있기 때문에 학생의 주도성이 너무 높으면 자칫 개념에 대한 오해를 형성할 수 있다. 점검 사항 또는 기준점을 설정함으로써 각 모둠의 활동 속도를 조정하고 학생의 이해도를 객관적으로 평가할 수 있다.
- 학생의 주도성이 너무 낮으면 프로젝트기반 학습의 목적을 달성하기 어렵다. 학생들은 자신의 이해를 개선하고 피드백을 통해 산출물을 만들어가는 과정에서 실수도 하고 또한 그 실수로부터 배울 수 있는 시간과 공간이 필요하다. 교사는 학생들이 실수한 것을 발견하더라도 학생에게 무엇을 하거나 생각하라고 직접적으로 말하는 대신 질문을 하거나 학생들이 스스로 개선할 수 있는 방법을 찾을 수 있도록 피드백을 제공해야 한다.
- 프로젝트기반 모델은 학습 단원 전체를 설계하는 방법이다. 즉, 학생들은 프로젝트를 통해 필요한 내용을 배우고 개념적 이해를 형성해야 한다. 필요한 학습이 먼저 이루어진 후 단원의 마지막에 프로젝트를 제시하는 것은 프로젝트기반 학습이 아니라 학습 목표 달성을 평가하기 위한 것이다. 둘 다 유효한 학습 도구이지만 네 번째 전략에서 제시하는 방식은 프로젝트기반 평가가 아닌 프로젝트기반 학습을 지원하기 위한 것이다.

표 4.6 프로젝트기반 수업 프레임워크

수업 원리	교사 성찰 질문	수업 활동
1. 답해야 할 개념적 질문이나 해결해야 할 문제를 소개하여 개념에 대하여 학생들의 관심을 유도한다.	• 이 프로젝트에서 학생들이 발견하기를 기대하는 개념적 관계는 무엇인가? • 개념적 질문이나 문제를 관련성 있고 시의적절하며 흥미롭게 만들려면 어떻게 해야 하는가? • 학생들이 질문이나 문제에 대해 궁금증을 가지도록 하려면 어떻게 해야 하는가? • 학생들의 동기를 끌기 위해 개념을 그들의 감성, 흥미와 관심, 문화, 정체성과 어떻게 연결할 수 있는가?	• 해결해야 할 문제와 관련된 사진, 통계자료 및 인용문(예 유럽의 이민자 위기, 세계 물 부족 현상)으로 갤러리 워크 활동을 한다. • 질문이 드러나는 짧은 영상을 보거나 이야기를 읽고 문장 부호, 문법, 글쓰기 이순이 어순이 기능을 곰곰이 생각해 본다. (예 Cummings의 시를 읽고 문장 부호, 문법, 글쓰기 이순에 대해 생각해 본다.) • 개념과 관련된 실제적 시나리오 또는 학교에서 일어날 수 있는 시나리오에 대해 토의한다. (예 1930년대 히틀러 치하를 달리기 외교 정책을 조사하기 전에 사탕 가게에서 고장부터는 잣난어이를 엄마에 대해 논의한다) • 학생들이 도전을 확장하거나 질문을 제기하기 위해 지역 단체와의 협력한다. (예 지역 수질 보호 단체의 대표가 수업에 참여하여 지역 수로의 오염 감소에 대해 학생들의 생각해 볼 수 있도록 프로젝트 개요서를 배부한다) • 학생들이 도전적 과제에 대해 생각해 볼 수 있도록 개요서를 배부한다.
2. 학생들이 탐구를 계획하고 배경지식을 쌓도록 돕는다.	• 질문 과정에서 학생들을 얼마나 많이 지원하고 방향을 제시할 것인가? • 모든 학생들이 학습해야 하는 맥락은 무엇인가? 학생들이 탐구의 한 부분으로서 조사를 하기 위해 선택할 수 있는 다른 맥락에는 무엇이 있는가?	• 학생들은 교사가 칠판에 맨서를 하는 동안 질문이나 문제에 접근할 수 있는 가능한 방식에 대해 브레인스토밍한다. • 각 모둠에 탐구 단락 예시를 제공하거나 수정하거나 과제를 배부하도록 한다. • 학생들이 활용하도록 각 맥락과 관련된 책, 영상, 기사, 이미지 등의 자원 목록을 제공한다.

수업 원리	교사 성찰 질문	수업 활동
	• 학생들이 질문이나 문제를 깊이 탐구하는 데 있어 어떤 자료가 가장 도움이 될 수 있는가?	• 전문가 인터뷰, 견학, 실험 설계, 여론 조사 실시 등 학생들이 질문을 확장하는 방법을 브레인스토밍할 수 있도록 지원한다. • 학습해야 할 특정 맥락, 선택 가능한 출처, 수용 가능한 유형 등에 관해 교사가 기대하는 바를 작은 안내문을 제공하라.
3. 학생의 탐구 과정을 모니터링하고 성찰로 이끈다.	• 학생들이 탐구를 수행하는 데 어떠한 스캐폴딩이 도움이 될 것인가? • 학생들이 탐구 과정에서 각 모둠의 코치 역할을 어떻게 수행할 것인가? • 학생들이 도전할 수 있게 하기 위해 어떤 질문을 제시할 것인가? • 학생들이 개념에 집중하도록 하기 위해 무엇을 할 것인가? • 학생들은 이해와 탐구 과정을 언제, 어떻게 성찰할 것인가?	• 학생들이 정보를 조직하는 데 도움이 되는 그래픽 조직자료를 제공한다. • 학생들이 탐구 결과를 정리하고 탐구 과정을 성찰할 수 있도록 탐구 일지를 작성하게 하고, 이에 대한 조언과 피드백을 제공한다. • 탐구 과정 전반에 걸쳐 여러 차례 개념에 대한 모둠별 인터뷰를 실시한다.
4. 학생들이 비판적 검토와 수정을 통해 수준 높은 산출물을 구성할 수 있도록 지원한다.	• 학생들은 어떠한 활동과 활동이 모둠이 수준 높은 활동인지 어떻게 알 수 있는가? • 학생들이 자신 및 다른 친구들이 수행한 활동을 신중하게 (또는 신중하고 비판적으로) 검토했다는 것을 어떻게 확인할 수 있는가? • 학생들은 산출물의 취약한 부분을 수정하거나 개선하는 방법을 어떻게 알 수 있는가?	• 루브릭, 체크리스트 및 참고할 만한 활동 모델링을 제공한다. • 학생들이 서로의 활동에 대해 공식적인 방식을 통해 비판적 검토와 피드백을 교환하도록 한다. • 해당 분야의 성취기준에 따른 피드백을 제공하기 위해 전문가를 참여시킨다.

수업 원리	교사 성찰 질문	수업 활동
5. 실제 청중에게 산출물을 공개하거나 발표한다.	• 이 활동의 주요 청중은 누구인가? 학생들이 청중의 관심을 끌도록 어떻게 도울 수 있는가? • 이러한 산출물을 학교 밖이나 수업 시간 외에 발표할 수 있는가? • 학생들은 다른 사람들과 자신의 활동에 대해 토의하기 위해 무엇을 준비해야 하는가?	• 학부모, 교사, 학생으로 구성된 학교 구성원을 학생별 산출물이 전시된 '전시회'나 '발표회'에 초대한다. • 학생들이 다른 사람들에게 정보를 제공하거나 설득하기 위해 자신의 결론을 발표하는 '티칭인teach-in(세미나, 포럼 등과 유사)'을 실시한다. • 변호사, 엔지니어, 환경 운동가, 대학 교수 등과 같은 전문가 패널을 구성하여 학생의 발표에 조언하고 평가한다. • 학생 영상을 YouTube 채널에 게시하거나 웹사이트를 만들어 학생 탐구 결과를 외부에 발표한다.
6. 내용과 과정에 대해 성찰할 기회를 제공한다.	• 학생들은 자신이 발견한 개념적 관계, 관계를 뒷받침하는 사실 및 새로운 중요성에 대해 어떻게 성찰할 것인가? • 학생들은 자신의 학습 과정에 대해 어떻게 성찰할 것인가? • 학생들은 모둠 내에서 자신의 역할과 모둠의 역할 관계를 어떻게 성찰할 것인가? • 학생들은 최종 산출물의 질에 대해 어떻게 성찰할 수 있는가?	• 학생들에게 "프로젝트를 처음 시작할 때는 ＿＿＿ 라고 생각했지만, 지금은 ＿＿＿ 와 같은 문장 줄기를 사용하여 학습일기를 작성하게 한다. • 학생들이 말로 성찰하는 것을 영상으로 녹화한다. • 모둠 친구들, 발표회에 온 청중, 또는 교사가 자신의 학습에 어떻게 도움을 주었는지를 설명하도록 이들에게 편지를 쓰게 한다. • 모둠 학생들이 내년에 학습할 후배들을 위한 조언 형태의 성찰지를 작성하게 한다. • 학생들에게 학습한 내용을 포스트잇에 적어 나열하게 한 후 카테고리를 만들고 전체적으로 정리해 준다.

5 수업 프레임워크 #5. 학생 맞춤형 학습

학생들을 평균 지향적이고 획일적인 수업에 적응시키려고 하기보다 학생들의 속도, 요구, 목표, 흥미 및 동기에 맞추려는 최근의 학습 경향성은 고무적이다. 학생 맞춤형 학습은 가치 있는 교수·학습 방법이기 때문에 본 장에서는 이를 위한 수업 프레임워크를 포함하였다. 이 방식은 비교적 새로우며 유행이 되고 있는 현상이다. 그러므로 학생 맞춤형 학습이 의미하는 바를 구조화할 필요가 있다.

학생 맞춤형 학습이란 무엇인가? 많은 이들은 학생 맞춤형 학습을 '자신의 속도에 맞추어 학습하는 것'이라고 생각한다. 하지만 이것은 학생 맞춤형 학습을 지나치게 단순화한 관점이다. 학생 맞춤형 학습은 귀납적 또는 구성주의적 교수·학습의 철학에 맞추어 각 학생이 스스로 '의미를 만드는 것'으로 이해할 필요가 있다. 이러한 관점에서 본다면, 교사가 아무리 학생에 따라 다른 순서와 속도를 고려하여 활동을 제시한다고 할지라도 깊은 이해가 수반되지 않은 활동은 훌륭한 학습방법이 아니라는 것이 분명해진다.

학생 맞춤형 학습은 종종 과학기술과 함께 언급된다. 학생들이 더 잘, 더 빨리 배울 수 있도록 지원하는 데 있어 기술의 역할은 중요하지만, 학생 맞춤형 학습이 반드시 과학기술에 의존할 필요는 없다. 이 수업 프레임워크에서는 노트북이나 태블릿만으로 학습할 수 있는 대안을 제시하였다.

학생 맞춤형 학습과 관련된 또 다른 쟁점은 사회적 맥락에서 배우는 학습의 중요성에 있다. 인간은 사회적 동물이며, 학생들이 아이디어를 토론하고 서로 배우는 것—만약 교사가 수업에 학생의 개별 학습 시간을 많이 배정하면 실행하기 어려운—의 효과를 지지하는 연구들도 많다. 또한 주목할 점은 현시점에서 학생 활동의 질에 대해 피드백을 제공할 수 있는 기술이 거의 없다는 것이다. 과학기술은 우리에게 "당신이 맞다." 또는 "당신이 틀렸다."라고 말할 수 있지만 심층 학습에는 그 이상이 필요하다. 따라서 학생 맞춤형 학습을 구현하는 교사들은 학생에게 그들의 활동에 대해 다양한 전문가의 피드백과 함께 의미를 구성할 수 있는 시간을 주어야 한다.

그러나 교수·학습을 진정으로 변화시키고자 하는 방향성 속에서 여전히 학습 목표가 표면적인 수준에 머물러 있는 것은 매우 우려스럽다. 이것이 바로 개별화 수업에 관해 이야기하기 전에 교육과정이 주제 수준을 넘어서야 하는 이유이다. 이런 교육과정은 때로는 표준화를 지양하고 비판적 사고 및 창의성과 같은 새로운 목표를 추가할 수 있는 측면이 있다. '혁신을 위해서는 최소한 한 분야에 대한 전문지식과 기본적인 이해가 필요'하다는 사실을 기억해야 한다. 수업 방식을 변화시키는 데 개념을 버려서는 안 된다. 이것이 개념기반 교육과정의 가치이다.

개별화는 종종 학생들에게 그들의 학습에 대해 의견을 제시하게 하고 선택권을 제공한다. 개념기반 교육과정은 특히 학생들이 개념적 관계에 도달하기 위해 탐구하는 맥락 안에서 더욱 많은 개별화를 자연스럽게 허용한다. 표 4.7에 제시된 영어 수업에서 더 깊이 학습하도록 하기 위한 두 가지 시도를 비교해 보라. 왜 개념기반 단원에서는 학생의 선택을 더 많이 허용하는가?

표 4.7 주제기반 단원과 개념기반 단원

주제기반 단원	개념기반 단원
학생들은 Francisco Jimenez가 쓴 La Mariposa에서 등장인물의 변화와 보편적인 주제를 분석할 것이다.	학생들은 작가가 대화, 줄거리, 그리고 묘사하는 글을 통해 등장인물의 복잡한 특징을 발전시킨다는 이해를 발견하고 전이할 것이다. 개념적 질문: 작가들은 어떻게 등장인물의 복잡한 특징을 발전시키는가?

개념적인 질문을 통해 학생들은 그들 자신의 결론에 도달하기 위해 읽을 텍스트를 선택할 수 있다. 학생들은 서로 완전히 다른 책을 읽을 수도 있지만, 교사는 개념적 관계에 초점을 맞춘 목표와 개념적 질문을 사용하여 풍부한 토의를 끌어낼 수 있다.

Gates 재단이 후원한 다양한 연구팀이 개별화된 학습을 정의하였다. 「Personalized Learning: A Working Definition(2014)」이 제시한 네 가지 핵심 영역을 요약하면 다음과 같다.

1. 학습자상: 학생은 자신의 강점, 요구, 동기, 목표에 대한 최신 기록을 가지고 있다.
2. 개인적인 학습 경로: 모든 학생은 분명하고 높은 기대를 지향하지만, 학생 개개인의 학습 진도, 동기, 목표에 따라 대응하고 적응하는 맞춤형

경로를 따른다.

3. 역량기반 성장: 각각의 학생은 명확하게 정의된 목표에 기반하여 계속적으로 평가된다. 학생들은 자신의 목표에 따라 개별적으로 달성한 것을 증명하는 즉시 학점을 얻고 다음 단계로 나아갈 수 있다.

4. 유연한 학습 환경: 학생의 필요는 학습 환경 설계의 구심점이다. 인력 배치 계획, 공간 활용, 시간 할당 등 작동 가능한 모든 요소가 학생들의 목표 달성을 지원하도록 설정해야 한다.

학생 맞춤형 학습의 정말 중요한 특징 중 하나는 '학습 경로'이다. 학습 경로는 다음 수업을 하기 이전에 특정 수업의 학습 위계를 분석하여 학생들에게 제시하고, 학생들이 자신의 속도와 순서에 따라 학습할 수 있도록 하는 것이다. 개념적 교수·학습의 맥락 안에서 교사는 학생들이 개념적 질문에 답하는 데 도움이 되는 정보를 수집하는 다양한 방법을 계획할 수 있다. 표 4.8은 학생 맞춤형 학습의 각 단계별 학습 활동 계획을 위한 교사 성찰 질문과 수업 활동 예시를 포함하는 수업 프레임워크이다.

표 4.8 학생 맞춤형 학습의 수업 프레임워크

수업 원리	교사 성찰 질문	수업 활동
1. 단원의 개념적 관계에 대한 진술을 목표로 하는 개념적 질문으로 시작한다.	• 이 단원의 중심에는 어떤 개념적 관계가 놓이는가? • 학생들을 사로잡고 즉각적으로 깊이 있게 생각할 수 있는 개념적인 질문은 어떻게 만들 수 있는가? • 개념에 대한 학생들의 사전 이해를 확인할 수 있는 질문은 무엇인가?	• 학생들은 개념적 관계에 대한 초기 생각을 학습 일기에 기록한다. • 모둠은 각 개념에 대한 비언어적 표현을 도표에 그린 뒤 갤러리 워크 활동을 하며 친구들의 다양한 생각을 확인할 수 있다. • 소모둠의 학생들은 개념적 질문에 대해 토의하고 교사는 관찰한다. • 교사는 다양한 관계 진술문이나 이미지의 예시를 제공하고, 학생들은 어떤 것이 자신의 생각과 일치하는지, 왜 그렇게 생각하는지를 설명한다.
2. 학습자에 대한 데이터를 수집한다.	• 학생의 관심사, 강점, 동기 및 요구를 충족시키기 위해 제공할 수 있는 선택에는 무엇이 있는가? • 단원의 각 수업 차시를 계획할 때 개인적 목표를 어떻게 활용할 수 있는가? • 단원의 각 수업 차시를 계획하는 내 학생을 어떻게 참여시킬 수 있는가?	• 학생들은 개념적 관계의 탐구를 목표로 하는 가능한 맥락 목록의 순위를 매긴다. • 교사는 단원과 관련된 기능 목록을 제공하고, 학생들은 현재 강점과 개선이 필요한 기능을 기준으로 이를 분류한다. • 학생은 학습 경로에 대한 다양한 잠재적 활동에 관심을 가진다.
3. 다양한 잠재적 학습 경로를 브레인스토밍한다.	• 학생의 관심사, 강점, 동기 및 요구를 충족시키기 위해 제공할 수 있는 선택에는 무엇이 있는가? • 단원에 대한 배경지식과 이해를 구축하는 데 도움이 되는 자료에는 어떤 것이 있는가? • 배경지식과 이해를 형성할 수 있게 하려면 무엇을 계획해야 하는가?	• 교사는 단원의 활동 목록을 만들고, 학생들은 자신의 속도에 따라 개념적 관계를 탐구한다. • 학생들은 개념적 관계를 파악하는 데 도움이 될 수 있는 일대일 학습, 온라인 학습, 소집단 학습 중 하나를 선택한다. • 학생들은 단원의 개념적 관계에 대해 서로 다른 전문가들을 인터뷰한다.

수업 원리	교사 성찰 질문	수업 활동
	• 학생들이 개념적 관계를 탐구하는 데 도움이 되는 특색 있고 다양한 경험은 어떻게 제공할 수 있는가? • 학생들의 개념적 이해 형성을 지원하기 위한 인적, 물적 자원을 마련하기 위해 어떻게 해야 하는가?	• 학생들은 단원의 개념적 관계를 밝혀내기 위해 스스로 탐구를 수행한다.
4. 학생들이 목표 달성과 성장을 어떻게 보여줄 수 있을지 결정한다.	• 학생들은 어떻게 자신의 진보를 자주 확인할 수 있는가? • 학생들이 목표를 설정하고 자신의 속도에 따라 활동하게 하기 위해 형성평가 데이터를 어떻게 사용할 수 있는가? • 학생들이 목표 달성과 진보를 입증하기 위해 사용할 수 있는 다른 양식(에세이, 영상 등)에는 무엇이 있는가? • 단원 목표 달성을 확인할 수 있는 항목은 무엇이며, 조기에 목표를 달성한 학생이 이를 입증하기 위해 무엇을 해야 하는가?	• 교사는 형성평가를 미리 만들어 학생들이 자주 점검할 수 있도록 한다. • 교사는 영상, 에세이, 3D 디자인과 같이 다양한 수행 방법을 활용하는 루브릭을 만든다. • 학생들은 자신의 속도를 결정하기 위해 형성평가를 사용한다. • 학생들은 자신의 이해를 설명할 맥락으로 몇 가지 새로운 성향 중 하나를 선택한다. • 일찍이 목표를 달성한 학생들은 이해를 심화하거나 역량을 강화하기 위해 자신만의 프로젝트를 계획한다.
5. 학생들이 자신의 이해를 새롭고 복합적인 상황으로 어떻게 전이할 것인지 결정한다.	• 학생들은 새로운 맥락에서 개념적 관계에 대한 진술을 어떻게 검증할 것인가?	• 학생들은 짝 활동을 통해 짝의 성향과 맥락에서 자신의 개념적 진술을 점검한다. • 학생들은 자신의 개념적 관계를 검증하기 위해 다른 맥락을 선택한다. • 학생들은 서로의 개념적 관계를 평가한다. • 교사는 개념적 관계를 검증할 수 있는 새로운 맥락을 제공한다. • 짝과 함께 새로운 아이디어를 적용할 수 있는 상황을 브레인스토밍한다(전이 가능성).

수업 원리	교사 성찰 질문	수업 활동
6. 학습 환경과 자원 할당에 대해 창의적으로 생각한다.	• 단원에서 학생의 선택과 속도의 차이를 최대한 고려하기 위한 교사의 역할은 무엇인가? • 학생들이 단원에서 자신의 관심사와 효율적으로 활용할 수 있도록 학습 시간을 어떻게 추구할 수 있는가? • 단원에서 다른 학생 및 성인과의 관계를 어떻게 구축해 좋을 수 있는가? • 어떤 사회적 자원을 사용할 수 있는가?	• 교사는 일대일 또는 소모둠 수업을 제공한다. • 교사는 여러 전문가를 학교에 초대하고, 학생들은 개념적 질문을 해결하기 위한 증거를 수집하기 위해 여러 장소를 방문한다. • 학생들은 개념적 질문에 답하기 위한 증거를 수집하기 위해 지역 도서관을 방문한다. • 학부모는 학생들이 개념적 관계를 체험적으로 발견할 수 있도록 학습 자원을 기증한다.
7. 학습자의 요구를 평가하고 적용할 방법을 결정한다.	• 학생이 단원 학습 상황에 대한 피드백을 얼마나 자주 요청할 것인가? • 학생들이 필요를 충족시키기 위해 학습 정도, 자원 및 환경을 어떻게 조정할 수 있는가?	• 교사는 개별 학생의 학습 진행 상황을 논의하고 학습 경로를 맞추기 위한 방법을 브레인스토밍하기 위해 매주 만난다. • 학생들은 자신의 학습 진행 상황을 논의하고 학습 경로를 맞추기 위한 방법을 브레인스토밍하기 위해 매주 선생님과 일대일로 만난다.

지금까지 제시한 다섯 가지 수업 프레임워크는 서로 다른 수업 모델이 개념기반 교육과정과 일맥상통할 수 있는 방법을 보여준다. 개념적 이해가 목표가 되는 한 학생들이 특정 맥락에서 개념적 관계를 밝히기 위해 특정한 맥락에서 사실적 지식을 활용하도록 하게 하는 것이 개념적 교사가 취해야 할 올바른 방법이다. 학생들이 이해를 새로운 상황으로 전이하는 연습을 더 많이 할수록, 학생들의 학습은 더욱 깊어질 것이다.

이 장에서는 심층적이고 개념적인 학습을 위한 수업 계획을 수립하는 데 도움이 되는 다섯 가지 수업 프레임워크를 제시하였다. 이것은 개념적인 관계를 파악하고 이해를 전이하는 학생들의 능력을 어떻게 기를 수 있는지에 대한 완벽한 목록은 아니다. 교사가 어떤 수업 설계 방법을 사용하든, 개념적 관계의 이해를 위한 설계를 지속하는 것이 가장 중요하다.

생각해 보기

- 개념적 질문은 학생들이 학습하는 데 어떠한 도움을 주는가? 생각을 자극하는 질문은 교사가 계획을 세우는 데 어떠한 도움을 주는가?

- 특정한 맥락은 개념적 관계에 대한 학생의 이해를 어떻게 심화시키는가?

- 학생들이 개념적 관계에 대한 진술을 뒷받침하기 위해 사실적 증거를 사용하는 것은 왜 필수적인가?

- 개념적으로 가르치는 것이 시간을 투자할 가치가 있다는 것을 어떻게 설득할 수 있겠는가?

5장

개념적 이해를
위한 평가 설계

5장 개념적 이해를 위한 평가 설계

　평가는 수많은 논쟁의 불씨가 되기도 하는 어렵고도 부담스러운 주제이다. 이 책을 읽는 교사들은 학생 진보 정도를 평가하는 다양한 생태계에서 살고 있다. 몇몇 학교에서는 주에서 실시하는 시험이 평가에 대한 모든 비전이 되기도 한다. 다른 학교에서는 문답식 평가를 시도하며 기존의 전통적인 등급 매기기를 포기하고, 학생 성찰에 집중하게끔 독려할 수도 있다. 이 장에서는 가치 있는 목표를 향한 학생들의 진전을 의미 있게 만들고 이를 평가하는 것을 실제적으로 지원하고자 한다.

　개념기반 교실에서 평가의 주요 목적은 학습 과정에 대한 피드백을 제공하여 학생의 학습을 개선하는 것이다. 평가라는 단어는 '함께 앉다'라는 뜻의 라틴어 동사 assidere에서 유래했으며, 이는 교사가 평가를 할 때 학생들과 함께, 학생들을 위해 하는 것이지 학생들에게 일방적으로 하는 것이 아님을 암시한다(Green, 1998). 어린 학생들을 평가하는 것은 학생 자신의 성장에 대한 이해를 촉진할 뿐만 아니라 교사들에게는 학생이 어느 지점에 있고 어떻게 성장을 지원할지를 이해하는 데 도움이 되어야 한다.

　저자들은 학생들이 학습 동기를 가지고 적절하게 도전 의식을 북돋우는 속도로 나아가며, 숫자로 부여되는 점수보다는 능력을 증명할 수 있는 스카우트 배지와 같은 것을 받는 교수·학습 환경을 꿈꾼다. 개념적 이해는 목표들이 성취되었을 때 그것들을 목록에서 체크해 나가는 패러다임에는 부합하지 않는다. 개념적 이해는 학생들이 성장함에 따라 지속적으로 개선되고 심화되어야 하므로 개념적 이해를 위한 평가는 사고력 향상을 촉진해야 한다.

① 개념기반 교실의 네 가지 평가 원리

1. 전이가 궁극적인 목표이다. 개념적 학습의 전문가 Lois Lanning(2009, p. 13)이 제시한 바와 같이, "학생들이 학교에서 습득하는 가장 중요한 지식, 기능, 태도, 그리고 이해는 추후 다른 상황에서 가치를 갖고 적용되기 때문에 유의미하다." 궁극적으로 학생들은 세상을 이해하고 변화시키기 위해 자신의 개념적 이해를 사용해야 한다. 이는 개념적 이해가 비활성화 되는 지식이 아니라 오히려 새로운 상황을 여는 열쇠가 될 수 있음을 의미한다. 이것이 목표라면, 평가는 학생들의 이해를 새로운 상황으로 전이시키는 과정에 대한 통찰을 제공해야 한다.

2. 실수는 중요하다. 학생들이 개념기반 교실에서 시행착오를 거치는 것은 예상되는 바이고 나름의 가치와 의미가 있다. 교사는 학생들이 자신의 초기 이해를 제대로 확인받고 개선이 필요한 부분을 파악하며 만족스러운 수준에 도달할 때까지 계속적인 학습 기회를 제공해야 한다.

3. 옳고 그름에 관한 것이 아니라 진전과 증거에 관한 것이다. 학생들은 종종 정답을 찾는 훈련을 받는다. 개념적 이해를 위한 평가와 동시에 교사는 학생들의 질문을 "이것이 옳은가?"로부터 "이 증거나 예시가 나의 이해를 뒷받침하는가?", "어떻게 하면 이러한 아이디어에 대한 나의 이해를 심화시킬 수 있는가?"로 바꾸어야 한다. 학습은 학생들이 자신의 노력으로 단순한 이해를 심오하고 정교한 이해로 바꾸는 것을 보며 진보를 추적해 나갈 수 있는 지속적인 성장의 문화에서 가장 잘 이루어진다.

4. 피드백은 마지막에만 하는 것이 아니라 전체 과정을 통해 이루어진다. 학생들은 개념을 탐구하는 과정 전반에 걸쳐 건설적인 피드백을 필요로 한다. 피드백이나 점수를 받기 위해 단원이 끝날 때까지 기다리는 대신, 학생들은 어떻게 하면 자신의 이해를 더 깊이 있게 할 수 있는지에 대해 교사나 친구들과 끊임없이 대화를 나누어야 한다.

실제로 이러한 원리들은 교사가 학생 이해를 촉진하는 증거를 지속적으로 수집하는 교실로 전환하게 한다. 학생들은 이해 수준을 높이기 위해 증거를 수집하고 자신의 목표를 설정한다. 또한 다음에 무엇을 해야 할지 파악하는 데 도움이 되는 피드백을 받는다.

이는 개념기반 교사가 사전에 총괄평가와 형성평가를 모두 계획해야 한다는 것을 의미한다. 인간의 욕구와 거주지 간의 관계를 탐구하는 단원을 가르친다고 상상해 보자. 표 5.1의 개요와 같은 평가 계획을 작성할 수 있다.

표 5.1 평가 개요

시기	평가 단계	예시
단원 도입 시	개별 개념에 대한 이해를 사전평가	"자신만의 언어로 '인간의 욕구'를 정의합니다. 자신만의 언어로 '거주지'를 정의합니다." 어떤 오해나 피상적인 이해에 대한 피드백을 제공한다.
몇 차시 수업 이후	개념적 관계에 대한 초기 이해를 확인	"인간의 욕구와 거주지 사이에는 어떤 관계가 있습니까? 여러분의 대답을 뒷받침하기 위해 증거를 사용하세요."
단원 전체에 걸쳐	개념적 관계에 대한 이해의 개선 및 심화 정도를 평가	위 질문을 반복하면서 학생들에게 수업 중 탐구에서 얻은 추가적인 예를 통합하고 루브릭을 사용하여 진보 정도를 평가하도록 한다. 또한 개선 방법을 생각해보게 한다.
총괄평가 이전에 적어도 한 번 이상: 보통 단원의 마무리 단계에서	개념적 관계에 대한 이해를 전이하는 능력을 평가	학생들에게 새로운 상황에 대한 몇 가지 정보(기사, 예시자료, 실험 결과 등)를 제공하고, 그 개념의 관점에서 예측하거나 문제를 해결하거나, 또는 현상을 설명하게 한다. 그런 다음 자신의 이해를 새로운 상황으로 전이하는 과정에 대해 성찰하도록 한다. "인간의 욕구와 거주지 사이의 관계에 대한 여러분의 이해에 비추어 보았을 때, 이 시나리오의 다음에는 무슨 일이 일어날까요? 이 상황에서 X가 발생한 이유는 무엇입니까? 어떻게 하면 X의 문제를 해결할 수 있을까요? 인간의 욕구와 거주지에 대한 이해가 새로운 상황을 더 잘 이해하는 데 어떠한 도움이 되었습니까? 이 상황이 인간의 욕구와 거주지에 대한 이해를 명확히 하거나, 반박하거나, 또는 확인시켜 주었습니까? 여러분의 답변을 뒷받침하는 예를 제시하세요." 학생들에게 루브릭을 사용하여 이해를 전이할 수 있는 능력에 대한 피드백을 제공하고, 전이 과정에 대한 학생들과의 대화에 참여한다.

시기	평가 단계	예시
단원 종료 시(총괄평가)	개념적 관계에 대한 이해의 전이와 깊이를 측정	학생들에게 새로운 상황에 대한 몇 가지 정보(기사, 예시자료, 실험 결과 등)를 제공하고, 그 개념의 관점에서 예측하거나 문제를 해결하거나, 또는 현상을 설명하게 한다. 루브릭을 사용하여 학생의 수행을 평가한다. 위의 질문을 참고한다.
단원 종료 시(성찰)	이해와 성장에 대한 메타적 인식을 측정	학생들에게 루브릭을 사용하여 자신의 이해를 평가하도록 한다. "여러분의 이해가 루브릭에서 어디에 해당하는지 성찰문을 쓰고, 왜 그곳에 해당하는지 자신의 활동으로부터 증거를 찾아 답변하세요. 그리고 단원 전체에 걸쳐 어떻게 이해가 발전되었는지를 설명하세요."

단원 전체에 걸쳐 교사는 학생들에게 피드백을 제공하고 학습 활동과 속도 등을 조정하기 위해 학생들이 어느 지점에 있는지에 대한 정보를 수집하고 활용한다. 표 5.1은 개념기반 접근을 향한 평가의 전반적인 변화를 보여주고 있다. 그러나 이러한 유형의 평가를 적용하기 시작하는 단계에서부터 모든 평가를 이 모델로 전환할 필요는 없다. 대신 적절한 수준에서 위에서 논의한 원리들을 시도해 보고 각 수업의 맥락에서 학생들에게 효과가 있는 것이 무엇인지 확인하라.

❷ 총괄평가 과제 설계

총괄평가 또는 학습에 대한 평가assessment of learning는 학습 여정의 종점에서 이루어지며, 가장 흔하게는 단원이 끝날 때 이루어진다. 이 평가가 시험, 구두 발표이든, 보고서의 형태를 취하든 간에 그 목적은 학생이 학습 단원의 목표를 달성한 정도를 확인하는 것이다. 대부분의 경우 총괄평가는 숫자로 표시된 점수나 문자 등급으로 결과가 나타난다. 이러한 특징이 총괄평가를 형성평가 또는 학습을 위한 평가assessment for learning와 구별 짓는다. 형성평가는 일반적으로 학생들의 개선을 돕기 위한 피드백으로 이어진다.

교수·학습의 측면에서 총괄평가는 형성평가보다 덜 중시된다. Brookhart (2008)의 연구에서는 과제에 대한 최종 등급이나 점수가 부여되면, 학생들은 종종 문자나 숫자로 된 결과에 초점을 맞추고 실질적인 코멘트는 무시한다는 것을 확인하였다. 누가 학생들을 비난할 수 있겠는가? 만약 등급이나 점수가 학생 활동에 대한 '최종' 결정이라면, 학생들은 바뀌지 않을 등급이나 점수를 올리기 위해 에너지를 쏟을 이유가 없다.

이는 개념기반 교실에서 해결해야 할 과제이다. 우리가 지속적인 성장과 사고의 형성을 위한 개선의 문화를 지향할 때 총괄평가는 어떤 역할을 할까? 개념적 이해의 발달을 지속적인 과정으로 본다면 최종 평가의 가치는 무엇일까?

형성적 피드백은 학습을 이끌지만, 의도한 학습 목표에 대한 명확한 그림을 제공하는 것은 총괄평가이다. 잘 설계된 총괄평가는 "우리가 최종적으로 도달해야 할 것은 무엇인가?"라는 질문에 답을 준다. 따라서 총괄 과제를 제시하는 것은 개념기반 교실에서 필수적이다. 최종 지점을 구상하는 것은 학생들에게 "이 단원이 끝날 무렵, 저는 그렇게 할 수 있을 것입니다!"라고 동기를 부여하는 데 도움이 될 수 있고, 교사가 학생 학습의 성공을 확실히 하기 위해 피드백과 조언을 주는 것을 목표로 삼는 데도 도움이 될 수 있다. 목표가 전이이기 때문에 총괄평가는 개념적 이해의 전이를 요구하는 흥미롭고 실제적인 시나리오를 중심으로 설계되어야 한다.

학생들이 개념들 사이의 관계에 대한 이해를 생성하게 하거나 그 이해를 새로운 상황에 전이하도록 하기보다, 자칫 수업에서 배운 사실들을 회상해내는 능력을 평가하기가 더 쉽다. 1장에서 Anderson과 Krathwohl(2001)은 Bloom의 수정된 분류 체계와 지식 차원이 추가된 분류 체계에 대해 논의하였다. 잠시 기억, 이해, 적용, 분석, 평가 및 창안(표 5.2 참고)과 같은 인지 과정을 다시 살펴보자.

개념적 이해를 평가할 때, 교사는 사실을 기억하는 학생의 능력을 개념적 관계에 대한 깊이 있고 복잡한 이해를 하는 것으로 오인하는 것을 피해야 한다. 예를 들어, 만약 교사가 학생들에게 이미 친숙한 맥락에서 배운 것을 토의하라고 한다면, 학생들은 수업에서 다루었던 내용을 쉽게 되풀이할 수 있다. 이 과정을 거치면서 학생들이 앵무새처럼 교사의 생각을 말하는 것을 듣는 것은 종종 유혹적으로 다가온다. 하지만 만약 그렇게 한다면 교사는 실제로 학

표 5.2 교수 · 학습 및 평가를 위한 분류 체계

지식 차원	인지 과정 차원					
	기억하다	이해하다	적용하다	분석하다	평가하다	창안하다
사실적 지식						
개념적 지식						
절차적 지식						
메타인지 지식						

출처: Anderson/Krathwohl/Airasian/Cruikshank/Mayer/Pintrich/Raths/Wittrock, A Taxonomy for Learning, Teaching, and Assessing: A Revision of Bloom's Taxonomy of Educational Objectives, Abridged Edition, 1st Ed., ©2001. Reprinted by permission of Pearson Education, Inc., New York, New York

생들의 이해를 평가하는 것이 아니라 단지 그들이 이미 학습한 정보를 기억하는 능력만을 평가하는 것이다.

교사가 학생들의 이해나 여타 고등사고 과정을 진정으로 평가하기 위해서는 학생들에게 자신의 이해를 새로운 상황으로 전이하도록 요청하는 것이 중요하다. 어떻게 학생들이 자신의 이해를 새로운 상황에 전이하는지를 보기 위해 표 5.3의 예를 검토하라.

표 5.3 이해의 전이 사례

이주와 환경 문제 사이의 관계를 탐구하는 4학년 또는 5학년 학생들을 상상해 보자. 만약 교사가 수업 중에 19세기 신세계 정착의 맥락에서 이 개념적 관계에 대해 논의했다면, 평가에 있어서는 학생들에게 현대 이주와 시리아 이주 상황의 맥락에서 이들의 관계에 대한 이해를 보여줄 것을 요청할 수 있다. 처음에는 이러한 평가 방식이 교사와 학생 모두에게 불편할 것이다. 교사는 학생들이 "하지만 우리는 이것을 배우지 않았어요."라고 말하는 것을 들을지도 모른다.

이에 대한 대답은 "네, 여러분은 그것을 배우지는 않았지만, 생각해 낼 수 있습니다."이다. 목표는 학생들이 새로운 사실적 맥락으로 자신의 이해를 적용하고 확장하게 하는 것이다. 교사는 신세계 개척자라는 주제에 대한 사실들을 기억하는 능력을 진정한 이해로 오인하지 않도록 해야 한다. 대신에 학생들이 현대적인 문제와 이주에 대한 이해를 새로운 상황에 얼마나 잘 전이할 수 있는지 평가할 수 있을 것이다. 아이디어는 같지만 사실들은 다르다. 다양한 사실들을 제공하는 것은 개념적 관계에 대한 학생들의 사고를 가시화한다.

1장에서 언급한 바와 같이 Perkins와 Salomon(1988)은 이를 '고차원적 전이'라고 하였고, 이는 단순히 새로운 상황에서 동일한 암기 절차를 적용하는 것이 아님을 강조했다. 대신 학생들에게 이해를 구축하고 개념들 사이의 관계를 추상화하며, 새로운 사실적 상황에 이해를 적용하도록 하였다. 학생들은 새로운 상황을 해석하는 렌즈로서 자신의 개념적 이해를 사용하고, 그 상황은 결과적으로 학생들의 개념적 렌즈를 개선한다. 표 5.4는 서로 다른 유형의 다양한 전이 방법을 보여준다. 학생들이 다른 상황에 새로운 지식을 적용하는 고차원적 전이(오른쪽 박스)에 주목하라.

표 5.4 문해력을 위한 가시적인 학습

저차원적 전이를 촉진하는 일체화: 학생들은 지식과 기능을 적용하는 것을 학습	고차원적 전이를 촉진하는 연결: 학생들은 개념을 연결하는 법을 학습
교사는 사전지식을 새로운 지식과 연관시키고 있다.	학생들은 여러 학문이나 내용에 걸친 연결을 설명하기 위해 유추와 비유를 사용하고 있다.
학생들은 정보를 분류하고 있다.	학생들은 사례에 기반하여 규칙과 원리를 도출하고 있다.
교사는 본보기를 보이며 생각을 말하고 있다.	학생들은 계획을 세우고 구성하기 위해 메타적이고 반성적으로 사고하고 있다.
학생들은 지식을 정리하고 반복하고 있다.	학생들은 새롭고 독창적인 내용을 만들고 있다.
교사는 학생들이 새로운 지식을 유사한 상황에 적용할 수 있는 역할 놀이와 시뮬레이션 기회를 만든다.	학생들은 새로운 지식을 다른 상황에 적용하고 있다.

이러한 원리는 평가 전문가 Susan Brookharts (2010)의 고차원적 사고의 평가 지침에서도 분명히 드러난다. Brookhart는 평가 설계자들에게 참신한 자료를 사용하고, 그 자료와 관련하여 학생들이 사고해 볼 수 있는 것을 제시하라고 조언한다. 이러한 지침은 평가 설계자로서 교사가 실제로 평가하고자 하는 것 – 개념적 관계에 대한 학생 사고 – 의 범위를 좁히는 데 도움이 된다. 만약 교사가 학생들이 기억한 내용의 기대 이상으로 끄집어 내기 위해 필요한 생각할 자료(텍스트, 비디오, 이미지)를 주지 않는다면, 그로 인해 학생들

학생들의 개념적 이해를 진정으로 평가하기 위해서는 학생들이 아직 경험하지 못한 상황에 자신의 이해를 적용하도록 할 필요가 있다.

은 최소한 부분적으로 정보를 기억해내는 능력을 평가받게 된다. 마찬가지로, 만약 교사가 제공하는 자료가 참신하지 않다면, 학생들은 개념적인 이해를 적용하기보다는 기억에 의존할 수 있다. 학생들의 개념적 이해를 진정으로 평가하기 위해서는 학생들이 아직 경험하지 못한 상황에 자신의 이해를 적용하도록 할 필요가 있다.

Erickson과 Lanning(2014)은 평가를 설계하는 첫 번째 단계로 단원에서 가장 중요한 개념적 관계 중 한두 가지를 선택하라고 조언한다. 이때 관련 지식과 기능도 함께 선정해야 한다. 다음 단계는 학생들의 마음을 사로잡을 매력적인 시나리오를 생각해내는 것이다. 표 5.5는 Erickson의 개념기반 평가 공식을 적용한 사례이다.

표 5.5 Erickson의 개념기반 평가 공식

> 무엇(단원 중점): 정부
> 왜(일반화): 사람들은 사회를 조직하고 구성하기 위해 다양한 시스템을 개발한다.
> 어떻게(학생에게 매력적인 시나리오): 이 단원을 통해 여러분은 민주주의를 구성하는 다양한 방식에 대한 지식을 학습했다. 우리는 다수결 원칙과 소수자 보호에 대해 이야기했다. 캘리포니아는 많은 이슈를 전체 주민의 직접 투표로 결정하는 주이다. 많은 다른 주에서는 주 의회가 대부분의 이슈에 대한 투표권을 행사한다. 우리의 현 주지사는 논란이 많은 이슈에 대해 모든 주민들이 투표할 수 있도록 할지를 두고 고민하고 있다. 어느 쪽이 사회를 조직하고 구성하기 위한 더 좋은 방법이라고 생각하는가? 여러분은 이 문제에 대한 입장을 선택하고 편집자에게 설득력 있는 편지를 쓸 것이다.

매력적인 시나리오를 계획하는 데 있어서 Wiggins와 McTighe(2005)가 제안한 GRASPS(목표, 역할, 청중, 상황, 결과물 발표, 기준)를 적용하는 것은 도움이 된다. 표 5.6에는 매력적인 시나리오에 대한 아이디어를 떠올리도록 설계된 GRASPS에 기반한 몇 가지 프롬프트가 포함되어 있다.

표 5.6 Wiggins와 McTighe의 수행과제 설계 프롬프트

목표: 개념 A와 개념 B 사이의 관계에 대한 이해를 보여준다.
역할:
당신은 ... 이다.
당신은 ... 하도록 요청받았다.
당신의 직업은 ... 이다.
청중:
고객은 ... 이다.
타겟 청중은 ... 이다.
여러분은 ... 을 설득할 필요가 있다.
상황:
여러분이 처한 상황은 ... 이다.
그 도전은 ... 을 다루는 것과 관련이 있다.
결과물, 수행, 그리고 목표:
여러분은 ... 을 (하기) 위하여 ... 을 만들 것이다.
여러분은 ... 을 개발하여 ... 하도록 해야 한다.
성공을 위한 기준:
여러분의 수행은 ... 하는 것을 필요로 한다.
여러분의 활동은 ... 에 의하여 평가될 것이다.
여러분의 결과물은 다음의 기준 ... 을 충족해야 한다.

학생의 사실적 정보를 기억하는 능력을 평가하는 것은 상당히 쉽다. 그러나 이해, 적용, 분석, 평가 및 종합을 측정하는 방법을 설계하는 것은 매우 어려울 수 있다. Brookhart(2010)는 이러한 목표를 달성하는 방법에 대한 현명한 조언을 제시하였고, 몇 가지 핵심 아이디어가 표 5.7에 포함되어 있다.

표 5.7 Brookhart의 고차원적 사고 평가 원리

고차원적 사고를 평가하는 것은 거의 대부분 세 가지 특별한 원리를 포함한다.
• 보통은 서두의 텍스트, 시각 자료, 시나리오, 자원 자료, 또는 일종의 문제 형태로, 학생들이 사고할 수 있는 무언가를 제시한다.
• 수업에서 다루지 않았기 때문에 학생들이 회상하지 않아도 되는 새롭고 참신한 자료를 사용한다.
• 난이도(쉬움 vs 어려움)와 사고 수준(기억 또는 저차원적 사고 vs 고차원적 사고)을 구분하고, 각각에 대해 개별적으로 관리한다.

수년간 저자들은 고차원적 사고를 분명하게 평가하기 위한 다양한 방법을 실험해 왔다. 가장 중요한 단계는 평가하려는 대상을 정확하게 설정하는 것이다. 우리는 평가하려는 정확한 요소를 밀어내는 여러 가지 '잡음'이 너무 자주 발생한다는 것을 발견하였다. 대부분의 교사가 지금 하고 있는 일은 수시평가를 통해 사실적 기억을 측정하는 것이다. 그러나 총괄평가를 통해 교사는 새로운 사실적 정보를 제공하고 가능한 한 평가의 많은 비계를 설정하여 개념적 관계에 대한 학생들의 보다 깊이 있는 사고를 더 잘 확인할 수 있어야 한다. 표 5.8은 고차원적 사고를 평가하기 위한 스캐폴딩에 몇 가지 아이디어를 제공한다.

표 5.8 고차원적 사고를 평가하기 위한 스캐폴딩 전략

- 단어 은행, 공식 또는 기타 사실적 정보를 제공한다.
- 절차에 대한 단계 목록을 제공한다.
- 더 짧게 또는 학생 연령에 보다 적합하도록 텍스트를 편집한다.
- 중요한 시점에 주의를 환기시키는 스캐폴딩 질문을 제공한다.
- 평가를 여러 부분으로 나눈다.
- 이해를 확실히 하기 위해 수업 시간에 새로운 상황을 함께 검토한다.
- 프레젠테이션을 시각적으로 보기 좋게 만든다.
- 새로운 상황에 대한 배경지식을 제공하기 위해 이미지, 지도 또는 비디오를 제공한다.
- 필요하지 않은 부분을 덜어내고 간소화한다.
- 방향을 분명히 한다.

수행과제 설계가 한 단계 더 나아가기 위해 교사는 흔히 학생들에게 학습 단원에 기반한 행동을 취하도록 요청한다. 이는 학생들이 책임감을 갖고 지역 사회에 참여하기를 바라는 많은 학교의 미션 및 가치, 그리고 IB(International Baccalaureate) 교육과정의 미션과 목표와도 일치한다. 그것은 관련성과 의미를 제공하고 동기를 부여하게 된다. 단원 전반에 걸쳐 교사는 신중하게 학습에 대한 학문적이고, 저차원적인 전이에서 보다 복잡하고, 고차원적인 실세계의 전이로 옮겨간다(그림 5.1 참고). 궁극적인 목표는 각 단원의 총괄평가가 학생들이 배운 것을 새롭고 복잡한 실세계 상황, 대개는 어떤 종류의 문제로 전이하는 능력을 평가하는 것이다. 그런 다음 교사는 학생들이 학습한 것과 관련하여 무엇인가를 행하기를 바란다.

Constitutional Rights Foundation은 Close Up Foundation과 함께 「Active

그림 5.1 혁신이 일어나는 지점

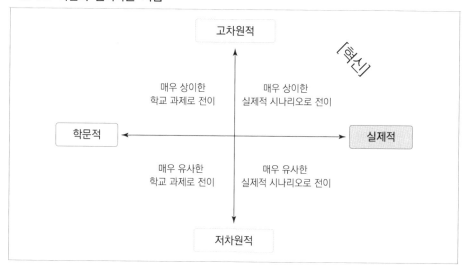

Citizenship Today Field Guide(2nd, 2005)」를 발간하였다. 이 가이드북은 행동을 위한 구체적이고 간단한 기술에 대해 안내하는데 교사와 학생 모두에게 매우 유용하다. 표 5.9에는 위 텍스트에서 설명한 행동하는 방법이 좀 더 상세하게 제시되어 있다.

표 5.9 행동하는 방법

- 인식 제고 캠페인을 벌이기 위해 소셜 미디어를 사용한다.
- 기존 단체와 함께 봉사활동을 한다.
- 관계자에게 편지를 쓴다.
- 편지 쓰기 캠페인을 시작한다.
- 청원을 시작한다.
- 공개적으로 발언한다.
- 리플렛을 만든다.
- 뉴스레터를 작성한다.
- 예술(벽화, 연극, 영상)을 통해 인식을 높인다.
- 토론회를 개최한다.
- 단체 집회를 한다.
- 공익과 관련된 관심사에 대한 토론회를 한다.
- 편집자에게 편지를 쓴다.
- 행사를 위한 보도 자료를 만든다.
- 공익광고를 작성한다.
- 정치인과 협상한다.
- 기금 모금 행사를 주최한다.

이러한 모든 요소를 종합하여 저자들은 총괄평가 과제를 설계할 때 사용할
수 있는 수정된 개념기반 수행평가 도구를 구안하였다. 표 5.10과 5.11은 수행
평가 도구 사용에 대한 두 가지 예를 보여준다. 표 5.10은 1학년 건강 단원이
고, 표 5.11은 4학년 정부 단원이다.

표 5.10 1학년 사례

J. Stern의 수정된 개념기반 평가 도구	
1단계: 단원 중점	건강
2단계: 개념적 관계	신체적, 정서적 욕구를 충족시키는 것은 우리를 행복하게 하는 데 도움이 된다.
3단계: 매력적이고 참신한 시나리오, 문제 또는 이슈	오늘 우리 교실에는 작은 봉제 인형 친구들이 있다. 여러분 각자는 인형을 집으로 데려가서 그들의 신체적, 정서적 욕구에 주의를 기울일 것이다. 주말이 지난 후, 여러분은 새로운 친구의 행복을 위해 집에서 무엇을 하였는지 반 친구들에게 설명할 것이다.
4단계: 고차원적 사고를 평가하기 위한 스캐폴딩 전략	수업 시간에 단원에서 탐구한 것들을 확인할 뿐만 아니라 신체적인 욕구와 감정적인 욕구 사이의 차이점을 검토할 것이다. 학생들은 새로운 친구의 행복을 보장하기 위해 주말에 충족시켜야 할 가장 중요하다고 생각하는 것을 선택하고자 몇 분간의 수업 시간을 할애할 것이다. 또한 좋은 프레젠테이션을 위한 단계를 모델링하고 프레젠테이션 직전에 상기하기 위해 그림 목록을 참고할 것이다.
5단계: 학생들이 행동을 취하는 방법	학생들은 다음의 두 가지 활동 중 한 가지를 선택하여 행동할 것이다. 가장 중요한 신체적 욕구(예 식품, 의류, 비누)를 선택하고 이러한 물품을 수집하여 지역 보호소에 기부하기 위한 운동을 주최하거나, 또는 가장 중요한 정서적 욕구(예 친절, 안전)를 선택하고 쉬는 시간에 친구와 그 아이디어를 실행할 수 있다.

표 5.11 4학년 사례

J. Stern의 수정된 개념기반 평가 도구	
1단계: 단원 중점	정부
2단계: 개념적 관계	사람들은 사회를 조직하고 구성하기 위해 다양한 시스템을 개발한다.

	J. Stern의 수정된 개념기반 평가 도구
3단계: 매력적이고 새로운 시나리오, 문제 또는 이슈	이 단원을 통해 여러분은 민주주의를 구성하는 다양한 방식에 대한 지식을 학습했다. 우리는 다수결 원칙과 소수자 보호에 대해 이야기했다. 캘리포니아는 많은 이슈들을 전체 주민에 대한 직접 투표에 부치는 주이다. 많은 다른 주에서는 주 의회가 대부분의 이슈에 대한 투표권을 행사하고 있다. 우리의 현 주지사는 논란이 많은 이슈에 대해 모든 주민들이 투표할 수 있도록 할지를 두고 고민하고 있다. 어느 쪽이 사회를 조직하고 구성하기 위한 더 좋은 방법이라고 생각하는가? 주 의회가 결정해야 하는가, 아니면 주민들이 이 이슈에 대해 직접 투표해야 하는가? 여러분은 이 문제에 대한 입장을 선택하고 편집자에게 설득력 있는 편지를 쓸 것이다.
4단계: 고차원적 사고를 평가하기 위한 스캐폴딩 전략	우리는 이해를 확실히 하기 위해 수업에서 새로운 상황을 검토할 것이다. 학생들이 글을 쓸 때 단어 은행과 설득력 있는 에세이를 작성하기 위한 단계 목록을 게시하여 핵심 용어와 그 과정을 상기시킬 것이다. 학생들이 사전과 맞춤법 검사를 사용하는 것은 허용될 것이다. 일단 학생들이 어떤 입장을 취할지 결정하게 되면, 자신의 주장을 브레인스토밍하기 위해 그룹으로 활동할 수 있고 편지를 보내기 전에 서로의 편지를 검토할 것이다.
5단계: 학생들이 행동을 취하는 방법	이 현안에 대해 자신이 선택한 신문사의 편집자에게 편지를 써서 보낸다.

③ 형성평가 과제 설계

형성평가는 학생들이 학습의 어느 지점에 있고 어디로 나아가야 할지에 대한 정보를 제공하기 때문에 유용하다. 교사들은 총괄평가의 목표를 염두에 두고 학생들이 최종 과제를 성공적으로 수행할 수 있는 지식과 기능, 능력을 함양하고 있는지를 확인하며, 단원 전체에 걸쳐 학생 진보 정도에 대한 점검을 위해 형성평가를 사용할 수 있다. 초등학교 교실에서 형성평가는 종종 일상적인 수업이나 학습과 혼합된다. 교사가 학습 과정 동안 학생들을 주의 깊게 관찰할 때, 학생들이 알고 있는 것을 이해하고 다음 수업 단계를 계획하는 데 도움이 될 수

형성평가는 학생들이 학습의 어느 지점에 있고 어디로 나아가야 할지에 대한 정보를 제공하기 때문에 유용하다.

있다.

형성평가는 교사가 수업의 다음 단계를 계획하는 데 도움을 주기 위한 것이지만, 또한 학생들이 학습의 다음 단계를 계획하도록 하기 위한 것이기도 하다. 보고서 「Growing Success: Assessment, Evaluation and Reporting in Ontario's Schools(2010)」는 학교에서 평가의 역할에 대한 중요 사항을 제시한다.

> 교수·학습에서 대단히 중요한 역할을 하는 평가는 독립적이고 자율적인 학습자로서의 학생 발달을 목표로 해야 한다. 평가는 교수·학습의 일부이기 때문에 수업과 동시에 계획되어야 하며, 수업에 정보를 제공하고 다음 단계를 안내하며 학습 목표 달성을 향한 학생의 진보 정도를 교사와 학생이 모니터링할 수 있도록 학습 사이클에 원활하게 통합되어야 한다(p. 29).

평가의 핵심 목표 중 한 가지는 학생들이 자율성과 주도성을 함양하도록 지원하는 것이라는 점에 주목하라. 이는 교사가 학생들과 함께 학습 목표를 수립하고 피드백을 주고받으며, 학습 과정을 모니터링하는 등 학생들과의 상호작용을 통한 형성평가 계획이 필요하다는 것을 의미한다.

> 교사가 학생들과 함께 학습 목표를 수립하고, 피드백을 주고 받으며, 학습 과정을 모니터링하는 등 학생들과의 상호작용을 통한 형성평가 계획이 필요하다는 것을 의미한다.

형성평가는 학습을 위한 평가assessment for learning이자 학습으로서의 평가assessment as learning이다. '학습을 위한 평가'가 이루어지는 동안, 교사들은 학생들의 진보 정도를 모니터링하기 위해 정보를 수집한다. 여기서 교사는 학생들의 필요를 파악하고 서술적인 피드백을 제공하며, 다음 단계를 확인하고 수업을 개별화한다. '학습으로서의 평가'가 이루어지는 동안, 학생들은 자신의 학습에 대한 정보를 수집한다. 여기에는 학습 접근 방식을 조정하고 진보 정도를 성찰하는 것뿐만 아니라 자신의 성취와 도전을 확인하고 다른 학생들에게 피드백을 제공하는 것을 포함한다.

표 5.12는 「Growing Success(2010, p. 31)」에서 제시한 평가의 목적, 평가의 성격, 그리고 평가 정보의 활용을 요약한 것이다. 개념기반 단원을 계획할 때에는 학습을 위한 평가, 학습으로서의 평가, 학습에 대한 평가 등 평가의 세 가지 측면을 모두 계획하는 것이 중요하다.

표 5.12 평가의 유형

교실 평가의 목적	평가의 성격	정보의 활용
학습을 위한 평가 "학습을 위한 평가는 학습자가 학습의 여정에서 어디에 있고, 어디로 가야 하며, 어떻게 가장 잘 도달할 수 있는지를 결정하기 위해 학습자와 교사가 사용할 증거를 찾고 해석하는 과정이다 (Assessment for Learning, 2002, p. 2)."	진단평가는 수업이 시작되기 전에 이루어지기 때문에 교사는 학생들의 관심과 학습 선호도에 대한 정보를 얻을 수 있을 뿐만 아니라 새로운 지식과 기능을 학습할 준비가 되었는지를 확인할 수 있다.	수집된 정보는 지식과 기능에 대한 종합적이고 구체적인 성취의 기대 측면에서 학생들이 이미 알고 있고 할 수 있는 것을 판단하기 위해 사용된다. 교사들은 개별화된 수업 및 평가를 계획하고 적절한 학습 목표를 설정하기 위해 학생들과 협력할 수 있다.
	형성평가는 학생들이 여전히 지식을 습득하고 기능을 연습하는 동안, 수업 중간에 자주 그리고 지속적인 방식으로 시행된다.	수집된 정보는 교사가 지식과 기능의 종합적이고 구체적인 성취를 위한 학생의 진보 정도를 모니터링하는 데 사용되므로, 교사는 학생들에게 시기적절하고 구체적으로 서술적인 피드백을 제공하고, 다음 단계들을 스캐폴딩하며, 학생의 요구에 따라 수업 및 평가를 개별화할 수 있다.
학습으로서의 평가 "학습으로서의 평가는 시간이 지남에 따라 학생 자신이 최고의 평가자로서의 역량을 갖출 수 있도록 자기 능력의 함양에 초점을 두지만, 교사는 학생들에게 자신이 스스로 평가할 수 있는 외적이고 구조화된 기회를 제시하고 모델링하는 것으로 시작해야 한다(Western and Northern Canadian protocol, p. 42)."	형성평가는 교사로부터의 지원, 모델링, 안내와 함께 수업 중간에 자주 그리고 지속적인 방식으로 나타난다.	수집된 정보는 학생들이 다른 학생들에게 피드백을 제공하고(또래평가), 학습 목표 달성을 향한 자신의 진보 정도를 모니터링하며(자기평가), 학습 접근 방식을 조정하고 학습에 대한 성찰 및 개별 학습 목표를 설정하는 데 사용된다.
학습에 대한 평가 "학습에 대한 평가는 공개되고, 학생들이 얼마나 잘 배우고 있는지에 대한 진술이나 상징(등급, 숫자)으로 귀결되는 평가이다. 학습에 대한 평가 결과는 학생들의 미래에 중추적인 영향을 미치기도 한다(Western and northern Canadian Protocol, p. 55)."	총괄평가는 학습 기간이 끝나거나 거의 끝날 무렵에 이루어지며, 추가적인 수업을 알려주는 데 사용될 수 있다.	수집된 정보는 교사가 계획된 시점에서 학습을 종합하는 데 사용된다. 이 평가는 사전에 정해진 기준에 기초하여 학생 학습의 질에 대한 판단을 내리고, 그 질을 나타내는 값을 부여하며, 학생, 학부모, 교사 및 다른 사람들에게 성취 정보를 원활하게 소통하도록 하는 데 사용된다.

개념기반 교실에서 형성평가는 다음의 두 가지 기능을 수행해야 한다.
1. 개념적 관계에 대한 학생들의 현재 생각을 가시화한다.
2. 효과적인 피드백을 활용하여 학생들의 사고를 촉진한다.

학생들이 총괄평가를 살펴보고, 최종 과제를 위해 연습할 수 있는 기회를 제공하는 형성평가 과제를 설계하는 것 또한 중요하다. 학생들이 개선을 위한 피드백을 얻을 수 있는 형성평가를 통해 제대로 연습하지 않고서 총괄평가를 잘하기 기대할 수 없다. 예를 들어, 다음의 일반화를 이해하기 위한 1학년 수업을 생각해 보라.

지역사회는 자연적, 건축적인 특징을 가지고 있으며, 그곳에서 살고 일하는 사람들의 필요를 충족시키는 데 도움이 되는 서비스를 제공한다 (adapted from The Ontario Curriculum, 2013).

총괄평가를 위한 과제는 다음과 같이 제시될 수 있다.

> 그룹 친구들과 함께 우리 지역사회의 모습을 설계하고 지역사회가 어떤 모습인지를 보여주는 3D 모델이나 도면을 만든다. 지역사회의 모습을 설계할 때에는 적어도 자연적 특징 두 가지와 건축적 특징 두 가지를 포함하라. 그런 다음 수업 시간에 활동 내용과 결과물을 발표하고, 어떻게 각각의 특징이 지역사회에 살고 있는 사람들의 필요에 반응하는지를 포함하여 지역사회가 기능하는 방법을 설명하라. 선생님은 프레젠테이션을 안내할 시나리오를 줄 것이다.

교사는 위 과제의 색칠된 내용에 유의할 필요가 있다. 학생들은 최종 과제를 시작하기 전에 관련 지식과 개념 및 기능에 대한 충분한 경험을 가져야 한다. 따라서 교사는 학생들이 실제 지역사회에 존재하는 다양한 자연적, 건축적 특징을 협력적으로 탐구하여 청중에게 발표할 수 있는 기회를 계획해야 한다.
드라마 수업을 하는 동안 다음과 같은 형성평가 과제가 진행될 수 있다.

> 학생들은 그룹으로 활동하며 공원 산책, 식료품점 방문, 학교에서의 하루와 같은 지역사회 내의 일상적인 활동과 관련된 재현 장면을 연출한다. 교사와 다른 학생들은 그 장면에 놓인 지역사회의 자연적 특징과 건축적 특징에 대해 질문할 수 있다. 교사는 그 순간에 학생들을

코치할지도 모른다. "조금 더 구체적으로 말해 줄래? 네가 의미하는 바를 보여주는 예에는 무엇이 있니? 선생님에게는 네 목소리가 잘 들리지 않는구나. 우리 조금만 더 크게 다시 말해 보자." 그런 다음 학생들은 자신의 수행을 성찰하고 그룹 친구들과의 협력적 활동에 대한 상호 피드백을 제공한다.

이 형성평가 과제는 학생들에게 재미있고 부담이 적은 방식으로 아이디어를 탐구하고 기능을 연습할 수 있는 기회를 준다. 단원 전반에 걸쳐 교사는 학생들이 어느 지점에 위치해 있는지에 대한 정보를 수집하며, 피드백을 제공하고 조정하기 위해 정보를 사용할 수 있는 몇 가지 활동을 계획해야 한다.

형성평가에 참여할 때, 학생들은 부족한 부분을 개선하고 앞으로 나아갈 수 있는 기회를 갖게 된다. 형성평가는 자신의 최종 목표를 향해 노력하는 과정 속에 이루어지기 때문에 가치가 있다. 또한 형성평가는 교사가 수업을 조정하도록 도와주는 안내자로서 정보를 제공한다. 예를 들어, 만약 교사가 형성평가 도중에 많은 학생이 같은 오해를 하고 있는 것을 발견한다면, 교사는 수업이나 학습 경험을 통해 그 오해를 직접적으로 다룰 수도 있다. 요컨대 형성평가의 목표는 학생과 교사 모두에게 학습 진보 정도에 대해 성찰하고 학생의 활동을 조정, 수정 또는 개선할 수 있는 기회를 제공하는 것이다.

④ 효과적인 피드백의 힘

학생 활동에 대한 교사의 피드백은 학습을 극적으로 향상시키는 강력한 도구가 될 수 있다. 그러나 피드백의 질 확보가 필수적이다. 피드백의 질이 낮으면 실제로 학생 성장에 부정적인 영향을 미칠 수 있다. 피드백은 단순히 "너는 아직 학습 목표에 도달하지 않았어."라고 말하는 것이 아니다. 피드백은 학생이 학습 여정에서 어디에 있는지, 학생이 사용하는 습관이나 전략 중 효과가 있거나 수정해야 할 필요가 있는 것은 무엇인지를 정확하게 나타내야 하며, 학생에게 다음에 무엇을 해야 할지를 위한 아이디어를 제공해야 한다. 그것은 학생들이 현재 특별한 발달 수준에 있으며, 목표에 도달할 수 있는 능력이 있다는 믿음을 보여주어야 한다. 효과적인 피드백이 되기 위해서는 학생들의 사고가 다음 수준으로 나아갈 수 있도록 적절한 타이밍에 피드백이 이루어져야 한다. Brookhart(2008, p. 1)는 「How to Give Effective Feedback to Your Students」에서 "피드백은 그것이 가장 잘 발휘될 수 있는 시간과 대상에게 전달되는 최적화된 정보이다."라고 정의하였다.

Berger(2003)는 피드백 또는 비평은 친절하고 지원적이며 구체적이어야 한다고 제안한다. 이러한 쉽고 간단한 지침은 교사와 학생들이 서로에게 피드백을 제공하는 데 도움이 된다. 교사만이 피드백을 제공하는 유일한 사람이 될 필요가 없음을 기억하라. 학생들은 서로의 활동을 검토하고 개선하기 위한 아이디어를 공유할 수 있다. 또한 학생들은 자신의 활동에 대해 성찰하고 개선을 위해 수정할 수 있다.

초등학교 수준에서는 효과적인 피드백을 모델링하고 학생들이 서로에게 피드백을 주는 연습을 할 충분한 기회를 제공하는 것이 특히 중요하다. 아래와 같은 문장 줄기는 자기평가와 또래비평을 안내하는 데 큰 도움이 될 수 있다.

학생들에게 자신의 선택을 설명하고 성찰하도록 하라(성찰 일기, 포스트잇 또는 메모 카드 등을 활용).

- 내가 자랑스러워하는 나의 활동의 한 측면은 … 이다.
- 내가 이 부분을 좋아하는 이유는 … 때문이다.
- 이것은 질 높은 활동이다. 왜냐하면 … 때문이다.
- 만약 내가 이 부분을 다시 한다면, 나는 그것을 … 함으로써 개선할 것이다.
- 내 활동에 대해 바꾸고 싶은 한 가지는 … 이다.
- 이 부분을 개선하기 위해 누군가가 내가 … 하는 것을 도와줬으면 한다.

또래평가 도중에 학생들은 위와 유사한 프롬프트를 사용하여 피드백과 제안을 할 수 있다.

- 이 활동에서 내가 칭찬하고 싶은 부분은 … 이다.
- 내가 본 강점 한 가지는 … 이다.
- 이것은 질 높은 활동이다. 왜냐하면 … 때문이다.
- 이 활동을 개선하기 위한 한 가지 방법은 … 일 것이다.
- 이 프로젝트에서 더 많은 작업이 필요한 부분은 … 이다.

개념기반 교실에서 교사는 학생들이 만드는 물적 산출물뿐만 아니라 개념적 관계 진술과 같은 지적 산출물에 대한 피드백을 제공하는 것이 필수적이다. 학생들이 깔끔하고 매력적인 작품을 만드는 것도 좋지만, 단원의 개념에 대한 강력한 이해를 보여주는 것이 훨씬 더 중요하다. 표 5.13에는 피드백의 몇 가지 예와 이를 학생에게 전달하는 방식에 대한 설명이 포함되어 있다.

표 5.13 **피드백의 사례와 설명**

피드백의 예	피드백에 대한 생각
네가 쓴 진술은 두 개념 사이의 관계를 보여주는구나. 너의 설명과 예는 한 가지 개념에 대한 진술을 뒷받침하네. 이 예와 관련지어 생각할 수 있는 다른 개념에는 무엇이 있을까?	이 피드백은 개념적 이해라는 목표에 초점을 맞추고 있으며 놓친 부분에 대한 구체적인 설명을 제공한다. 또한 서술적이지만 평가를 위한 것은 아니다. 진취적으로 생각하게 하며, 답을 주는 것은 아니지만 해결책을 찾는 것을 지원한다.
개념적 관계에 대한 진술을 뒷받침하기 위해 많은 예를 사용했구나. 정말 설득력 있다! 우리가 수업 시간에 이야기하지 않았던 예들을 어떻게 생각해냈니?	이 피드백은 긍정적이고 서술적이다. 학생은 이전에 교실 밖의 예를 제시하는 데 어려움을 겪었을 가능성이 높다. 질문은 학생이 성공을 향한 길을 계속 가는 데 도움을 주기 위해 어떻게 지금까지 왔는지를 되돌아볼 수 있게 해준다.
와! 이 진술은 복합적이고 정밀하다. 네가 제시한 예들은 진술에 있는 개념들 사이의 관계를 분명하게 뒷받침하는구나. 정말 잘했어! 어떻게 하면 개념적 관계의 정교성을 높여 다음 수준으로 나아갈 수 있을까?	이것은 학습 목표를 위한 궤도에 잘 오른 학생에 대한 서술적이고 긍정적인 피드백이다. 학생 활동에 열정을 불어넣는 동시에 계속하여 생각하도록 격려하고 지속적인 성장 의지와 열정을 부여한다.

물론 교사가 제공하는 피드백은 학생들이 피드백을 활용하여 구체적으로 개선하도록 지원되는 경우에만 유용하다. 따라서 개념기반 교사들은 학생이 수정과 성찰을 할 수 있는 충분한 시간을 계획하는 것이 중요하다. 표 5.14는 학생들이 피드백을 통해 사고하고 잘 활용하는 데 도움이 되는 간단한 툴을 보여준다.

표 5.14 피드백 처리 툴

내가 받은 피드백은 ... 이었다.	그래서 나는 ... 을 하기로 결심했다.	현재 나의 활동은 더 나아졌다. 왜냐하면 ... 때문이다.	다음번에 나는 ... (하는 것)을 기억할 것이다.

또한 이 프레임워크는 학생들이 교사 및 친구들과 자신의 활동에 대한 토의를 준비하는 데 도움이 된다.

⑤ 학생 자기평가 및 목표 설정

학생이 자기평가와 목표 설정을 잘할 수 있는 방법을 학습하는 데에는 시간이 필요하다. 초등학교 교실에서 이러한 기능들은 종종 교사가 모델을 제시하고 분명하게 가르칠 필요가 있다. 학생들은 목표를 설정하고 자신의 진보 정도를 평가하기 위하여 성공적인 수행 기준을 이해하고 내면화해야 한다.

이는 개념기반 교실에서 특히 중요하다. 학생들은 정교하고 개념적 관계를 잘 지원하는 이해와 피상적이고 개념적 관계를 잘 지원하지 못하는 이해를 구별하는 법을 학습해야 한다. 개념기반 교사는 루브릭을 만들고 개념적 관계 진술의 예시들을 평가하는 데 있어 학생들을 참여시키고 상호작용해야 한다.

표 5.15와 같이 비어 있거나 또는 부분적으로 작성된 루브릭으로 시작하는 것을 고려하라. 학생들에게 전문가들의 작업 활동은 어떤 모습일지 브레인스토밍하도록 하게 하라. 학생들이 설명할 내용을 생각할 때 그것이 의미하는 바를 나타내는 예를 생각하게 하고, 학급 구성원들이 볼 수 있도록 게시판이나 차트 용지에 기록하라. 그런 다음 관련성이 없는, 미완성된, 부정확한, 불분명한 등으로 특징지을 수 있는 활동을 생각하고 이러한 아이디어들도 기록하도록 하라.

표 5.15 비어 있는 루브릭

	1 관련성이 없는 활동	2	3	4 전문가 활동
설명:				
예:				

또 다른 접근 방식은 학생들에게 교사가 만든 작품이나 이전 학년도에 저장해둔 샘플 등과 같은 우수하거나 형편없는 작품의 몇 가지 예시들을 보여주고, 어떤 산출물이 다른 것보다 더 나은 점이 무엇인지를 설명하도록 하게 한다. 이것은 루브릭의 척도에 의미를 부여하는 것을 돕고 학생들에게 달성하고자 하는 목표에 대한 강력한 감각을 제공한다.

평가 전, 중, 후에 학생들에게 루브릭에 대한 접근 권한을 준다. 학생들은 또래 및 교사의 피드백을 통해 자신의 이해를 조정하면서 루브릭을 가지고 연습할 수 있다. 평가 도중에 학생들은 자신의 대답을 개선할 방법을 생각하기 위해 루브릭을 참고할 수 있다. 평가 후에 학생들은 자신의 활동을 성찰하고 자기평가 할 수 있다.

또한 체크리스트는 학생들이 자신의 활동을 평가하는 데 도움이 될 수 있다. 예를 들어 학생들은 표 5.16의 체크리스트를 사용하여 개념적 관계 진술을 충족하는 기준을 결정할 수 있다.

표 5.16 자기평가 체크리스트

> 나의 진술은
> • 개념들을 포함한다.
> • 개념들이 서로 어떻게 관련되어 있는지를 말해 준다.
> • 분명하고 정확하다.
> • 구체적인 예에 의해 뒷받침된다.
> • 흥미롭다.
> • 깊이 있는 사고를 보여준다.

자기평가는 목표 설정과 밀접한 관련이 있다. 학생들이 자기 활동의 강점과 약점을 보게 되면서, 자신의 활동을 위한 현실적이고 실천 가능한 목표를 세울 수 있다. 개념기반 교실에서 학생들은 개념적 이해에 관련된 장단기 목표를 모두 설정해야 한다. 표 5.17은 한 학생의 목표 목록을 보여준다.

표 5.17 **목표의 예**

단기 목표	장기 목표
• 나는 내 진술을 조금 더 정확하게 작성하고 싶다. • 나는 내 진술을 뒷받침할 세 가지 이상의 예를 찾고 싶다. • 나는 이 상황에서 … 의 역할에 대해 더 학습하고 싶다.	• 나는 지역사회를 보다 안전한 곳으로 만들기 위해 … 와 … 에 대한 나의 이해를 사용하고 싶다. • 나는 스스로 루브릭을 충족하는 수준에 도달하고 싶다.

포트폴리오는 목표를 향한 진보 정도를 기록하고 추적할 수 있는 좋은 방법이다. 단원이 시작될 때 교사와 학생은 학생이 만든 목표와 교사가 제안한 목표를 고려하며 목표 설정을 위해 협력해야 한다. 그런 다음 학생들은 설정한 목표와 관련하여 자신의 진보 정도를 보여주는 활동 사례와 성찰을 수집할 수 있다.

우리의 궁극적인 목표가 단지 평가가 아니라 성장이라면, 명료하고 일관된 기준으로 평가하는 과정, 계속적인 피드백, 그리고 정기적인 성찰이 필수적이다. 학생들이 일련의 명료한 기준에 따라 자신의 활동을 평가할 수 있을 때, 그들은 자신의 학습을 더 잘 통제하고 다음에 무엇을 할지를 결정할 수 있게 된다.

6 목표를 가시화하기 위한 도구

개념기반 수업의 가장 어려운 측면 중 하나는 학생들에게 '답'을 드러내지 않으면서도 학습 목표를 분명하게 하는 것이다. 교사는 개념적 관계의 진술들을 염두에 두고 각 단원을 시작하지만, 그 진술들을 학생들에게 직접 말하지 않고 개념적 이해로 학생들을 안내해야 한다.

표 5.18의 도구들은 학생들이 종종 무심코 따라 할 수 있는 답을 드러내지 않고도 목표를 가시화하는 데 도움이 된다(IBO, 2000).

표 5.18 목표를 가시화하기 위한 도구

루브릭	루브릭은 낮은 수준에서 우수한 수준까지의 다양한 학생 수행을 판단하기 위한 기준을 제공한다. 개념적 이해를 평가하려면 학생의 일반화가 정확성, 적절한 지원 및 정교성의 어느 범위에 해당하는지를 평가해야 한다. 루브릭은 학생들을 위해 평가 범위의 윤곽을 보여주고 효율적이고 효과적인 방식으로 서술적인 피드백을 제공하는 유용한 도구가 될 수 있다. 초등학교 저학년 교실에서도 학생들은 교사의 지도하에 자신의 루브릭을 개발할 수 있다. 이를 통해 학생들은 학습에 대한 주도권을 가질 수 있고 평가 과제를 더 잘 이해할 수 있게 된다. 학생들과 함께 루브릭을 개발할 때, 학생들에게 최상위 수준의 활동을 마음속에 그리고 묘사하도록 하는 것으로 시작한다. 이것은 루브릭에서 가장 높은 수준이 된다. 그런 다음 학생들에게 좋은 활동의 반대편에 대해 생각하도록 하고 이러한 설명 내용을 루브릭의 가장 낮은 수준으로 기록한다. 나중에 교사는 이 두 극단 사이의 수행 수준을 채울 수 있다.
모범사례 / 벤치마크	모범사례는 다른 샘플들과 비교하여 우수하게 평가된 학생 활동이다. 개념적 교수 · 학습의 세계에서 교사는 학생들에게 충분히 설득력 있는 증거에 의해 뒷받침되는 복합적이고 통찰력 있는 일반화의 모델을 보여주어야 한다. 모범사례는 글의 예시부터 시각적 발표 및 구두 발표에 이르기까지 다양할 수 있다. 교사는 이러한 모범사례들이 학생들에게 영감을 주고 '나도 저렇게 깊이 있고 나의 이해를 잘 보여주는 무언가를 만들 수 있어!'라고 생각하기를 바란다. 모범사례들은 학생들을 지적으로 이끄는 매개체가 되어야 한다. 물론 교사의 예는 학생들이 탐구 중인 개념적인 관계에 대한 것이어서는 안 된다. 그것은 하나의 정답이 있는 것처럼 보이게 하고, 교사는 학생들에게 책의 정답지를 보여주는 것과 같다. 대신에 다양한 개념적 관계의 예들을 공유하고, 학생들에게 무엇이 이러한 예들을 그렇게 높은 수준으로 만드는지를 분석하게 한다. 학생 활동이든 교사가 만든 것이든, 모범사례를 공유하는 것은 학생들에게 동기를 부여하고(학생들은 무엇이 가능한지를 확인한다) 목표를 안내하는 데 있어(추상적인 아이디어 대신에 구체적인 예가 있다) 모두 효과적이다.
체크리스트	체크리스트는 학생들이 보여주기를 원하는 지식 또는 기능의 목록이다. 초등학교 저학년 환경에서는 교실 내의 모든 학습 장소에 체크리스트를 보관하는 것이 유용하다. 교사는 교실 내의 각 학습 장소에서 특정 기능을 다루기를 원할 수 있다.
선 척도	선 척도는 학습의 단계를 통한 발달의 진행을 시각적으로 나타낸 것이다. 예를 들어 글쓰기 발달 단계에서 어린 학생들은 역할극 쓰기 단계의 초기 쓰기 단계에서 고급 쓰기 단계로 넘어갈 수 있다. 학생들이 선 척도 내에서 자신의 위치를 확인하고 학습 여정 안에서 다음 단계에 대한 흥미를 유발하도록 도움으로써 학생들이 선 척도를 다루게 한다. 또한 이 도구는 학생들이 자신의 이해를 선 척도에 스스로 평가할 때도 유용하다. 학생들은 자신이 어디에 있다고 느끼는지 선 위에 X 표시를 할 수 있다.

표 5.19는 초등학교 교실에서 사용했던 점수에 대한 응답 예시를 포함한 루브릭 사례이다.

표 5.19 개념적 루브릭의 예

1점	2점	3점
나는 나의 언어로 개념을 설명하고 각각의 예를 들 수 있다.	나는 나의 언어로 두 개념 사이의 약한 관계를 설명하고 정확한 예를 들 수 있다.	나는 나의 언어로 두 개념 사이의 강한 관계를 설명하고 그 관계를 증명하는 강력하고 분명한 예를 들 수 있다.
인간은 말을 할 수 있는 생명체이다. 예를 들어, 나는 인간이다. 자원은 우리가 다양한 이유로 사용할 수 있는 것이다. 예를 들어, 물은 자원이다.	인간은 자원을 사용한다. 예를 들어, 우리 마을 사람들은 잔디를 푸르게 유지하고 목욕을 하기 위해 물을 사용한다.	인간은 생존하기 위해 자원에 의존한다. 예를 들어, 물이 없으면 인간은 며칠 안에 죽는다.

⑦ 학습 여정에서 학생의 위치를 확인하는 방법

앞 절에서 제시한 도구들은 학생들에게 목표를 전달하는 데에는 유용하지만, 표 5.20은 학습 목표를 향한 학생 진보 정도를 추적하는 데 사용할 수 있는 다양한 방법을 보여준다(IBO, 2000). 개념기반 교실을 위해 필요한 깊이 있는 학습의 토대를 갖추려면 다양한 도구를 확보하는 것이 중요하다.

표 5.20 학습 여정에서 학생의 위치를 확인하는 방법

관찰	학생들은 정기적으로 관찰된다. 관찰은 전체 그룹, 소그룹 또는 단순히 한 학생에게 초점을 맞추어 관찰하는 등 다양한 상황에서 수행될 수 있다. 관찰은 교사가 학생과 함께 활동하는 동안이나, 또는 외부에서 관찰할 수 있다.
수행평가	수행평가는 일반화로부터 만들어지는 수행과제 세트이다. 과제는 목표 지향적이고, 일반적으로 개념적 이해에 대한 지식과 기능의 전이와 적용이다.
과정평가	학습 기능(예 시간 관리, 협력 기능, 자기조절 기능)을 관찰하고 기록한다.
선택형 응답	정보를 조직하는 또 다른 방법으로 시험, 퀴즈 등이 있다. 시험을 단독으로 시행하는 것은 학습에 대한 가장 정확한 증거를 제공하지 않을 수도 있다는 점에 유의해야 한다.

개방형 과제	학생들은 자기의 생각을 정당화하며 전달해야 한다. 답변의 형식은 글, 그림 또는 다이어그램 등과 같이 다양할 수 있다.
포트폴리오	포트폴리오는 시간이 지남에 따라 학생의 성장을 보여주는 활동 모음이다. 학생들은 개념적 학습자로서 주어진 개념적 이해 내에서 시간이 지남에 따라 성장하는 자신을 추적할 수 있다. 시간이 지남에 따라 학생들은 교사, 부모, 또는 외부 전문가 패널과 공유할 수 있는 훌륭한 활동의 예를 수집할 수 있다. 학생들은 시간 경과에 따른 자신의 성장을 보여주기 위해 활동 샘플을 사용할 수 있다. 예를 들어, 1. 학생들은 활동 샘플을 포트폴리오로 만들기 위해 바인더에서부터 피자 박스에 이르기까지 무엇이든 활용할 수 있다. 2. 학생들은 자신의 포트폴리오에 포함될 증거를 결정해야 한다. 포트폴리오는 목표 달성을 향한 진보 정도를 보여주는가? 포트폴리오는 다음과 같은 증거를 포함해야 한다. • 실행 기록 • 교실 평가 • 평가 작성 • 태도 목록 3. 학생들에게 내용 목록이나 분할된 표에 자신의 활동을 정리하게 한다.
일화 기록법	일화 기록은 각각의 학생들에 대해 간략하게 쓴 메모이다. 이러한 기록들을 정리하는 많은 다양한 방법들이 있다. 예를 들어 교사는 각 학생을 위해 작은 포스트 잇에 관찰 메모를 작성한 다음, 학교 수업이 끝난 후에 관찰 메모를 토대로 각 학생의 파일을 공식적으로 편집할 수 있다.

8 유치원 시기의 관찰, 대화 및 시범

매우 어린아이들의 성장과 학습을 평가할 때에는 아이의 발달 단계, 배경, 그리고 경험을 고려하는 것이 중요하다. 유치원에서의 평가는 수업의 일부로 구성되어야 하며, 유치원 수업에서 중요하지만 전반적으로 일상적인 학습의 일부가 되어야 한다.

「The Growing Success-The Kindergarten Addendum(2016)」은 어린아이에게 학습을 가시적으로 만들어주는 '알림과 학습'으로서 서술적 피드백을 언급한다. 예를 들어 "선생님은 네가 이 원에는 가축을 넣고 다른 원에는 야생동물을 넣는 것을 보았어. 이것을 정렬이라고 해."와 같은 전략은 아이들에게 무엇을 어떻게 배우고 있는지 보여주는 효과적인 방법이다. 교사가 이 피드백 방법을 지속적으로 사용함에 따라 학생들은 자신이 배우고 있는 것과 다음 단계의 학습에 대해 더욱 분명하고 깊이 있게 이해하게 될 것이다.

주의 깊은 관찰과 대화, 시범은 아마도 어린아이들을 평가하기 위한 가장 강력한 도구일 것이다.

주의 깊은 관찰과 대화, 시범은 아마도 어린아이들을 평가하기 위한 가장 강력한 도구일 것이다. 교사가 학생들에게 받아쓰기 시험과 같은 평가나 숫자로 성적을 부여하는 평가를 하기 위해 수업이 멈추는 것을 피할수록 학생들이 지닌 자연스러운 호기심을 더 잘 유지할 수 있다. 교사가 계속해서 서술적인 피드백과 안내를 제공하는 것은 궁극적으로 어린아이들을 학습에 몰두하게 하고 평생 학습자가 되도록 준비시킬 것이다.

학생, 교사, 관리자, 학부모에게 있어서 평가는 종종 불안감을 야기하고 큰 부담으로 다가온다. 저자들의 가장 어려운 대화와 열띤 토론 중 일부는 평가에 관한 것이었다. 우리는 평가가 매우 중요하고 모든 이해 당사자들이 진지하게 받아들여야 한다는 것에 동의하지만, 평가의 중요성과 가치를 평가의 목적-교사의 수업에서 효과가 있는 부분과 개선해야 할 필요가 있는 부분뿐만 아니라 학생들이 자신의 학습에서 어디에 있고 어떻게 앞으로 나아가게 할 수 있는지를 이해하는 것-과 연계시키는 것이 필수적이다.

교사는 학생들의 개념적 관계에 대한 이해와 그 이해를 새로운 맥락에서 적용하는 것과 같은 이해의 전이 능력을 심화하는 목표를 추구함에 따라, 교사 자신, 학생들, 그리고 평가를 통해 수집한 데이터에 대한 모든 이해 관계자들은 지적으로 정직해질 필요가 있다. 이와 같은 정직이 항상 쉬운 것은 아니지만, 만약 교사가 학생들이 성장하는 것을 돕고 싶다면 필수적이다. 또한 평가는 교사가 정말로 평가하고자 하는 것에 집중하게끔 평가 설계에 대해 엄격할 필요가 있다.

이제 기초를 다졌으니 여러분의 실천을 향상시키려면 많은 성찰과 신뢰할 수 있는 동료들의 피드백, 실험이 필요할 것이다. 실수는 좋은 학습 방법이다. 학생들에게도 그렇듯이 교사에게도 마찬가지이다. 그러므로 개념적 학습을 위한 평가의 원리와 예를 마음에 새기고 학생 맞춤형 수업의 재구성을 지속적으로 도전해 보며, 스스로와 다른 이들이 새로운 것을 시도하도록 독려하고 그것이 어떻게 작동하는지 지속적으로 되돌아보라. 이러한 노력은 교사의 평가가 학생들의 깊이 있는 개념적 이해를 향한 여정에 도움이 되게 할 것이다.

- 개념적 교수·학습에서 평가의 목적은 무엇인가?

- 단원 학습 중 언제 평가를 실시해야 하는가? 단원의 시작, 중간, 끝에는 어떤 유형의 평가가 적절한가?

- 학생과 교사는 평가에서 수집한 정보를 어떻게 활용해야 하는가?

- 피드백을 효과적으로 만드는 것은 무엇인가?

- 모델링, 루브릭, 학생의 목표 설정, 그리고 성찰이 학생들의 개념적 이해를 심화하는 데 어떻게 도움이 될 수 있는가?

6장

개념기반
교실에서의
형평성

6장   개념기반 교실에서의 형평성

학교에서의 형평성equity 이슈는 이번 장을 통해서만은 해결하기 어려운 대단히 도전적인 문제이지만 이곳에 제시된 아이디어들은 형평성이라는 중요한 이슈를 다루어야 하는 교사들에게 도움이 될 수 있을 것이다. 국가 형평성 프로젝트(National Equity Projects)에서는 교육적 형평성에 대해 "개별 학생이 학업 및 사회적 잠재력을 최대한 발휘하도록 성장하는 데 필요한 것들을 지원받는 것"으로 정의하였다(http://nationalequityproject.org/about/equity). 성별, 사회계층, 인종, 언어 및 학업 능력 등은 형평성에 영향을 미칠 수 있는 범주들이다. 개념적 학습 역시 형평성을 구현하기 위한 중요한 부분이기 때문에 이 장을 통해 다룰 것이며, 추가적인 전략들로 더 나아가야 할 것이다. 물론 이번 장의 내용만으로는 교육의 불평등 문제를 해결할 수 없겠지만, 여기에 제시된 원리와 전략들은 형평성 제고를 위한 논의에 반드시 포함되어야 한다.

이번 장에서는 형평성에 필수적인 다음의 네 가지 핵심 영역을 안내한다.

1. 교사의 기대치와 학생과의 관계
2. 유목적적이고 명료한 목표, 수업, 활동 및 평가
3. 교사와 학생에 의한 지속적인 증거 수집, 피드백 및 목표 설정
4. 학생이 목표 달성을 위해 학습 상황에서 필요로 하는 것에 따른 유연한 집단 구성

첫째, 교사들이 '부진 학생'이나 '우수한 학생'과 같은 단어들을 사용하는 것이 너무나 자연스럽게 받아들여지고 있다. 이러한 관행이 얼마나 쉽게 전파될 수 있는지, 그리고 다행스럽게도 어떻게 도전받을 수 있는지 보여주는 연구

에 따르면 이러한 발상은 위험한 습관이다(Dweck, 2006; Rosenthal & Jacobson, 2003). 학생들은 교사가 학생 개개인의 성취와 성공을 위해 애쓰고 있다는 것을 인식해야 한다(Hattie, 2012). 그렇지 않으면 학생들의 다양한 요구와 필요를 충족시키기 위한 많은 수업 전략들은 학생들의 성취에 영향을 주지 못할 것이다. 교사들은 학생에 대한 기대치나 예측을 재고하고 학생들과의 관계를 형성하는 것으로부터 시작해야 한다.

둘째, 최근의 연구들(Hattie, 2012; Marzano, 2004)은 수많은 교실 관찰과 특수교육자들과의 대화에서 찾을 수 있었던 내용을 뒷받침한다. 교실 수업과 활동의 명료성은 학생 성취에 필수적인 요소이다. 거의 모든 교사는 학생들을 학습 경험에 참여시키는 가치 있는 목표에도 불구하고 목표와 활동의 명료성 부족으로 인해 종종 어려움을 겪는다. 모든 학생이 수업 목표를 이해하게 하고, 각각의 활동이 어떻게 자신을 목표에 가깝게 다가가도록 하는지를 이해하게 하는 것이 중요하다.

셋째, 교사의 가정assumptions이 학생들을 그룹화하거나 다양한 학습 경험을 제공하는 방법을 결정하는 데 영향을 미치지 않도록 해야 한다. 신뢰할 수 있는 데이터를 수집하는 것이 핵심이다. 진단평가는 학생들이 주제에 대해 이미 알고 있거나 이해 또는 오해하고 있는 것에 대해 확인할 수 있게 한다. 학생 목표 설정, 지속적인 평가 및 시의적절한 긍정적 피드백은 학생들이 학습의 여정에서 자신이 어디에 있는가를 알 수 있게 한다.

마지막으로, 앞의 세 가지 전제 조건이 충족되면, 교사는 학습 과정 중의 특정 순간에 학생들이 필요로 하는 것을 바탕으로 수업을 개별화할 수 있다. 모든 학생을 위한 교실에서의 교사는 자신의 목표에 확신이 있으면서도 온화하며, 학생들의 학습 여정을 지원하기 위해 명료하고 목적 있는 과제에 깊이 빠져있는 학생들 사이를 순회한다. 다음 절에서는 이러한 네 개 영역 각각에 대한 도구와 팁을 제시할 것이다.

학생들이 사실과 특정한 맥락에 의해 뒷받침되는 개념 간의 관계를 발견하도록 하는 개념적 학습 환경으로 전환하는 것은 모두를 위한 교실을 만드는 데 있어 중요한 단계이다. 대부분의 학생들, 특히 전통적 학교교육에서 성적이 좋지 않은 학생들은 개념을 중심으로 깊이 있는 이해와 학습의 적용에 중점을 둔 환경에서 학습을 보다 잘할 수 있다. 학습에서 패턴을 찾게 하고 연결하도록 할 때 학생들에게 지적 자존감을 부여할 수 있다.

　따라서 당연히 개념기반 교육과정은 전통적인 내용 범위 중심의 교육과정보다 더욱 형평성을 갖춘 교육과정이 된다. 사실들이 핵심 개념을 중심으로 구성되면 기억하기가 더 쉬워진다. 이는 맥락이나 의미가 없는 엄격한 암기에 어려움을 겪는 학생들에게는 자연스럽게 도움이 되는 방식이다. 표 6.1의 1학년 시각 예술 사례를 참고하라.

> 개념기반 교육과정은 전통적인 내용 범위 중심의 교육과정보다 더욱 형평성을 갖춘 교육과정이다.

표 6.1 시각 예술 사례

다양한 예술가들과 그들의 예술 작품에 관한 시각 예술을 학습하는 학생이 깊이 있는 이해 없이 단순히 작품의 내용을 암기하려고 애쓰는 것보다, '다양한 색상, 모양, 선이 서로 다른 정서를 전달한다는 것'을 탐구를 통해 찾아내도록 하는 것이 작품에 대한 사실을 더욱 잘 기억할 수 있게 해준다.

　또한, 학생들은 개념적 관계에 대한 진술들을 뒷받침하는 자신만의 예를 찾을 수 있다. 이 과정은 학생들이 자신의 관심과 경험을 학습으로 가져오도록 한다. 더 많은 예나 관계를 복잡하게 하는 예, 모순되게 하는 예를 찾기 위해 학생들은 더욱 빠르게 처리해야 하는 도전을 할 수도 있다. 표 6.2는 이야기 삽화에 관한 유치원 사례이다.

표 6.2 이야기 삽화에 관한 사례

이야기를 읽는 학생들은 탐구를 통해 "삽화가 이야기의 메시지를 뒷받침한다."는 것을 알아낸다. 이해를 확인하기 위해 교사는 각 학생에게 자신이 고른 이야기 중 일부를 선택하여 삽화가 메시지를 어떻게 뒷받침하는지를 설명하게 할 수 있다.

　더 나아가 수업 계획에 있어서 덜 복잡한 시작과 단원 목표에 대한 스캐폴딩으로 시작하여 개념적 관계 진술의 복잡성을 점진적으로 확대해 나갈 수 있다. 초등 저학년 과학과 단원에 대한 표 6.3의 사례를 참고하라. 번호가 부여된 두 개의 진술은 차세대 과학 기준(Next Generation Science Standards)이 제시한 유

치원부터 2학년까지 다루어야 하는 더 큰 개념적 관계에 대한 보다 간단한 버전
이다.

표 6.3 **과학과 사례**

> 개념: 날씨, 패턴, 시간
> 개념적 관계 진술: 사람들은 시간 경과에 따른 날씨의 패턴을 설명하기 위해 기상 조건을
> 측정한다(NGSS, KG-2).
> 스캐폴딩 문장:
> 1. 사람들은 날씨를 설명하기 위해 햇빛, 비, 바람, 온도를 측정한다.
> 2. 사람들은 날씨의 패턴을 알아낸다.

개념기반 교사들은 학생들이 정보를 유지하고 더 깊은 수준의 이해에 도달
하게 하는 데 개념적 교수·학습이 어떻게 도움이 될 수 있는지를 거듭 강조
한다. 개념 간의 핵심적인 관계를 중심으로 교육과정을 구성하는 것이 첫 번
째로 해야 할 중요한 단계이다. 다음에 제시되는 전략들은 모든 학생을 위한
교실로 나아가도록 지원할 것이다.

① 교사의 기대치와 관계의 중요성

전략 #1. 낮은 기대치를 극복하기 위한 행동하기

학생 성취에 있어서 교사의 기대치가 얼마나 강력한 영향력을 미칠 수 있
는지를 알려주는 연구들이 상당량 존재한다(Marzano, 2007; Rosenthal &
Jacobson, 2003). 이는 마음 아픈 일이고 교사의 무의식적인 가정이 학생들에게
그렇게 많은 영향을 미치지 않았으면 하지만, 수십 년에 걸친 연구에 따르면
교사는 인종, 사회 계층, 성별의 맞물린 요인들에 따라 학생에 대해 무의식적
으로 예측하거나 가정하는 경우가 많다(Eiland, 2008). 교사는 종종 학생들이
무엇을 할 수 있는지 잘못 예측하기도 하며 이것이 학생들에게는 자기충족적
예언처럼 작동될 수 있다.

이와 관련한 초기의 가장 유명한 연구 중 하나는 1964년 Robert Rosenthal

에 의해 수행되었다(Rosenthal & Jacobson, 2003). Rosenthal 박사는 여러 학급의 초등학생들에게 IQ 테스트를 시행하였다. 그는 무작위로 몇 명의 학생을 선택하고, 교사들에게 테스트 결과에서 이 특정 학생들의 IQ가 극적으로 향상할 것이 예측되었다고 말했다. 그리고 그는 2년간 학생들을 추적하면서 무작위로 선택된 학생들의 IQ가 실제로 향상되는 것을 발견하였다. 어떻게 이런 일이 일어나는가. 추가 연구에 따르면 교사가 선택된 학생들에게 더 많은 미소를 짓는 것부터 더 구체적인 피드백을 제공하는 것까지 거의 지각할 수 없는 상호 작용들이 이러한 극적인 영향의 원인이 되었다.

이 연구는 종종 인종이나 성별과 같은 요인에 기반하여 무의식적으로 학생의 능력을 예측하고, 그 예측이 현실이 되는 현상인 피 그말리온 효과로 알려지게 된다. Virginia 대 **교사의 행동에 초점을 맞추는 것이 핵심이다.** 학교의 Robert Pianta(Hamre & Pianta, 2006)나 Robert Marzano(2007)와 같은 후대의 연구자들은 교사가 학생들에 대한 기대치를 통제하는 것이 엄청나게 어렵다는 것을 보여준다. 이 연구자들은 모두 교사의 행동에 초점을 맞추는 것이 핵심이라는 데 동의한다.

일부 학생들이 저성취자low achievers가 될 것이 예상된다는 사실에 초점을 맞추게 되면, 학습부진 학생low-skilled students이라는 용어보다는 기대치가 낮은 학생low-expectancy students이라는 Marzano의 용어를 사용하는 것이 적절할 것이다. 그런 다음 "이 학생들이 성적을 올리기 위해서는 더 많은 시간과 개별적인 관심이 필요하다."보다는 "이 학생들이 성취할 수 있는 것에 대한 기대치에 도전하고 모두의 가정이 틀렸다는 것을 증명하기 위해 행동하자."라고 생각하는 것이 더 많은 동기를 부여하고 효과적일 것이다.

언뜻 보기에는 교사가 학생들에 대해 말하는 방식을 바꾸는 것이 피상적이거나 우습게 느껴질 수 있다. 그러나 교사들이 가지는 기대치가 중요하다는 연구 결과는 부정될 수 없을 것이다. 표 6.4가 제시하는 학생에 대해 말하는 두 가지 방식을 비교해 보라. 처음에는 어색하게 느껴질 수도 있지만, 학생 간 차이를 논하는 데 사용하는 일부 언어를 대체하기 위한 학교 차원의 노력은 가치가 있다. 만약 학생에 대한 표현이 기대치에 도전하는 언어로 변경된 경우 장기적으로 나타날 영향을 고려해야 한다.

표 6.4 전통적인 언어와 기대치에 도전하는 언어

전통적인 언어	기대치에 도전하는 언어
학습부진 학생	기대치가 낮은 학생
학생은 특정 과제를 수행할 능력이 없거나 수행할 수 없음.	학생들은 아직 준비되지 않았거나 스캐폴딩이 필요함.
버릇없는, 나쁜, 말썽꾸러기 학생	활기찬, 재미있는, 에너지 넘치는, 창의적인, 자기주장이 있는, 자유로운 사고를 하는 학생

그러나 교사의 태도는 여러 요인 중 하나일 뿐이다. 성공 가능성에 대해 학부모, 친구, 학생 자신이 가지는 태도 역시 학생의 잠재력을 최대한 발휘하지 못하게 하는 원인이 된다. 교사가 특정 학생에 대한 자신의 가정에 도전할 때, 교사는 다른 사람의 기대도 함께 변화시키기 위해 무엇을 할 수 있을지를 고려할 필요가 있다.

교사가 기대치가 낮은 학생 몇 명을 확인했다면 행동을 취해야 한다. 표 6.5에 제시된 단계들은 학생 성취에 커다란 차이를 만들어 낼 것이다(Hamre & Pianta, 2006; Marzano, 2007; Spiegel, 2012).

표 6.5 교사 기대와 행동 단계

행동 단계	고려해야 할 질문 또는 아이디어
1. 일반적으로 평균 이하의 성적을 내는 학생의 명단을 만들고, 교사와 그 학생과의 한 주간 상호 작용에 대해 기록한다.	• 이번 주에 이 학생과 농담을 주고 받았는가? 이 행동을 더 자주 하도록 노력하라. • 이 학생에게 다른 학생들에게보다 더 거친 말투를 사용했거나 참을성을 발휘하지 못했는가? 이렇게 하지 않도록 노력하라. • 이 학생의 수행을 공식적, 비공식적으로(예 어깨너머로) 모니터링하고, 긍정적이고 건설적인 피드백을 제공했는가?
2. 일주일 동안 기대치가 낮은 학생들에게 취할 하나 또는 두 개의 소소한 행동을 신중하게 선택한다.	• 더 가까운 곳에 앉혀라. • 그들에게 더 많이 미소 짓도록 노력하라. • 그들의 눈을 더 많이 바라보라. • 그들에게 더 많이 몸을 기울여라. • 일반적으로 더 친절하고 지원적이어야 한다. • 그들의 이름을 더 자주 부르라. • 그들에게 도전적인 질문을 하라. • 그들의 대답을 깊이 있게 생각해 보라. • 정확한 답변에 대해서만 보상하라.

행동 단계	고려해야 할 질문 또는 아이디어
3. 기대치가 낮은 학생들을 관찰하고 친구들과 하는 대화를 들어보며, 학생 개인의 관심사와 어떤 학습 방법을 선호하는지를 질문한다.	• 그들의 취미는 무엇인가? • 무엇이 그들에게 동기를 부여하는가? • 그들은 어떻게 학습하는 것을 선호하는가?
4. 학생들의 도전적인 행동에 침착하고 공감하는 태도로 반응하도록 노력한다. 학생들은 주의를 끌기 위해 종종 잘못된 행동을 한다. 반응하기 전에 셋까지 세어본다.	• 최근에 이 학생에게 긍정적인 관심을 주었는가? • 어떻게 먼저 공감할 수 있는가? 예컨대, "오늘 이 안이 아주 덥구나." 또는 "네가 나의 질문에 답하고 싶어 하는구나. 그것은 아주 훌륭해. 내가 네 이름을 부를 때까지 기다려 줄 수 있겠니."
5. 교사로서의 역할 외에 특히 기대치가 낮은 학생들과 함께 시간을 보내도록 노력하라. 그들의 농구 경기에 참여하고, 쉬는 시간에 함께 게임을 하고, 소규모로 교사와 함께 하는 특별한 아침이나 점심시간을 가질 수 있다.	• 이 학생들은 휴식 시간에 무엇을 하는가? • 이 학생들과 어떻게 교과 외 활동을 함께 할 수 있는가?
6. 학생들이 관심 있어 하는 분야에 대해 배울 수 있는 방법을 찾는다. 많은 학생은 숙련된 예술가나 운동선수다. 학생들이 그들 삶의 다른 영역에서 얼마나 의욕이 넘치고 능숙한지 기록해 둔다.	• 이 학생들을 다른 맥락에서 보는 것은 그들에 대한 나의 관점을 어떻게 변화시키는가?
7. 특정 학생들이 좋지 않은 하루를 보내고 있다는 것을 알려주는 신호에 주의를 기울인다.	• 오늘 이 학생의 신체 언어는 무엇을 말하는가? • 학생이 좋지 않은 하루를 보내고 있는 것을 알게 된다면 이 학생에게 뭐라고 해야 할까?
8. 모든 학생이 도전적인 자료에 접근하고 복잡한 사고를 할 수 있게 하는 수업 시간을 구성한다. 학생들을 자주 배제하거나 학급을 서로 다른 능력 수준을 반영한 집단으로 나누지 않는다.	• 이번 주에 기대치가 낮은 학생들을 위해 어떠한 노력을 기울였는가? • 특정 학생의 생각을 다른 학생들에게 강요하지는 않았는가? • 학교나 우리 반에서 이루어지는 집단 편성이 학생을 고성취자나 저성취자로 미묘하게 또는 명백하게 구분하지는 않았는가?

어려움을 겪는 학생들을 찾았다면, 이러한 학생들에 대한 교사의 관계와 행동을 분석하는 것이 첫 번째로 할 일이다. 표 6.5에 제시한 특정 행동과 성찰 질문을 사용하여 학생들이 학습에 자신감을 가지도록 하는 데 집중해야 한다.

❷ 목표, 수업, 활동, 평가의 명료성

전략 #2. 명료성을 확보하기 위해 노력하기

표 6.6의 교실 시나리오를 통해 무엇을 알 수 있는가?

표 6.6 교실 시나리오 사례

> 개념적 목표: 경사로의 기울기는 내려가는 물체의 속도를 결정한다.
> 유치원 아이들은 나무 블록으로 경사로를 만들고 각 경사로에 모형 차를 내려보내고 있다.
> 셋이서 짝을 지어 웃으며 활동하고, 활동을 즐기고 있는 것 같다. 교사는 경사로의 높이와
> 경사도를 높일 수 있는 다양한 물체를 제공한다. 일부 학생들은 정말 높은 경사로를 만들었
> 을 때 기쁨의 환호를 지르기도 한다.

표 6.6과 같은 수백 개의 교실 시나리오를 관찰해 보면, 활동은 재미있고 체험적이며 교사가 생각하기에 진정한 학문적 가치가 있다고 느껴질지 모르지만, 종종 학습 목표와의 연결이 누락되는 경우가 있다.

우리는 복잡하고 생각을 많이 요구하며 실제적이고 지적인 작업을 매우 선호하는 경향이 있다. 하지만 중요한 것은 목표가 명료해야 하고, 활동이 목표에 대한 이해를 명시적으로 구축하고 있는지를 확인하는 것이다. 그리고 목표가 논쟁적인 에세이 작성과 같은 복잡한 과정에 있다면 한 번에 하나의 전략이나 기능에 초점을 둘 수 있다. 학생들은 기능, 지식, 이해, 사고의 방식habits of mind 등을 쌓아갈 수 있지만, 많은 학생은 목표가 불분명할 때 혼란의 바다에서 길을 잃는다.

과제는 복잡성을 띠더라도 수업은 아주 명료해야 한다.

과제는 복잡성을 띠더라도 수업은 아주 명료해야 한다. 단순한 방향은 복잡한 생각을 낳고 복잡한 방향은 종종 단편적이고 단순한 생각을 낳는다. 우리는 학생들에게 우수한 수행과 미흡한 수행이 어떠한 것인지를 보여주고, 구체적으로 무엇이 부족한지를 논의해야 한다. 루브릭과 학생 과제 수행 사례 제시 및 생각을 소리 내어 말하기는 수업을 명료하게 하는 데 도움이 되는 좋은 도구이다.

표 6.7의 교실 사례에서 교사가 학생들에게 수업을 명료하게 진행하는 방

법을 확인하라. 그리고 이것을 표 6.6 사례와 대조해 보라. 어떠한 차이가 나타나는가?

표 6.7 교실 사례

개념적 목표: 등장인물의 감정과 행동은 이야기의 일련의 사건들에 영향을 미친다 (CCCS.ELA-Literacy.RL.3.3).

교사는 학생들이 개념에 대해 무엇을 알고 이해하고 있는가를 확인하기 위해 단원 시작 시 진단평가를 시행했다. 파악된 정보를 바탕으로 교사는 학생 대부분이 이미 알고 있는 몇 가지 선행 지식을 빠르게 검토하고 더 심층적인 복습이 필요한 네 명의 학생들에게 선행되어야 할 내용을 다시 가르쳤다.

개념적 이해를 찾아가는 수업을 하기 전, 교사는 성공적인 인물묘사가 일반적으로 어떻게 보이는지에 대한 학생들의 이해를 확인하기를 바랐기 때문에 다음의 두 차시는 이러한 목표에 초점을 맞추었다.

교사는 모두가 이해했다고 본 문학적 장치에 대한 다른 개념적 이해를 게시하고(학생들이 스스로 그것을 발견할 수 있도록 정확한 이해를 공유하지는 않았다), 인물을 묘사할 때 우리의 마음에 어떤 일이 일어나는지를 보여주기 위해 인물묘사를 소리 내어 해석했다. 학생들은 루브릭을 사용하여 교사가 묘사한 예시를 평가했다.

모둠에서 학생들은 루브릭을 사용하여 미흡한 캐릭터 묘사를 평가하기 위한 연습을 반복했다. 교사는 모둠 활동을 위한 안내 사항을 칠판에 게시하고 큰 소리로 설명하였으며, 한 학생에게 이 활동에서 무엇을 해야 할지를 질문했다. 그런 다음 교사는 다른 학생에게 이 활동이 단원의 목표 달성에 어떻게 더 가까이 가게 하는지 설명하게 하고, 모든 학생에게 자신이 해야 할 활동을 이해했는지를 물었다. 또한, 한 학생이 질문을 명료하게 하고, 모든 학생이 모둠 활동을 하기 전에 무엇을 해야 하는지 이해했다는 의미로 고개를 끄덕일 때까지 기다렸다.

형성평가는 학생들에게 또 다른 인물묘사를 제공했으며, 학생들은 모둠에서 수행한 것과 동일한 연습(새로운 묘사의 강점과 약점에 대한 평가)을 개별적으로 반복해야 했다. 교사는 개별 학생에 대한 평가를 통해 인물묘사에 대해 보충을 해야 하는 학생들을 다시 지도하는 동시에 특정 개념적 이해를 탐구하고 단원 목표에 더 가까이 다가가게 하는 다음 두 차시 수업에 대한 계획을 세웠다.

이 사례에서 교사는 수업을 명료화하기 위해 어떠한 노력을 기울였는가? 표 6.8과 비교하라.

표 6.8 **수업을 명료화하기 위한 단계**

> 1. 진단평가를 실시한다.
> 2. 선행 지식이 부족한 학생은 복습을 시키거나 다시 가르친다.
> 3. 시범 보이기와 생각을 소리 내어 말하기를 통해 성취하고자 하는 것이 어떤 것인지를 보여준다.
> 4. 우수한 수행과 미흡한 수행을 평가하기 위해 루브릭을 활용한다.
> 5. 안내 사항을 시각적으로 게시하고 큰 소리로 설명한다. 한 학생에게 안내 사항을 자신의 말로 설명하도록 한다. 그런 다음 질문에 답하고 모든 학생이 이해할 때까지 기다렸다가 계속 진행한다(참고: 교사가 학생들의 신뢰를 얻었다면 대부분 학생은 자신이 무엇을 해야 하는지 이해하지 못했다는 것을 인정할 것이다. 그리고 이와 같은 전략은 적어도 공상에 빠진 학생들을 수업에 집중하게 한다).
> 6. 학생들이 연습할 수 있도록 지속적이고 형성적인 평가를 사용한다.
> 7. 형성평가의 데이터를 사용하여 수업을 계획한다.

명료한 학습 목표 및 성취기준에 관한 연구에서는 목표 설정이 모든 학생의 깊이 있고 개념적인 이해를 달성하기 위한 필수 단계라는 것을 보여준다 (Hattie et al., 2017). 어려움을 겪고 있는 학생들이 있는 경우, 교사는 그러한 학생들이 목표와 목표를 달성하는 방법을 이해하고 있는지를 자주 확인해야 한다.

점점 더 많은 교사가 교실에서 영어 학습자를 만나고 있다. 목표, 수업, 활동, 평가에서의 명료성은 영어 학습자에게 있어 특히 중요하다. 이 책에는 「Classroom Instruction That Works with English Language Learners(Hill & Miller, 2014)」가 제안한 거의 모든 연구기반 전략들을 포함하였다. Hill과 Miller는 학생들이 학습에서 비언어적 표현을 사용할 수 있도록 하는 것과 목표 설정과 학습자에게 피드백을 제공하는 것의 중요성에 대해 논하였다. 또한 그들은 학생들에게 4장의 수업 프레임워크 중 하나인 가설을 설정하고 검증하도록 요청하는 연구에 대해 설명했다.

영어 학습자를 위한 추가 전략:

- 유사점 및 차이점 확인하기: 이는 개별 개념에 대한 이해를 형성할 때 특히 중요하다. 학생들에게 개념의 예와 예가 아닌 것을 분류하도록 함으로써 교사는 영어 학습자가 이해의 깊이를 심화할 수 있게 도울 수 있다.
- 필기하기: 학생들에게 망 구성이나 개념 매핑, 개요 만들기와 같은 필기 방법을 분명하게 가르치기 위해 다양한 전략을 사용하라. 또한 개념과 개념적 아이디어에는 노란색 형광펜을 사용하고 실제 예나 세부 사항에는 녹색 형광펜을 사용하는 것과 같은 컬러 코딩 시스템을 활용하여 학생들을 지원할 수 있다.

모든 학생은 매 수업 시간에 다음의 질문에 답할 수 있어야 한다.

- 목표는 무엇인가?
- 이 시간에 나는 정확히 무엇을 하거나 생각해야 하는가?
- 이 활동을 하는 이유는 무엇이며 목표 달성과 어떠한 직접적인 관련이 있는가?

③ 데이터 수집과 분석

전략 #3. 지속적인 증거 수집과 영감을 주는 피드백 제공하기

낮은 기대치를 가진 것으로 확인된 학생들을 조치하고 목표, 활동 및 수업을 보다 명료히 하는 데 시간을 투자했다면 평등한 교실을 만들어 가는 다음 단계로 나아갈 준비가 된 것이다. 이 책의 5장에는 형성평가를 통해 개별 학생의 이해를 확인할 수 있는 지속적인 증거 수집을 위한 도구들을 안내하였다. 형성평가를 통해 수집한 데이터는 특정 학생을 다시 가르치거나 다른 학생에게는 확장된 활동을 제공하는 것과 같이 수업을 적절히 조정하는 데 활용된다.

형평성에 관한 이 장에서는 지속해서 증거를 수집하고 피드백을 제공하는 것의 중요성을 반복해서 강조할 필요가 있다. 우리는 수백 개의 교실을 방문했지만, 교사와 학생들이 학습의 진보 정도를 분석하기 위해 특정 증거를 사용하는 것을 거의 보지 못했다. 학생들이 자신의 진보 정도를 분석하고 자신만의 목표를 설정하며, 그 과정에서 자기 생각과 학습을 모니터링하도록 하는 전략은 성취도를 크게 향상시킨다(Hattie et al., 2017).

이러한 맥락에서 가장 중요하게 고려할 점은, 교사는 학생의 과거 성취 정도나 현재의 성취를 학생들이 궁극적으로 할 수 있는 것으로 규정해서는 안 된다는 것이다. 예를 들어, 아직 2학년 수준의 책을 읽는 5학년 학생도 여전히 매우 복잡한 사고를 할 수 있다. 그리고 영어 학습자는 영어로 보여줄 수 있는 것보다 모국어를 사용하여 더욱 복잡한 사고를 할 수 있다. 따라서 학습 과정에서 얻는 데이터도 중요하지만, 교사는 학생들의 잠재력을 최대한 끌어내는 방법을 찾고 그들의 강점을 지속해서 강화할 수 있도록 주의를 기울여야 한다. 교사는 의사결정을 할 때 하나 이상의 데이터를 사용해야 하며 정량적 데이터와 정성적 데이터를 혼합하여 사용하도록 노력해야 한다.

> 교사는 학생의 과거 성취 정도 또는 현재의 성취조차도 학생들이 궁극적으로 할 수 있는 것으로 규정해서는 안 된다.

평가를 할 때, 교사는 평가하고자 하는 것에서 벗어나는 많은 불필요한 것들로 평가 항목을 혼잡하게 하지 않도록 주의해야 한다. 예를 들어, 특정 정보를 기억하는 것이 중요하지 않다면 학생들에게 단어 목록들word bank을 제시할 수 있다. 학생들이 무엇인가를 적용할 때 특정 단계를 기억하게 할 필요가 없다면 평가에 대한 단계를 나열할 수도 있다. 또한, 학습에 특정한 어려움이 있는 학생들을 위해서는 장소나 시설을 제공할 필요가 있다. 예를 들어, 만약 시험에 텍스트가 많다면 난독증이 있는 학생에게는 그 내용을 크게 소리 내어 읽어줄 수 있다.

형평성을 위해서 학습 목표를 향한 각 학생의 진보 정도에 대한 구체적이고 긍정적인 피드백을 제공하는 것의 중요성은 아무리 강조해도 지나치지 않는다. 교사는 학생의 관점을 고려해야 하고 학생에게 동기를 부여하며 학습 과정을 진행하는 데 있어 어떤 정보가 가장 유용할지 생각해야 한다. "내가 이 학생이라면 어떤 말을 들었을 때 목표 달성을 위해 열심히 학습할 동기가 생길까?", "나는 어떻게 학생을 긍정적으로 나아가게 하는 피드백을 제공할 수 있을까?"에 대해 스스로 질문해 보라.

예를 들어, 문단 작성에 어려움을 겪고 있는 학생이 에세이 작성 과제를 해야 한다면, "너는 에세이를 쓰는 것과는 거리가 멀구나."라고 말하는 대신에 한 문단을 작성해 보게 하면서 학생의 성장에 대해 소통하라. 학생이 아직 숙달하지 못한 것을 계속해서 강조하는 것을 결핍 모델deficit model이라고 하는데, 이는 학생들이 빨리 배우는 데 도움이 되지 않는다. 학생들의 강점을 기반으로 접근하는 것이 더욱더 효과적이다.

주로 백인 대학에 다니는 소수 민족 학생들에 관한 연구는 학생들에게 동기를 부여하는 피드백의 매우 강력한 공식을 보여준다. 첫째, 달성하고자 하는 우수함의 기준을 제시하고, 둘째, 학생들이 기준에 도달할 수 있다는 것을 보여주는 활동을 짚어준다. 셋째, 기준에 더 다가가기 위해 다음 단계에서 해야 할 것에 대한 권장 사항을 안내한다(Steele, 2011).

④ 학생 맞춤형 교실의 구현과 관리

교사가 학생을 대하는 태도와 모든 교실 활동에서의 명료성을 해결하기 위해 적극적으로 노력했고 학생 이해의 증거를 수집해 왔다면, 교사는 비로소 학생들이 수업 시간 동안 동시에 서로 다른 활동을 하게 할 준비가 된 것이다. 학생들이 다양한 활동을 하는 것 외에도, 교사는 학생들이 의도한 목표를 달성할 기회를 확대하기 위해 시각적 활동, 청각적 활동, 체험 활동, 운동감각 활동 등과 같은 전체 수업을 위한 방식도 다양화해야 한다.

학생 맞춤형 수업에는 다음과 같은 다양한 형태를 포함할 수 있다.
- 서로 다른 과제에 대한 개별 활동 시간
- 서로 가르치거나 피드백을 제공할 수 있는 이질적인 학생 집단
- 교사와 특정 학생과의 협의나 재교육

학생 맞춤형differentiation은 형성평가에서 수집된 지속적인 증거를 기반으로 학습 여정의 특정 순간에 학생들이 필요로 하는 것을 정확하게 제공하는 것이다. 여기에는 더 복잡한 활동을 할 준비가 된 학생들을 위해 학습 목표를 넘어서는 확장 활동이 포함될 수 있다.

학생은 개별적으로 또는 다른 학생들과 함께 다음을 할 수 있다.

- 복잡한 텍스트 또는 기초 자료 읽기
- 다른 학생의 활동에 대해 피드백 주기
- 운동 연습하기
- 퀴즈 풀기
- 동영상 보기
- 팟캐스트 듣기
- 온라인 게임하기
- 플래시 카드(그림·글자 등이 적힌 학습용 카드)를 사용하여 핵심 용어나 아이디어 기억하기
- 문장 줄기, 예와 예가 아닌 것과 같은 다소간의 스캐폴딩 받기

전략 #4. 학생 맞춤형 개념기반 교실로 나아가는 단계

1단계 – 진단: 진단평가를 수행한 후 교사는 단원 시작 단계에서 다양한 학생들이 필요로 하는 것이 무엇인지를 알게 될 것이다. 표 6.9는 교사가 혼란을 느끼는 전형적인 사항들에 대응할 수 있는 몇 가지 아이디어를 제공한다.

진단평가 데이터로부터 얻을 수 있는 몇 가지 전형적인 고려 사항은 다음과 같다.

- 일반적으로 대부분의 학생들이 이미 개념을 확실하게 이해하고 있을지라도 일부 학생들은 개념 자체에 대한 더 명확한 설명을 필요로 한다. 예를 들어, 과학 수업에서 일부 학생들은 '평형'이 '균형'보다는 '균등'을 의미한다고 생각할 수 있다. 사회 교과에서 일부 학생들은 '힘'을 '공식적 정치권력'으로만 생각할 수 있으므로 견해를 확장할 필요가 있다.
- 일부 학생들은 개념적 관계에 대해 잘못된 이해를 하고 있는 것이 일반적이며, 이는 수정되어야 한다.
- 마지막으로, 일부 학생들은 개념적 관계를 지나치게 단순화하여 이해하는 것이 매우 일반적이다. 이것이 교사가 복잡한 진술로 나아갈 수 있는 스캐폴딩을 마련하고 증가하는 복잡성을 설명하기 위한 맥락을 찾아야 하는 지점이다.

표 6.9 평가 데이터에 대한 대응

평가 결과	가능한 교수 전략의 예	예시
개념에 대한 이해가 약함	• 개념 달성 • 플래시 카드(자료는 quizlet.com 참고) • 시나리오 연결	수학 수업에서 학생들은 팔각형의 예와 예가 아닌 것으로 카드를 분류한다.
개념적 관계에 대한 오해	• 개념적 관계와 예를 연결하기 • 이해에 대한 시각적 지도 만들기 • 오개념을 반증하기 위한 가설 검증하기	음악 수업에서 학생들은 리듬과 멜로디 사이의 관계에 대한 진술을 음악 작품에 연결한다.
개념적 관계에 대한 매우 단순한 이해	• 예를 두 가지 개념으로 연결하고, 그 관계에 대해 설명하기 • '왜', '어떻게' 또는 '그래서 무엇을'에 대해 질문하기 • 지식의 구조 또는 과정의 구조 파악하기 • 또래 피드백하기	사회 수업에서 학생들은 정부와 리더십 사이의 관계에 대한 예를 읽고, 그 관계를 확인하고 명확히 하기 위해 노력한다.
개념적 관계에 대한 확실한 이해	• 복잡한 문제 도입하기 • 자신만의 지식의 구조 도식 또는 과정의 구조 도식 만들기 • 새로운 상황으로 전이하기 • 또래 지도하기 • 친구에게 피드백 제공하기	과학 수업에서 학생들은 식물과 생존 사이의 관계에 대한 이해를 새롭고 복잡한 상황으로 전이한다.

2단계 – 계획: 처음 학생 맞춤형 수업을 시작할 때는 두세 모둠으로 학생들을 배치하는 것이 좋다. 이렇게 하면 학생 관리가 더 수월해지는데, 이때 기대치가 낮은 학생들이 한 모둠으로 모이지 않도록 주의해야 한다. 교사가 학생 맞춤형 계획을 세우는 데 능숙해지면 세 가지 이상의 서로 다른 활동을 계획할 수 있다. 예를 들면, 한 모둠은 3장에서 설명한 개념 달성 활동을 하고, 다른 모둠은 개념적 관계를 탐구하기 시작한다. 학습 스테이션을 활용하고 학생들에게 선택권을 주는 것을 고려한다.

3단계 – 실행: 안타깝게도 많은 중상위권 초등학생들은 교사의 계속되는 지시 없이는 거의 아무것도 하지 않아도 되는 조건에 놓인다. 일반적으로 학생들은 자기 주도적인 학습 환경에서 즉각적으로 잘 활동하지 않는다. 귀중한 수업 시간을 효과적으로 사용하기 위해 표 6.10에서 제시하는 팁을 고려하라.

표 6.10 효과적인 학생 맞춤형 수업을 위한 팁

팁	예시
학생들에게 모둠에서 효과적으로 학습하는 방법을 가르친다.	• 3분 동안 학생들은 무엇이 팀워크를 성공적으로 만들 수 있을지를 적고 모둠 친구들과 토의한다. • 개별 팀원의 참여에 대한 동료 평가를 한다. • 학생 참여에 대해 교사가 평가한다. • 주저하거나 조용한 학생들의 참여를 유도하는 데 도움이 되는 문장 줄기를 제공한다. "_____, 어떻게 생각하나요?" • 공정한 협력을 안내하는 프로토콜을 사용한다. • 팀워크를 만드는 데 도움이 되는 모둠 역할을 사용한다.
학생들에게 독립적으로 학습하는 방법과 앞으로 나아가지 않는다고 느껴질 때도 계속해 나가는 방법을 가르친다. (우리는 학생들이 앉아서 교사가 다른 모둠과의 이야기를 마치기를 기다리는 동안 수업 시간이 너무 많이 낭비되는 것을 목격한다.)	• 교실 규칙: 학생들은 교사를 기다리는 동안에도 활동을 계속해야 하고, 다른 활동으로 옮겨갈 수 있으며, 도움을 받기 전에도 앞으로 나아가기 위해 노력할 수 있다. • 학생이 교사에게 도움을 요청하기 전에 세 명의 친구들에게 먼저 물어야 하는 규칙을 만든다. • 교사는 가상의 시나리오를 제공하고, 교사를 기다리는 동안에도 학생들은 어떻게 진행할 수 있을지 토의한다. • 학생이 도움이 필요하다는 것을 교사가 알 수 있도록 물음표가 있는 카드를 책상 위에 올려놓는 것과 같은 간단한 신호를 사용한다.
루브릭과 학생의 목표 설정을 활용하여 학생들이 이 순간에 왜, 무엇을 하고 있는지를 알 수 있게 한다.	• 학생들은 공책의 안쪽 표지에 루브릭을 붙이고 성찰을 위해 매일 참고한다. • 학생들은 목표 달성을 축하하기 위해 향상된 하나의 영역을 확인한다.
교사 주도 활동과 학생 선택을 혼합한다.	• 어떤 날에는 다양한 학습 활동이나 학습 세션을 안내하고, 학생들이 학습 여정 중 자신이 위치한 곳에서 가장 의미 있는 것을 선택하게 한다.
학생들과 정기적으로 협의한다.	• 학생들의 말을 경청한다. 어떻게 하면 학생들이 더 잘 배우도록 도울 수 있을지를 찾기 위해 노력한다.
학생들이 필요로 할 때 다시 가르치거나 미니레슨을 제공한다.	• 모둠 내에서 대부분의 학생이 요점을 잘못 이해하고 있는 것을 발견하면, 동일한 것을 다시 설명하기 위해 해당 집단으로 가는 것보다는 교실 앞쪽에서 전체적으로 주의를 끌어 모든 학생에게 동시에 다시 설명한다. • 모둠 또는 일대일 세션을 진행하는 동안에는 많은 질문을 하여 학생들이 혼란스러운 부분을 확인하게 하고 보다 개인적인 환경에서 스스로 의미를 구성할 수 있도록 한다.

팁	예시
자료를 수집하고 보관한다.	• 반복해서 사용할 이미지나 기타 자료는 코팅한다. • 다른 집단은 다른 날에 같은 자료를 사용할 수 있다. • 개념들과 예는 학년도 내내 다시 등장할 것이다.
집단을 다양화하는 것은 매우 중요하다. 몇 차시 수업을 진행하는 동안 학생들을 동일 집단(특히 '느린' 집단과 '빠른' 집단으로 구분되는 경우)으로 유지하고 있었다면, 기대치가 낮은 학생을 위해 다시 조치해야 한다.	• 며칠 뒤에도 여전히 어려움을 겪고 있는 것으로 보이는 학생들과 대화하여 그들을 지원할 방법을 함께 브레인스토밍한다. • 단 몇 분이라도 독립적인 활동을 할 수 있는 시간을 규칙적으로 포함한다. • 집단을 뒤섞어 함께 게임을 진행한다. • 서로 다른 학생들이 빛날 수 있도록 다양한 활동을 적용한다(예) 그림 그리기, 야외에서의 신체 활동).

5 포용적 교실을 위한 팁

많은 교실에서 특수교사를 일반교사와 짝지어 주는 것은 일반적이지만, 이를 효과적으로 활용하기 위한 구조나 연수를 제공하는 학교는 거의 없다. 교과목을 가르치는 교사는 책임자인 것처럼, 그리고 특수교사는 동등한 파트너라기보다 보조교사에 가깝게 느껴질 수 있다. 또한 많은 교사가 특수교사를 특별한 지원이 필요한 학생들의 문제들을 해결해 주는 사람 정도로 보기도 한다. 그러나 이는 적절하지 않다.

일반교사와 특수교사를 연결하는 것의 목표는 모든 학생에게 접근할 수 있는 일반교사들의 역량을 구축하는 데 있다. 특수교사는 일반교사에게 전략과 협력 시기 등을 안내하기 위해 노력해야 한다. 그들의 협력은 공동 계획, 피드백 제공, 차시 계획 모델링에서 순환할 수 있다. 몇 차례 공동 계획의 과정을 경험한 후에 일반교사는 특수교사가 참여하지 않고도 스스로 협력 범위를 계획할 수 있을 만큼 충분한 전략을 수집해야 한다.

표 6.11은 이 장의 원리에 기반한 공동 계획 시 사용할 수 있는 잠재적 질문 목록이다.

표 6.11 포용적 교실을 위한 공동 계획을 수월하게 하는 질문들

포용적 교실을 위한 공동 계획을 수월하게 하는 질문들

- 오늘의 학습 목표는 무엇인가? 복잡한 과정인 경우 이 수업에서는 어떤 전략이나 기능에 중점을 두고자 하는가?
- 학생들은 우수한 수행의 모습이 무엇인지 어떻게 알 수 있는가?
- 각 학습 활동은 어떻게 학습 목표를 향해 학생들을 나아가게 하는가?
- 각 활동에 대한 안내가 명확하게 이해되고 있는지 어떻게 확인할 것인가?
- 개별 학생이 목표 달성을 향해 나아가고 있는지에 대한 증거를 어떻게 수집할 것인가?
- 형성평가와 총괄평가는 우리가 확인하고자 하는 바를 얼마나 잘 평가하는가?
- 학습 과정 전반에 걸쳐 학생들에게 긍정적이고 구체적인 피드백을 어떻게 제공할 것인가?
- 추가적인 도움이 필요한 학생들을 어떻게 지원할 것인가?
- 기대치가 낮은 학생들에게 어떻게 더 많은 관심을 보여줄 것인가? (예) 더 많이 미소 짓기, 더 많이 이름 부르기, 더 많은 피드백 제공하기, 개인적으로 알아가기)

 모두를 위한 교실을 만드는 교사 성찰

형평성에 대한 교사의 노력은 특히 다양성이 확대된 오늘날의 교실에서 중요한 목표가 된다. 표 6.12에 제시한 성찰적 질문을 적절히 사용하여 교사 자신의 실행을 돌아보고 개선 방법을 찾기 위해 노력할 필요가 있다. 성찰을 통해 교사로서 노력을 집중하고 싶은 부분을 찾아보라.

표 6.12 모두를 위한 교실을 만드는 교사 성찰

모두를 위한 교실을 만드는 교사 성찰	
나는 다음과 같은 교수 전략을 얼마나 잘 사용하고 있는가?	1에서 4까지의 숫자에 표시하기 1: '전혀 그렇게 하지 않는다' 4: '매일 그렇게 한다.'

학생에 대한 기대치와 태도				
나는 기대치가 낮은 학생에 대해 더 많은 관심, 미소, 피드백과 칭찬을 제공한다.	1	2	3	4

목표, 수업 및 활동의 명료성				
학생들은 우수한 수행이 어떤 모습이며 목표를 달성하기 위해 무엇을 해야 하는지에 대한 명확한 그림을 가지고 있다.	1	2	3	4
학습 활동은 항상 분명하게 학습 목표를 향해 학생들을 나아가게 한다.	1	2	3	4
각 활동에 대한 나의 안내는 간단하고 명료하다.	1	2	3	4
증거 수집 및 피드백 제공				
평가는 정확한 학습 목표를 명확하게 평가하고 불필요한 요소를 포함하지 않는다.	1	2	3	4
나는 학생의 이해에 대한 개별 증거를 수집한다.	1	2	3	4
나는 학생들이 자신의 학습 여정에서 어디에 있는지에 대해 개별적이고 긍정적이며 선택적인 피드백을 제공한다.	1	2	3	4
학생 맞춤형 활동				
나는 학생들이 학습 여정 중 어디에 있는지를 보여주는 데이터를 기반으로 수업을 수정한다.	1	2	3	4
학생들은 개별적으로 또는 필요에 따라 다양한 집단에서 활동한다. 즉 나는 동질 집단을 고정하여 사용하지 않는다.	1	2	3	4

이 장에서는 모든 학생을 위한 학습 환경 조성의 몇 가지 원리와 전략을 제시하였다. 교사는 자신이 교사로서 가진 엄청난 힘을 끊임없이 상기해야 한다. 교사는 학생들에 대한 자신의 기대치를 계속해서 확인하고 개별 학생들, 특히 일반적으로 학교에서 잘하지 못하고 있는 학생들과 돈독한 관계를 구축하기 위해 노력해야 한다. 교사는 긍정적인 상호 작용, 명확한 안내, 유연한 집단 구성을 위한 계획적인 데이터 활용을 통해 모든 학생이 잠재력을 발휘할 수 있도록 지원할 수 있다.

💬 생각해 보기

- 교사의 기대와 형평성 사이에는 어떠한 관계가 있는가? 동료 교사가 '학습부진아'와 같은 표현을 사용하는 것을 듣게 된다면 동료 교사에게 어떻게 말할 것인가?

- 목표, 활동, 수업, 평가의 명료성은 어떻게 형평성을 촉진하는가?

- 증거 수집, 피드백 및 목표 설정은 모든 학생을 위한 교실에서 어떤 역할을 하는가?

- 모든 학생을 위한 교실에 유연한 집단 구성이 필수적인 이유는 무엇인가? 고정된 집단 구성은 학생들에게 무엇을 전달하는가?

7장

개념적 이해가
학습의 지속에
미치는 영향

7장 개념적 이해가 학습의 지속에 미치는 영향

성인들이 아이들을 생각할 때 간과하는 단순한 진실이 있다. 어린 시절은 삶을 위한 준비가 아니다. 어린 시절은 삶이다. 아이는 살 준비를 하는 것이 아니라 살고 있는 것이다(Taylor, 1993, p. 45).

이 책의 근본적인 철학은 의미를 자연스럽게 부여하는 방식에 있어서 학생들의 지적 능력을 중시하는 것이다. 학생들은 어린 시절의 즐거움을 누리는 것의 중요성을 잊어버릴 정도로 '다음 단계'를 준비해야 한다는 압박감에 굴복하기 쉽다. 우리는 잘 작성된 교육과정을 옹호하지만, 교육과정이 배움에 대한 타고난 애정을 담아내는 방식으로 이루어져야 한다는 점을 분명히 하고 싶다. 어린 학생들을 대상으로 한 이 책의 마지막 장은 개념적 이해가 이 중요한 노력에 어떻게 도움을 줄 수 있는지를 보여주기 위한 원리와 전략을 포함하고 있다.

① 호기심과 도전정신을 약화하는 요인

아기들은 부끄러운 줄 모르는 실패 과정과 실수를 통해 걷고 말하며 먹는 등의 모든 것을 배운다. 아기들의 겁 없음과 결단력은 발전을 위해 필수적이다. 우리는 호기심과 위험을 감수하는 것이 타고난 것임을 기억할 필요가 있다. 아기들은 배우지 않지만 자라면서 종종 배우지 않고도 터득한다.

아이들에게 학문적 주제와 개념을 소개해야 하는 시기와 방법에 대한 다양한 입장이 존재함에도 불구하고, 학생들의 연령이 증가함에 따라 정규 학교에서 학습에 대한 동기를 잃는 경향이 있다는 점만은 부정할 수 없다. 대부분의 2학년 학생들은 선생님이 불러주기를 간절히 바라며 손을 들 가능성이 높다. 하지만 이러한 행동은 8학년 교실에서는 사실상 거의 존재하지 않는다. 이 같은 일이 일어나는 이유는 복합적이며, 생물학적 요인뿐만 아니라 사회적 요인에 의해 발생되는데, 일반적인 학교생활 관행은 배움에 대한 타고난 애정을 많이 해치게 된다.

그 이유 중 일부가 발달적이라는 점을 주목하고 이해하는 것이 중요하다. 매우 어린아이들은 자기중심적이기 때문에 일반적으로 능력의 비교에 관심을 두지 않는다. 약 6~7세가 되면, 아이들은 자신을 다른 사람과 비교하기 시작하고 특정 영역에서 자기보다 더 숙련된 사람에게 초점을 맞추게 된다 (Levine, 2014). 청소년기를 거치면서 자의식과 타인의 의견에 대한 관심은 꾸준히 증가한다. 이는 지원적인 공동체와 협력적 학습 문화를 매우 중요하게 만든다. Hattie(2012)에 의하면 협력적 학습은 경쟁적 접근 방식보다 훨씬 더 효과적이다.

관련한 또 다른 발달적 변화는 성인의 의견에서 또래의 의견으로의 관심 전환이다. 학생들은 자아 감각과 자기 세계에 대한 통제력이 커짐에 따라 일반적으로 성인의 인정에 대해 관심을 덜 갖게 되고 자신과 가장 가까운 성인이 설정한 규칙과 규범에 의문을 갖기 시작한다(Eccles & Wigfield, 2002). 교사는 모든 학생과 긍정적인 관계를 형성하고 신뢰를 구축함으로써 이러한 변화에 대처할 수 있으며, 두 가지 모두 학생 성취에 막대한 영향을 미치는 것으로 나타났다(Hattie, 2012).

아마도 가장 놀라운 것은 내재적 동기를 약화시키는 외적 보상과 처벌의 역할에 대한 최근의 연구일 것이다(Pink, 2011). 얼마나 빨리 학생들의 학습 동기를 성적으로 전환시키고 배움의 즐거움에서 벗어나도록 하는지를 지켜보는 것은 끔찍한 일이다. 이 책의 전반에 걸쳐 설명하였듯이, 우리는 시험 문화를 대대적으로 점검해야 한다. 적어도 학생들에게 동기를 부여하기 위해 시험이나 평가 시스템을 사용하지 않도록 각별히 주의해야 한다. 표 7.1에 나타난 접근 방식 간의 미묘한 차이를 고려하고, 반복적인 적용 후에 각각의 영향에 대해 성찰하라.

표 7.1 학습 의도의 개선

매력적이지 않은 학습 의도	매력적인 학습 의도
금요일에 시험이 있어서 자리 값을 검토해야 합니다.	선생님은 우리의 활동에 대해 함께 생각하고 있었고, 우리 중 많은 사람이 여전히 자리값에 대해 생각할 필요가 있다는 것을 알았습니다. 어떤 숫자가 더 큰지 결정하는 방법을 알기 위해 자리값을 검토하는 데 시간을 들여야 합니다.
수업이 끝나면 여러분은 유리 수가 있는 부등식을 해결할 수 있을 것입니다.	부등식에 대해 배운 것을 모두 기억하나요? 우리는 수업 시간에 그 내용을 완전히 익혔습니다. 이제 아마도 여러 변수를 사용하여 더 복잡한 부등식을 해결하는 방법을 알아보는 것이 흥미로울 것입니다. 그런 다음 그래프를 통해 시각화할 수 있습니다. 여러분 중 몇몇은 우리가 시각적으로 표현하는 것이 그것을 더 잘 이해하는 데 도움이 된다는 점을 알고 있습니다.
오늘 우리는 통계를 가지고 활동을 계속할 것입니다. 우리는 연관되는 패턴이 있는지 확인할 수 있도록 이변량 측정 데이터의 산점도에 대해 초점을 맞춰 학습할 것입니다.	여러분은 두 가지 사이의 관계가 정말 중요한지에 대해 궁금해한 적이 있나요? 예를 들어 선생님은 한 반의 학생 수가 전체 시험 점수와 관련이 있는지 궁금합니다. 여러분 모두 비교하고 싶은 것들을 생각할 수 있습니다. 우리는 상관관계가 원인을 의미하는 것이 아니라 숫자와 관계가 있다는 것을 배웠습니다. 오늘은 연관을 찾기 위한 한 가지 도구로서 산점도를 탐구하게 됩니다.

출처: Hattie, J., Fisher, D., Frey, N., Gojak, L., Moore, S., & Mellman, W. (2017).

무엇보다도 우려되는 점은 학생들이 학교에서 개념적 프레임워크 없이 사실과 정보를 암기하는 학습이 증가한다는 것이다. 그릿grit과 회복탄력성resilience은 현재 엄청나게 유행하는 용어이다. 그러나 교사는 학습 동기를 유도하지 않는 교육과정 설계를 통해 학생들의 인내심을 키우는 데 중점을 두며 이러한 의도를 잘못 해석하지 않도록 주의해야 한다. 뇌는 자연스럽게 패턴을 인식하고 의미를 만들어 낸다. 또한 개념적 이해를 통해 사실적 정보를 조직하고 더 잘 유지할 수 있다. 귀납적 교수 접근 방식을 통해 구축된 개념적 프레임워크의 명시적 체계화는 학교에서 호기심과 모험심을 유지하는 데 놀라운 역할을 할 것이다.

다음은 유치원이나 1학년에서 읽기를 배우는 학생들에 대한 간단한 예시이다. 학생들이 읽기 활동 중에 자신의 생각을 모니터링하기를 바란다고 가정해 보자. 교사는 "학생 여러분, 우리가 읽을 때 머릿속에서 무슨 일이 일어나고 있는지 관찰하는 것은 중요합니다."라고 말할 수 있다. 또는 "좋은 독자는 읽는 동안 자신의 생각을 모니터링한다."와 같은 개념적 관계의 진술을 작성하기 위해 개념기반 교육과정 및 수업을 활용할 수도 있다. 다음으로 교사는 학생들에게 "좋은 독자는 읽으면서 어떤 생각을 할까요?" 또는 "읽기를 더 잘하기 위해 우리의 뇌를 어떻게 사용할 수 있을까요?"와 같은 질문을 던질 수 있다. 요점을 설명하기 위해 교사가 읽으면서 어떤 생각을 하는지 시범을 보일 수도 있다. 나아가 자신의 생각을 모니터링하는 독자와 그렇지 않은 독자를 보여주는 극적인 이야기를 만들어 학생들에게 그 둘을 비교하도록 할 수 있다. 이 방법은 학생들에게 좋은 독자는 읽는 동안 자신의 생각을 모니터링한다는 아이디어를 발견할 수 있게 해준다.

② 사회·정서적 지능 형성을 위한 개념적 이해의 활용

비록 수많은 연구가 학생들의 사회·정서적 지능 향상의 중요성을 보여주지만(Duckworth, 2016; Dweck, 2006; Wagner, 2015), 최근의 연구는 교사가 이를 어떻게 수행하는지가 매우 중요하다는 것을 말해준다. Brookings Institute는 「Hard Thinking on Soft Skills」이라는 제목의 보고서에서 "학생들이 배워야 할 수준과 그것을 가르치는 방법에 대한 예시자료를 구체적으로 제시하지 않으면, 교육과정과 수업 실제의 개발, 교사 연찬, 또는 의미 있는 평가와 책무성 등에 대한 뚜렷한 방향이 보이지 않는다."라고 말한다(Whitehurst, 2016). 교사에게는 이러한 사고의 방식과 기능의 습관을 위해 명확하고 일관성 있는 교육과정 설계가 필요하다. Erickson과 Lanning의 교육과정 모델은 이에 대한 유효한 해결책을 제공한다.

우리는 이 책의 3장에서 설명한 바와 같은 간단한 접근 방식을 사용할 수 있다.

1. 개념적 관계를 확인한다.
2. 개념적 관계를 학생들에게 제시할 개념적인 질문으로 바꾼다.
3. 개념 간의 관계를 설명하는 학습 경험과 맥락을 만든다.

이 사이클은 그림 7.1에 요약되어 있다.

그림 7.1 **개념적 탐구 사이클**

저명한 심리학자와 여타 전문가들의 연구를 활용하여 교사는 엄격한 사회·정서적 학습을 위해 개념적 관계와 그에 상응하는 질문을 개발할 수 있다. 표 7.2는 초등학교 전반에 걸쳐 제시될 수 있는 교육과정 설계를 위한 개념적 관계와 질문 사례를 보여준다. Erickson은 어린 학생들이 먼저 자신의 삶에 대해 일반화할 수 있고, 그런 다음 교사는 더 추상적인 용어로 학생들이 '사람들'과 연결하는 것을 도울 수 있기 때문에, 특정 사람이나 사물을 대신 나타내는 말(대명사)를 사용하는 것을 허용한다.

표 7.2 **개념적 관계와 질문 사례**

개념적 관계	상응하는 질문
도전적인 상황은 우리가 배우고 성장하는 데 도움을 준다.	우리가 배우고 성장하는 데 있어 도전적인 상황은 어떠한 역할을 하는가?
양심이고 우리의 행동을 인식하게 되면 더 나은 선택을 할 수 있다.	우리의 행동에 대한 인식과 선택의 질 사이에는 어떤 관계가 있는가?
우리는 감정이 격해질 때 스스로를 진정시킬 수 있다.	우리가 격해지는 감정을 경험할 때 어떤 일이 일어나는가?
우리의 격한 감정을 더 잘 인식하게 되면 그것을 이해하고 극복할 수 있다.	우리의 격한 감정을 극복함에 있어 그것을 인식하는 목적은 무엇인가?
다른 사람들에게 친절하면 기분이 좋아진다.	내가 다른 사람들을 대하는 방식과 내가 느끼는 감정 사이에는 어떤 관계가 있는가?
긍정적인 것에 집중하는 것은 더 행복하고 건강한 삶으로 이어진다.	내 삶에서 긍정의 역할은 무엇인가?

개념적 관계	상응하는 질문
일이 뜻대로 되지 않을 때에도 우리는 포기하지 않고 계속 노력한다.	일이 뜻대로 되지 않으면 어떻게 하는가?
새로운 것을 배우는 것은 긍정적인 감정을 만든다.	새로운 것을 배우는 것과 내가 느끼는 감정 사이에는 어떤 관계가 있는가?
숙달은 인내와 끈기가 필요하며 나의 자존감을 형성하고 동기를 부여한다.	어떻게 전문지식을 쌓거나 숙달이 되는가? 그것은 나의 자존감과 동기에 어떤 역할을 미치는가?
세상에 대한 지식은 삶을 더 흥미롭게 만든다.	세상에 대한 지식은 내 삶에서 어떤 역할을 하는가?
실수와 실패는 우리가 배우고 더 똑똑해지는 데 도움이 되는 정보를 제공한다.	실수와 실패는 학습에 어떤 영향을 미치는가?
우리가 안전지대에서 벗어날 때, 더 의미 있고 오래 지속되는 통찰을 발견하게 된다.	학습할 때 안전지대에서 벗어나는 것은 왜 중요한가?
우리는 어려운 활동, 전략, 그리고 다른 사람들의 멘토링을 통해 능력을 개발할 수 있다.	우리는 능력을 어떻게 개발할 수 있는가?
어려운 활동을 통해 사고의 질을 높인다.	사고의 질을 어떻게 발전시킬 수 있는가?
지원적인 공동체는 학습을 더 쉽고 재미있게 만든다.	공동체가 학습에 어떤 영향을 미치는가?
다양성은 창의성과 혁신으로 이어진다.	창의성과 혁신에서 다양성의 역할은 무엇인가?
폭력은 대부분 더 큰 폭력으로 이어진다.	폭력은 사회에 어떤 영향을 미치는가?
나는 강력한 말과 비폭력적인 행동으로 나 자신과 다른 사람들을 방어할 수 있다.	어떻게 하면 나 자신과 다른 사람들을 방어할 수 있는가?

어떤 아이디어를 강조할지 선택하기 위해서는 소프트 스킬의 최신 연구에 대한 심층적인 지식이 필요하다. 예를 들어 최근 간행물(Bloom, 2016)은 공감을 넘어 동정심을 가르치는 것의 중요성에 대한 연구를 보여준다. The University of California, Berkeley's Great Good Science Center(Compassion, n.d.)는 두 가지 감정을 다음과 같이 구분했다.

동정심은 문자 그대로 '함께 고통받는 것'을 의미한다. 감정 연구자들 사이에서는 다른 사람의 고통에 직면했을 때 생기는 감정과 그 고통을 덜어주고 싶은 동기를 느끼는 것으로 정의된다. 비록 그 개념들이 연관되어 있지만, 동정심은 공감이나 이타주의와 동일하지는 않다. 공감은 더 일반적으로 다른 사람의 관점을 취하고 감정을 느끼는 우리의 능력을 말하는 반면, 동정심은 그러한 감정과 생각에 도움을 주고자 하는 욕구가 있을 때 나타난다.

공감은 영어과와 사회과 모두에서 중요한 기능이었다. 그러나 Bloom(2016)은 공감이 도덕적, 정치적 결정을 내릴 때가 되면 팔이 안으로 굽는 편향된 판단으로 이어질 수 있다고 주장한다. 반면 동점심은 다른 사람들을 향한 더 나은 기분과 더 친절한 행동으로 이어진다. Bloom은 동정심에 중점을 두는 것이 세상을 더 나은 곳으로 만들 수 있다고 주장한다.

일단 교사가 개념적 관계에 대한 진술과 상응하는 질문을 개발하면, 개념 간의 관계를 설명하고 개념적 질문에 대답할 예를 제공하는 것으로 넘어갈 수 있다. 다른 인물들로부터 배울 수 있는 것에서 시작하여 학생의 삶 속에서 실제 인물들을 반추하고, 마지막으로 학생 자신을 향하는 것이 좋은 아이디어이다. 갈등이나 바람직하지 않은 행동이 발생할 때까지 기다리기보다는 재미있고 편안한 분위기 속에서 학생들이 차분할 때 역할극을 한다.

> 갈등이나 바람직하지 않은 행동이 발생할 때까지 기다리기보다는 재미있고 편안한 분위기 속에서 학생들이 차분할 때 역할극을 한다.

예를 들어 유치원 수업에서 '다른 사람들에게 친절하면 기분이 좋아진다.'라는 개념적 관계를 목표로 설정한다고 가정해 보자. 교사는 학생들에게 "내가 다른 사람들을 대하는 방식과 내가 느끼는 감정 사이에는 어떤 관계가 있는가?"와 같은 개념적 질문을 던질 것이다. 교사는 「Llama Llama Time to Share(Dewdney, 2012)」와 같은 간단한 이야기를 나누고 학생들에게 이야기에서 Llama가 무엇을 배웠는지 물어보는 것으로 시작할 수 있다. 학생들은 "혼자 노는 것보다 다른 친구들과 함께 노는 것이 더 재미있어요." 또는 "새로운 친구를 사귀는 것은 즐거워요."와 같은 말을 할 수 있다. 교사는 학생들에게 "Llama가 새 친구를 사귀었을 때 어떤 기분이 들었을 것 같아요?"와 같은 안내 질문을 할 수도 있다. 이 질문은 결국 학생들이 추상적인 개념적 질문인 "내가 다른 사람들을 대하는 방식과 내가 느끼는 감정 사이에는 어떤 관계가 있는가?"를 대답하는 데에도 도움이 될 것이다. 다음 단계는 학생들의 이해를 더 복잡한 줄거리와 같은 더 복잡한 맥락으로 전이하는 것이다. 학생들은 결국 개념적 목표에 근접한 답(다른 사람들에게 친절하면 기분이 좋아진다)을 제시할 수 있어야 한다. 해당 예가 있는 맥락 목록 사례는 표 7.3을 참고하라.

표 7.3 맥락 예시

샘플 맥락	예
도서	The Quiltmaker's Gift by Jeff Brumbeau
영상	Everyday Speech videos (명시적 제시) Super Friends (암시적 제시: 실수와 실패는 우리가 배우고 더 똑똑해지는 데 도움이 되는 정보를 제공한다.)
역할극	Ms. Denise와 저는 먼저 분수를 배우지 않은 한 어린 소년에 대한 짧은 장면을 연기할 겁니다. 소년은 다음에 무엇을 할까요? 우리의 연극이 끝난 다음, 여러분은 역할을 배정하고 이후를 연기할 수 있습니다.
교사가 만든 이야기	항상 자기 삶의 부정적인 부분에만 집중하는 한 어린 소녀가 있었습니다. 어느 날, 소녀는 긍정적인 것을 찾고 자신이 가진 것에 감사하는 방법을 알려주는 친구를 만났습니다 …
교사, 부모 및 기타 성인의 실제 시나리오	한번은 정말 속상해서 소리를 지르고 싶었지만, 심호흡을 하고 셋을 세면서 …
학생 본인의 실제 시나리오	루시와 책을 공유했을 때, 루시의 기분이 어땠을 것 같나요? 다른 사람을 행복하게 해줘서 기분이 좋았나요?

우리는 이러한 예들이 사회·정서적 학습을 조성하기 위해 어떻게 개념적 이해를 사용할 수 있는지에 대한 여러분의 사고를 촉발하였기를 바란다. 교사는 너무 자주 학생들에게 안내된 탐구를 통해 개념적 이해를 발견하도록 허용하지 않고 이러한 빅 아이디어를 '주입'한다. 학생들을 포함한 모든 사람은 지속적인 배움을 위해 스스로 의미를 찾으려 하며, 개념적 이해는 여기에서도 우리에게 도움이 된다.

③ 주도성 함양과 내적 동기 부여

학교 교육의 많은 부분이 당근과 채찍의 접근 방식으로 설계되었기 때문에 외적 보상과 처벌이 복잡한 과제에 대한 내적 동기를 감소시킨다는 것을 알게 된다면 두려울 수 있다. 관행을 버리고 의무적인 정책을 고려하면서 대안을 찾는 것은 어려운 일이다. 저자들은 개념기반 교육과정의 구현을 지원하는 몇 가지 아이디어를 공유하는 것이 도움이 될지도 모른다고 생각했다.

개념적 목표를 겨냥하는 교육과정으로 나아가는 것은 내적 동기를 부여하고 이를 촉진하는 데 있어 중요한 단계이다. 2015 Future of Learning Institute에서 David Perkins는 학생을 학습에 참여시키기 위한 핵심으로서 개념적 수준으로 추상화하는 것을 지지했다.

> 우리는 시험에 대한 정보, 각 국가별 수도 목록 등 어떤 것에 대한 이해 understanding of something에서 벗어나 어떤 것을 활용한 이해understanding with something로 옮겨가야 한다. 후자를 통해 학생들은 다른 것들과 연결할 수 있다. 예를 들어 학생들은 프랑스 혁명에 대한 사실만 배우기보다는, 국제 분쟁이나 빈곤, 또는 교회와 국가 간의 투쟁과 같은 이슈들을 이해하는 방식으로 프랑스 혁명에 대해 배워야 한다(Hough, 2015).

이러한 연결이 없다면, Perkins는 참여적이지 않은 학생이 손을 들고 왜 자신이 무언가를 알아야 하는지 묻는 것이 결코 놀랍지 않다고 말한다. 개념기반 교육과정은 학생들의 이해를 촉진하고 그 이해를 풍부하게 할 예들 사이의 연결을 계속해서 찾도록 영감을 주어야 한다.

> 개념기반 교육과정은 학생들의 이해를 촉진하고 그 이해를 풍부하게 할 예들 사이의 연결을 계속해서 찾도록 영감을 주어야 한다.

교사는 학생들에게 탐구를 위해 자신의 질문을 만들어 내도록 함으로써 학습에의 주도성을 더 키울 수 있다. 아이디어를 생성하는 데 도움이 되는 몇 가지 질문 줄기와 좋은 질문을 만드는 방법에 대한 아이디어 목록은 표 7.4를 참고하라.

표 7.4 좋은 질문의 기준

> 좋은 질문의 기준
> • 폐쇄형이 아닌 개방형이다.
> • 대답하기 너무 쉬워서는 안 된다.
> • 초점이 있고 너무 광범위하지 않다.
> • 핵심 개념 및 개념적 아이디어에 연결된다.
> • 학생에게 흥미롭다.
> • 학생을 양질의 정보로 이끈다.
> • 더 많은 질문으로 이어진다.
> • 대답을 잘하기 위해서는 다양한 출처가 필요하다.
> • 통합적인 관점을 얻기 위해 여러 견해 또는 시각이 필요하다.
> • 삶에 대한 보편적인 스트레스를 드러낸다.
>
> 질문 줄기:
> _____의 장단점은 무엇인가요?
> _____의 책임은 무엇인가요?
> _____와 _____의 차이는 무엇인가요?
> _____를 해야 하는가요? 그 이유는?

위 기준을 사용하여 학생들이 평가할 수 있도록 좋은 예와 그렇지 않은 예를 보여줄 수 있다. 표 7.5는 요점을 설명하기 위한 몇 가지 예시이다. 질문을 보여주고 학생들에게 질문이 좋은지 그렇지 않은지를 물어보라.

표 7.5 좋은 질문과 그렇지 않은 질문의 예

> 개념: 이주
> 좋지 않은 질문: 얼마나 많은 멕시코인이 미국으로 이주합니까? 이주의 정의는 무엇입니까?
> 좋은 질문: 이주의 장단점은 무엇입니까? 시민권의 책임은 무엇입니까? 이주자와 난민 간의 차이점은 무엇입니까? 국가들이 전쟁이나 자연재해를 피해 도망치는 난민들을 받아들여야 합니까? 그 이유는 무엇입니까?

Daniel Pink와 Carol Dweck은 교사가 학생들의 학습에 대한 내적 동기를 형성하는 데 도움을 줄 수 있는 요인들에 대한 놀라운 통찰을 제공한다. Pink(2011)는 과제가 기초적이고 기계적인 기능인 경우에는 외적 보상이 성과를 높이는 데 효과가 있다는 점을 발견했다. 이때 학생들은 하나의 답과 따라야 할 정확한 절차로 간단한 문제를 해결하기 위해 활동한다. 그러나 과제가 더 창의적이거나 고차원적인 사고를 요할 때에는, 외적 보상이 실제로 성과를 더 악화시키게 된다.

이러한 구분은 교사가 고려해야 할 매우 중요한 부분이다. 때때로 교사는 학생들이 기초적인 과제를 수행하기를 바란다. 그런 경우에는 스티커와 다른 상품을 포함한 외적 보상이 효과적일 수 있을 것이다. 그러나 두 개 이상의 개념 간의 관계를 알아내는 것과 같이 과제가 더 복잡할 때는 이러한 유형의 보상을 피해야 한다.

대신에 그럼 무엇을 해야 하는가? Pink에 따르면, 동기를 유발하는 데에는 숙달mastery, 자율성autonomy, 목적purpose의 세 가지 영역이 있다. 숙달은 특정 영역에서 개선하려는 욕구이다. 진보 정도를 축하하고 학생들이 '최고의 실력'을 발휘하도록 조력하는 것은 이러한 숙달의 감각을 경험할 수 있게 도울 수 있는 방법이다. 자율성은 자기주도적이 되고자 하는 욕구이다. 학생들이 스스로를 학습자로서 인식하도록 돕고, 학습 목표를 수행할 시기와 방법을 결정할 수 있는 기회를 더 많이 제공하는 것은 이 영역을 확립하는 좋은 방법이다. 목적은 의미 있고 중요한 것을 하고자 하는 욕구이다. 이 책 전반에 걸쳐 저자들은 학생들이 학교와 교실 내에서 공동체를 형성할 뿐만 아니라 학습을 통해 세상을 변화시킬 수 있도록 도울 것을 주장한다. 이는 학생들이 자신의 학습이 가치가 있다고 느끼도록 돕는 중요한 측면이다.

표 7.6이 제시한 전략을 피함으로써 내재적 동기를 촉진하는 데 도움을 줄 수 있다. 각각의 예와 그것들이 어떻게 동기를 약화시키는지 생각해 보라. 예를 들어 우리는 표준화된 시험 점수를 바탕으로 학생들이 스스로를 '기초' 또는 '능숙'이라고 분류하는 것을 보았다. 교사는 학생들이 시험 결과 이상의 것을 보고 자신의 잠재력을 볼 수 있도록 도와야 한다.

표 7.6 피해야 할 외적 동기 부여 전략

피할 것
경쟁
학급 석차
분류
복잡한 과제에 대한 상벌
학습 동기로 시험이나 성적을 사용

다른 한편으로 내재적 동기를 촉진하기 위해 우리가 할 수 있는 몇 가지가 있다. 만약 이를 아직 시도해 보지 않았다면, 여러분 학급의 상·하급 학년 다른 반 학생들과 멘토-멘티 관계를 맺는 것을 고려해 보라. 서로에게 책을 읽어주거나 프로젝트를 함께하도록 하라. 이것은 아주 멋진 동기 요인이다.

표 7.7 내재적 동기 부여를 위한 전략

사용법
진보의 축하
자기 칭찬
청중에게 작품 발표
학습자로서 자신 알기
또래 교수
학습 목표를 수행할 시기와 방법에 대한 선택
공동체 구축
교실을 넘어 실생활에 의미를 가지며 영향을 미치는 학습
몇 번이나 실패하였지만 결국엔 성공한 사람들의 이야기
학습 챌린지

표 7.7의 아이디어를 살펴보고 이러한 아이디어를 교수법에 통합하는 방법에 대해 생각해 보자.

James Nottingham(2017)은 학생들의 내적 동기를 촉진하기 위해 학습 챌린지를 만들었다. 학습 챌린지는 4단계로 구성된다.

1. 개념을 소개한다.
2. 개념에 대해 학생들이 가진 초기 이해에 도전하여 학생들을 '학습의 장'으로 이끈다.
3. 있을 수 있는 인지적 갈등을 조정하여 의미를 구성한다.
4. 학습 여정을 고려한다.

Nottingham에 따르면 학생들이 학습의 장에 있을 때 풀리지 않은 아이디어나 모순을 가지고 있다. 이 시나리오에서 목표는 학생들이 학습의 장에 기꺼이 참여하여 상충되는 아이디어와 씨름하는 것을 더 깊은 이해로 이끄는 재미있는 활동으로 여기는 것이다. 다시 말하지만, 개념기반 교육과정과 수업은 이 모델을 보완한다.

이 모델은 교실에서 종종 사용된다. 교사는 간단한 아이디어에서 시작하여 요점을 설명하기 위해 학생들에게 몇 가지 맥락을 소개한다. 이후 세상의 복잡성으로 인해 발생하는 모순적인 아이디어를 도입할 수 있다. 예를 들어 학생들은 예술가들이 회화와 공예품에 고요한 감정을 불러일으키기 위해 부드러운 색상과 곡선을 사용하는 전형적인 사례를 확인한 뒤, 행복이나 분노와 같은 더 강한 감정을 만들기 위해서는 밝은 색상과 더 선명한 선을 사용한다는 것을 이해할 수 있다. 학생들이 이 아이디어에 비교적 익숙함을 느끼게 된 후에, 이에 대한 이해와 모순되거나 복잡한 작품을 소개하고 학생들의 반응에 대해 토의하게 할 수 있다. 학생들이 개인의 자유와 공동체를 위한 집단 이익 사이의 긴장, 또는 인간의 필요 및 욕구와 환경 보호 사이의 긴장 등과 같은 개념을 더 깊이 있게 이해하도록 단원의 시작 부분에서 긴장에 대해 생각해 보도록 할 수 있다.

학습의 내재적인 동기를 유지하도록 돕는 것은 전통적인 교육환경에서는 매우 어려울 수 있다. 특히 학부모나 정부 또는 정부 정책으로부터 학업 시험을 '수행'해야 한다는 압력이 가해지면 더욱 그러하다. 학생들에게 동기를 부여하기 위해 하고 있는 일상적인 방법에 대해 고민해본다면 어떤 것을 중단해야 하고 어떤 것을 시작해야 하는지 보다 명확하게 알 수 있다.

④ 학생의 열정 키우기

내적 동기의 주요 측면은 자신이 하는 것에 애정을 갖는 데서 비롯된다. 학생들은 어린 시절을 깊이 있게 경험하면서 동시에 미래의 성공적인 직업을 위한 기반을 구축할 수 있다.

아마도 행복한 성인이 되기 위한 토대를 마련하는 가장 좋은 방법은 어린 나이에 학생들이 자기 인식self-awareness과 주도성agency을 함양하는 것이다. 「Well−Being(Rath & Harter, 2010)」에 따르면 직업적 웰빙이 웰빙의 가장 중요한 측면이 될 수 있다. 이 책에 따르면 직업적 웰빙이 높은 사람들은 전반적으로 성공적인 삶을 살 가능성이 두 배 이상 높았다.

직업적 웰빙은 매일 하는 일을 좋아하는 것으로 정의할 수 있다. 이 아이디어를 설명하는 또 다른 보편적인 방법은 열정을 발견하거나 자신에게 큰 만족을 주는 직업을 추구하는 것이다. 삶에서 자신의 열정과 목적을 발견한다는 아이디어는 현재 뜨거운 화두이지만, 그것을 찾거나 개발하는 데 도움이 되는 자료는 거의 없다. Ken Robinson의 연구(Robinson & Aronica, 2009, 2013)는 주로 성인을 대상으로 하는 유용한 프레임워크와 간단한 활동을 제공한다. 이 책에는 Ken Robinson의 프레임워크가 포함되어 있다.

첫째, 자신의 열정을 발견하고 발전시키는 것은 매우 개인적인 여정이다. 학생들을 위해 그것을 대신 발견해 줄 수는 없다. 단지 학생 스스로 그것을 발견하고 발전시키는 데 도움이 되는 경험만을 제공할 수 있다. Robinson은 여정에서 중요한 부분은 자신이 잘한다고 생각하거나 못한다고 생각하는 것에 의문을 제기하고 그것들을 다시 시도해 보는 것이라고 하였다. 둘째, 우리의 열정이 '숨겨져' 있고, 이것을 갑자기 '찾아낸다'고 생각하지 않도록 주의해야 한다. 타고난 기질은 Robinson의 틀에서 중요한 측면이지만 열정을 발전시키기 위한 노력과 연습 역시도 중요한 요소임에 주목해야 한다.

교사는 학생들에게 낙인을 찍거나, 좋은 열정 또는 직업을 추구하는 것이 무엇인지에 대해 교사 자신의 가치를 주입하거나, 학생들을 특정 방향으로 몰아가는 것은 반드시 피해야 한다. 일부 학생들은 7살에 소방관이 되고 싶다는 사실을 알게 될 것이며 나중에 실제로 소방관이 될 것이다. 그러나 대다수의 학생은 단순히 자신이 좋아하는 것과 싫어하는 것을 탐색하고 어린 성인으로서 열정을 계속 탐색하고 발전시킬 수 있는 기반을 구축해야 한다.

Robinson은 우리가 학생들에게 분명히 구분해야 할 중요한 두 가지를 제시하였다.

1. 열정을 키우는 것은 열정을 '따라가는' 것과는 다르다. 열정에는 신중한 노력, 계획, 활동 및 격려가 필요하다.
2. 열정은 선호, 재능 또는 열광과는 다르다. 열정은 기초적인 적성과 흥미를 넘어 깊이 있는 성취를 향해 나아간다. 열정은 강한 신념, 의미 있는 사건, 장인과 같은 기능 연마에 뿌리를 두고 있다.

Robinson(Robinson & Aronica, 2009)은 "우리 삶은 독특하고 우리 자신이 스스로의 삶을 창조한다고 믿어야 한다."라고 언급한 숙련과 자율성에 대한 Daniel Pinks의 연구를 반영하였다. 이것은 학생들이 노력을 통해 자신의 능력을 향상할 수 있다고 믿도록 돕는 성장 지향적인 사고방식과 직접적인 관련이 있다. 교사는 학생들이 자신의 열정을 찾을 수 있도록 돕기 위해 Robinson, Pink, Dweck의 연구를 바탕으로 제작한 다음의 5가지 범주를 고려해야 한다.

- 자기 인식과 주도성
- 경험과 기회
- 창의성과 비전통적 지능
- 목적, 가치 및 공동체
- 웰빙과 긍정적인 사고방식

학생들이 자신의 삶은 특별하고 자신의 삶을 창조할 수 있다고 믿으려면 자기 인식과 주도성을 발전시켜야 한다. 이것은 어린 학생들과 함께 활동할 때 가장 중요한 범주

> 학생들이 자신의 삶이 특별하고 자신의 삶을 창조할 수 있다고 믿으려면 자기 인식과 주도성을 개발해야 한다.

이다. 학생들에게 정기적으로 자신의 활동에 대한 평가에 참여하도록 하고 학습의 과정과 결과를 성찰하며, 때때로 성격유형검사에 참여함으로써 자기 인식을 높일 수 있다. 그러나 Robinson은 이러한 성격유형검사 결과에 이의를 제기하며 학생들이 원하는 경우 관심사, 재능, 심지어 성격 습관까지 바꿀 수 있음을 제시한다. 주도성을 기르기 위해서는 정기적으로 학생들에게 공개적 의사소통, 봉사 활동 및 목표 설정에 참여하도록 하고 학습 과정에서 선택권

을 부여할 수 있다.

자신의 열정을 발견하기 위해 학생들은 다양한 경험과 기회에 노출되어야 한다. 여기에는 견학, 직업 탐색, 다문화 교류, 이야기, 영상 및 먼 장소의 이미지가 포함될 수 있다. 개인 및 그룹 학습, 맨몸 운동, 창작 수공예 및 과학기술의 통합으로 학습 환경을 변화시킬 때 학생들이 다양한 경험을 할 수 있도록 돕게 된다. 손으로 작업하는 것과 몸을 움직이는 것, 오랜 시간 동안 혼자서 사색하는 것 중 어떤 것을 더 선호하는지 확인하기 위해 이러한 다양한 경험에 대해 성찰해보도록 하는 것은 더욱 좋다.

학교의 지능에 대한 편협한 시각과 사고방식에 관한 전통적인 규범을 바꾸기 위해서는 창의성과 지능에 대한 다양한 시각을 함양하기 위해 노력해야 한다. 이 범주에서 한 걸음 더 나아가 의도적으로 지능에 대한 전통적이고 학문적인 관점의 경계를 확장해야 한다. 학생들에게 개방형 프로젝트를 수행하게 하고, 마인드 맵을 작성하며, 발산적 사고를 사용하도록 할 수 있다. 또한, 학생들이 예술, 춤, 요리, 다른 사람 돌보기, 물건 정리 등과 같은 다양한 영역에 노출되도록 해야 한다. 예를 들어 학생이 특히 교실을 재정비하고 정리하는 것을 즐기고 잘한다면 그는 매우 열정적인 건축가, 인테리어 디자이너 또는 집 정리 컨설턴트가 될 수 있다.

Pink와 Robinson은 인간이 개인보다 더 큰 무언가의 일부가 될 필요가 있다고 지적한다. 그러므로 교사가 학교에서 목적, 가치 및 공동체에 대해 안내하는 것은 중요한 일이다. 이는 지역사회 봉사 프로젝트나 지역사회 쟁점에 대한 온건한 인식을 통해 수행할 수 있다(초기에는 전쟁과 폭력적 충돌에 관한 것보다는 오염이나 동식물의 서식지 보호에 대해 논의하라). 어린 학생들도 공정성과 긍정적인 인물 분석에 대해 대화를 나눌 수 있다.

마지막으로, 웰빙과 긍정적인 사고방식은 학생들이 건강한 방식으로 열정을 추구하도록 하기 위한 범주를 완성하는 데 도움이 된다. 학생이 학부모와 함께 잘 먹고 운동하며 충분한 수면을 취하도록 장려할 수 있다. 일부 학교에서는 징벌적인 규율을 마음 챙김mindfulness으로 대체하였고 심지어 요가로 대체하기도 하였으며 이를 통해 놀라운 결과를 얻었다(Khorsandi, 2016).

표 7.8의 자기평가는 교사가 자주 다루며 더 강조해야 할 범주에 대해 성찰할 기회를 제공한다. 목록이 모든 범위를 포괄하지는 않으므로 학생들과 함

께 이러한 범주를 발전시키는 방법에 대해 생각해 보아야 한다. 목표는 각 섹션에 대한 다양한 전략을 포함하는 것이다. 예를 들어 정기적으로 학생들에게 자기평가를 요청할 수 있지만 평가에 해당하는 범주의 최고 점수를 받기 위해서는 섹션의 여러 아이디어를 정기적으로 사용해야 한다.

자기평가의 영역에 대해 성찰하는 것은 학생들이 자신의 열정을 발견하고 추구하는 데 도움이 되는 기반을 마련하기 위해 좋은 첫 번째 단계이다. 2장에서 설명한 학습자 커뮤니티 구축이나 5장의 형성평가 사용 및 목표 수립 전략과 같은 이 책의 많은 아이디어는 위의 범주와 맥락을 같이한다. 학생들이 이러한 영역을 구축하는 데 도움이 될 수 있는 창의적인 방법은 무궁무진하다. 그러나 자기 인식과 주도성의 첫 번째 섹션이 가장 중요하다. 따라서 우리는 고려해 볼 만한 몇 가지 추가적인 전략을 이 영역에 포함하였다.

표 7.8 **열정 함양에 대한 자기평가(교사용)**

열정 함양에 대한 자기평가(교사용)				
학생들에게 이러한 기능이나 사고방식을 개발할 수 있는 기회를 얼마나 자주 제공하는가?	1부터 4까지의 숫자에 동그라미를 친다. 여기서 1은 '전혀 하지 않는다', 4는 '일상적으로 한다'를 나타낸다.			
자기 인식과 주도성				
자기 평가, 비판적 사고, 학습 성찰, 성격검사, 학습 선호, 학생의 적성 목록	1	2	3	4
대중과의 커뮤니케이션, 설득, 목표 설정, 봉사 활동, 리더십 기술, 선택	1	2	3	4
경험과 기회				
견학, 문화교류, 진로탐색, 외국어 학습, 인턴십, 지역사회 교류	1	2	3	4
비전통적인 학습 방법: 실습 활동, 맨몸 운동, 개념적 이해, 학문적 사고	1	2	3	4
창의성과 비전통적 지능				
마인드 맵, 발산적 사고, 가정What-if 시나리오, 개방형 프	1	2	3	4

로젝트, 시각적으로 표현하기, 건축, 공예				
예술, 춤, 음악, 스포츠, 요리, 안내하기lead, 공학, 디자인, 다른 사람들을 돌보기, 조직화	1	2	3	4
목적, 가치 그리고 공동체				
문제 인식, 지역사회 봉사, 지지, 윤리, 철학, 영적 탐구, 인격 형성	1	2	3	4
웰빙과 긍정적인 사고방식				
명상, 운동, 좋은 식습관, 마음 챙김, 수면의 중요성, 스트레스 감소, 사회적 정서적 학습	1	2	3	4
성장 마인드, 격려와 보상 노력, 장기 프로젝트, 위험 감수 문화, 지적 성장	1	2	3	4

⑤ 자기 인식과 주도성을 함양하기 위한 전략

학생들이 즐기는 많은 것들이 발달적이지만, 학생들이 무엇을 하면서 즐거움을 느끼는지 스스로 인식하는 것이 중요하다. 표 7.9의 차트를 사용하여 자기 인식과 주도성을 높이는 아이디어를 바로 시작해 보자. 교실에서 규칙적이고 일상적인 습관을 만들기 위해서는 한두 가지만 선택하는 것이 좋다. 몇 주 후에 다른 아이디어를 가볍게 다루어보자. 이러한 활동을 학생들의 다양한 경험과 기회에 노출하는 것을 기억해야 한다.

표 7.9 자기 인식과 주도성을 높이기 위한 아이디어

아이디어	예시
• 자기 평가	• 이 단어를 얼마나 잘 알고 있는가? (전에는 들어본 적이 없음-들어본 적이 있음-의미를 알 수 있음)
	• 이 과정에서 더 많은 연습이 필요하다고 생각하는 부분은 무엇인가?
• 학습에 대한 성찰	• 오늘 수업에서 사고력은 어떻게 향상되었는가?
	• 오늘 수업에서 무엇을 배웠는가?
• 공개적인 발표	• 발표를 위해 교장을 초대한다.
	• 학생들이 학부모-교사 회의에 참석하여 아이디어를 발표하게 한다.
	• 나이가 많거나 어린 학생들을 초대하여 발표한다.
• 봉사 활동 • 학습 목표와 통합, 중요한 성찰 포함	• 프로젝트를 위해 환경 단체와 파트너 관계를 맺는다.
	• 읽기 발달에 있어 어린 학생들을 멘토링한다.
	• 예술 작품(노래, 드라마, 영상 포함)을 만들기 위해 병원이나 요양원과 협력한다.
• 목표 설정	• 이번 주에 얼마나 많은 단어를 배우고 싶은가?
	• 운동장을 몇 바퀴 돌고 싶은가?
	• 더 깊이 탐구하고 싶은 개념은 무엇인가?
• 학습 선택	• 학생들이 활동을 선택할 수 있는 학습 스테이션을 만든다. (예) 비디오 보기, 실습 활동, 조용히 읽기, 교사와 함께 작업하기 등)
	• 이 개념에 대한 이해를 어떻게 나타내고 싶은가? (예) 모델링 점토를 사용하여 설명한다. 나는 그것을 그리고, 말로 묘사하고, 연기한다)

표 7.10과 표 7.11은 추가적인 도구로 '나의 특성 탐색 활동'(Robinson & Aronica, 2013)을 수정한 것이다. 이것은 학생들이 잘하는 것과 그들이 좋아하는 것에 대해 인식하도록 돕기 위해 초등학교 고학년 이상에서 사용할 수 있다. 어린 학생들에게는 떠오르는 것들을 생각하고 그리도록 할 수도 있다. 교사는 그림에 있는 아이디어를 소리 내어 읽으면서 생각하는 데 도움을 줄 수 있다. 또한, 학생들의 흥미와 적성에 주의를 기울이고 관찰할 수 있다. 학생의 관심과 능력을 파악하기 위해 가정에 안내하여 학부모와 협력하는 것을 포함하는 것이 좋다.

표 7.10 적성 탐색기

자신이 쉽다고 생각하는 것에 동그라미를 치십시오. '잘하는' 것을 의미하는 것이 아닙니다. 무언가를 잘하려면 시간과 연습이 필요하기 때문입니다. 이는 친구들과 비교했을 때 스스로에게 쉽게 다가온 것처럼 보이는 것들을 의미합니다. 쉽다고 생각되지 않는 것은 줄을 그어 지우고, 오른쪽의 두 열 중 한 칸에 표시합니다. 이 목록은 몇 가지 아이디어에 불과합니다. 텍스트 아래 공간에 쉽게 떠오르는 다른 것들을 자유롭게 쓰십시오.

나에게 꽤 쉽다고 생각되는 것들	쉽지도 어렵지도 않은 일들	나에게 힘든 일들
• 새로운 친구 사귀기, 사교적인 활동하기 • 숫자, 정량적 추론 • 언어 • 예술, 회화, 공예 • 상상력, 연기 • 미스터리 풀기 • 작동 방식 이해 • 음악 또는 춤 • 요리 또는 시식 • 방 정리 • 파티 또는 이벤트 구성하기 • 사물 간의 연결 만들기 • 스포츠 또는 육상 • 신체적 조정능력 • 의견을 주장하기 • 설득하기 • 다른 사람에게 영향력을 행사하기 • 기술 • 창의성–사물에 대해 다르게 생각하기 • 새로운 아이디어 제시하기 • 보기 좋게 꾸미기 • 사물을 단계나 부분으로 나누기 • 타인에 대한 배려 • 긴장된 상황에서 침착함을 유지하기 • 갈등 해결 • 다른 사람의 감정 이해하기 • 어려운 결정 내리기 • 의사소통 • 패션, 코디하기, 쇼핑		

표 7.11 흥미 탐색기

이제 같은 목록을 가지고 자신이 즐겨 하는 일에 대해 생각해 보십시오. 어떤 것이 당신에게 쉽다고 해서 반드시 그것을 즐기는 것은 아닙니다. 그리고 무언가를 하는 것을 즐긴다면, 그것이 쉽지는 않더라도 그것을 좋아하기 때문에 많은 연습을 하면 그것을 잘하게 될 것입니다. 이 목록은 몇 가지 아이디어일 뿐입니다. 텍스트 아래의 공간에 좋아하는 다른 것들을 자유롭게 쓰십시오.

내가 즐기는 것들	즐겁지도 싫지도 않은 것	하기 싫은 일들
• 새로운 친구 사귀기, 사교적인 활동하기		
• 숫자, 정량적 추론		
• 언어		
• 예술, 회화, 공예		
• 상상력, 연기		
• 미스터리 풀기		
• 작동 방식 이해		
• 음악 또는 춤		
• 요리 또는 시식		
• 방 정리		
• 파티 또는 이벤트 구성하기		
• 사물 간의 연결 만들기		
• 스포츠 또는 육상		
• 신체적 조정능력		
• 의견을 주장하기		
• 설득하기		
• 다른 사람에게 영향력을 행사하기		
• 기술		
• 창의성−사물에 대해 다르게 생각하기		
• 새로운 아이디어 제시하기		
• 보기 좋게 꾸미기		
• 사물을 단계나 부분으로 나누기		
• 타인에 대한 배려		
• 긴장된 상황에서 침착함을 유지하기		
• 갈등 해결		
• 다른 사람의 감정 이해하기		
• 어려운 결정 내리기		
• 의사소통		
• 패션, 코디하기, 쇼핑		

개념기반 교육과정과 수업은 학문적 학습만을 위한 것은 아니다. 학습에 대한 평생의 애정과 열정을 계속 추구하도록 돕기 위한 계획을 세우는 간단한 3단계 모델은 다음과 같다.

1. 개념적 관계를 확인하라. 열정을 발전시키려면 많은 새로운 것을 시도하고 우리가 즐기는 것에 대해 성찰해야 한다.

2. 개념적 관계를 학생들에게 제시할 개념적 질문으로 바꾸어라. 열정을 찾는 데 있어 무엇이 우리의 삶을 성찰하게 하는 역할을 하는가?

3. 개념 간의 관계를 설명하는 학습 경험과 맥락을 만들어라. 개념적 관계를 설명하기 위해 표 7.10과 표 7.11에 제시된 활동과 아이디어를 사용한다.

가르치는 일은 엄청나게 복잡한 행위이다. 연구를 통해 감정과 학습 사이의 관계에 대한 더 많은 통찰을 보여줌에 따라, 교사가 중단해야 하는 일, 시작해야 하는 일, 해야 할 일을 계속 발견해 내는 것처럼 보인다. 이 책 전반에 걸쳐 개념기반 교육과정과 수업의 맥락에 대한 수십 가지 아이디어와 연구를 제시하여 교사가 퍼즐 조각을 맞추는 데 도움을 주고자 하였다. 그러나 요즘의 교육 속도를 따라잡기 위해 교사들은 성장 마인드를 가지고 웰빙 전략을 사용해야 한다.

완벽한 교사는 없으며 교육의 예술적, 과학적 접근에는 다양한 방법이 존재함을 스스로 상기하는 것은 교사에게 도움이 될 수 있다. 가장 중요한 것은 학생들에게 친절하고 그들을 격려하며 긍정적인 태도를 보이는 것이다. 배움에 대한 사랑은 항상 세심하고 열정적인 교사로부터 나온다.

💬 생각해 보기

• 개념적 학습은 어떤 방식으로 자연스럽게 호기심을 촉진하는가?

• 개념적 탐구 사이클은 어떻게 사회적, 정서적 학습을 촉진하는가?

• 개념적 가르침에 보상과 처벌을 사용해서는 안 되는 이유는 무엇인가? 대신에 무엇을 사용해야 하는가?

• 학생들이 자신의 삶에 주도성을 갖고 열정을 발견하도록 도울 수 있는 구체적인 방법은 무엇인가?

8장

학교의 변화
상상해 보기

8장 학교의 변화 상상해 보기

이 책의 도입부에서는 혁신의 시대에 개념기반 교육과정과 수업의 필요성을 설명했다. 그러나 우리는 세상을 더 나은 곳으로 만들 수 있는 새로운 유형의 혁신이 필요하다. 현세대의 학생들은 인류 역사상 거의 볼 수 없었던 규모의 복잡한 문제들을 해결해야 한다.

공해와 환경 오염, 인구 증가에 따른 자원 접근성 부족, 기후 패턴과 생태계의 변화, 국제 테러 확산, 인구 양극화, 국제적 빈곤, 급속한 도시화, 대규모 이주와 같은 문제들이 증가함에 따라, 교사들은 "현재 우리가 마주하고 있는 복잡하고 어려운 문제들을 해결하기 위해 학생들을 어떻게 준비시킬 수 있는가?"라는 질문을 생각해 볼 필요가 있다.

> 교사들은 "현재 우리가 마주하고 있는 복잡하고 어려운 문제들을 해결하기 위해 학생들을 어떻게 준비시킬 수 있는가?"라는 질문을 생각해 볼 필요가 있다.

우리는 「The Necessary Revolution(Senge, 2010)」이 제시한 다음의 사실들을 고려해 보아야 한다.

- 지난 50년 동안 전 세계 삼림의 3분의 1 이상이 사라졌다.
- 많은 질병은 식품, 어린이 장난감과 같은 제품의 독소로 인해 훨씬 더 널리 퍼진다.
- 5억 명의 비정규직 및 미취업자들이 슬럼가에 살고 있으며, 이 수치는 매년 5천만 명씩 증가하고 있다.

「Creating Innovators(Wagner, 2015)」에서는 다음과 같이 말한다.
- 기업의 고위직 임원들은 가장 많은 이윤을 창출하는 혁신보다는 인간의 요구를 해소할 수 있는 혁신이 21세기의 가장 위대한 혁신이 될 것으로 본다.
- 젊은이들은 지구의 미래를 깊이 걱정하고 있으며, 돈을 버는 것보다는 변화를 만들기를 희망한다.

또한, 다음의 사실을 염두에 두어야 한다(National Center for Education Statistics, n.d.a., n.d.b.).
- 미국 학생의 30%가 고등학교를 중퇴한다.
- 대학에 입학한 학생의 54%가 대학을 졸업하지 못한다.

한편,
- 학생들이 학교에서 일반적으로 느끼는 감정을 설명하기 위해 가장 많이 선택한 단어는 '지루함'이었다(Lyons, 2004).

기업은 인간의 요구를 충족시킬 수 있는 창의성과 아이디어를 원한다. 오늘날의 젊은이들은 현재에 의미 있는 일을 하고 싶어 하며, 학생들은 학교를 지루해하고 중퇴를 선택하기도 한다.

그 어느 때보다도 학생들은 자신이 학습한 것을 매우 다른 상황인 실세계의 상황으로 전이해야 한다. 다른 상황으로의 전이는 지식의 토대에 깊이 기반을 둔 개념적 수준으로의 추상화가 필요하다. 개념기반 교육과정과 수업은 우리가 그러한 학습을 구현하게 하는 주요 요소이다. 학생들은 학습의 저차원적이고 학문적인 전이로부터 시작할 수 있지만, 스펙트럼을 빠르게 가로질러 학습의 고차원적이고 실제적인 전이로 나아가야 한다.

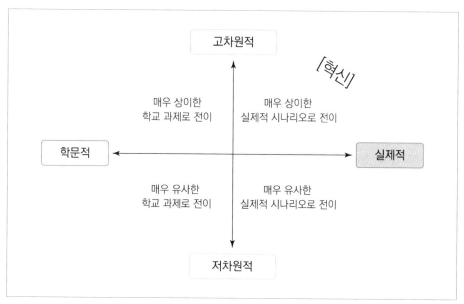

학생들을 세계의 가장 복잡한 도전에 맞닥뜨릴 준비가 된 협력적인 혁신가로 성장시킬 수 있는 학교의 모습은 어떠할까? 학생들의 열정을 파악하여 발전시킬 수 있는 안목을 가지고, 실세계 문제들을 중심으로 각 교과의 개념들을 유연하게 적용하는 수업을 하는 학교를 상상해 보라.

학생들의 열정을 파악하여 발전시킬 수 있는 안목을 가지고 실세계 문제들을 중심으로 각 교과의 개념들을 유연하게 적용하는 수업을 하는 학교를 상상해 보라.

아마 이 세상을 변화시키고자 하는 학교의 학생들은 40~50분으로 구획된 시간에 책상에 줄지어 앉아 공부하지는 않을 것이다. 학생들은 건강하고 지속 가능하며 정의로운 세상을 만드는 데 기여할 수 있는 다양한 경험을 하게 될 것이다. 학생들이 기업을 위한 재생 가능 에너지 솔루션이나 개발 도상국의 영아 사망률을 줄이는 방법과 같이 과학과 수학의 개념을 탐구하는 동안 해결해야 할 환경 또는 건강 관련 문제 상황을 선택하는 교실을 상상해 보자.

한 5학년 학생은 자신의 관심 분야 중 하나로 동물을 꼽았다. 이 학생은 멸종 위기종의 문제를 탐구하고 상황을 개선하기 위한 권고 사항을 제시하려고 한다. 이 학생의 월요일 아침은 아마존 삼림 벌채의 몇 가지 중요 정보를 공유할 브라질 NGO 인사와의 Skype 화상 회의로 시작한다.

화상 회의를 마친 후, 학생은 팀원들과 실행 단계를 계획하고 각 팀원의 관심사와 전문성에 따라 과제를 나눈다. 2주 뒤에 다음 화상 회의가 있고, 그 전에 두 번의 팀 회의, 전문가 및 멘토 선생님과의 실험 세션도 계획되어 있다. 이 프로젝트명은 '혁신을 위한 도전 Innovation Challenge'으로 정하였다.

연말에 학생팀은 전문가 집단에 자신들의 기술력, 개념적 이해의 적용, 비판적 사고 능력, 협업 능력을 보여줄 수 있는 수행 내용을 발표할 것이다. 수행이 특정 영역의 기준에 부합하는 경우 학생들은 해당 영역의 기능을 나타내는 배지를 받게 된다.

이 학생은 유치원 때부터 생태계, 순환, 번식, 에너지, 변화, 유기체, 서식지와 같은 개념에 대한 이해를 심화해 왔다. 초등학교 2학년 때 학교 빗물 수집 프로그램을 시작했고, 항상 자연과 생물에 대한 열정을 가지고 있었다. 지난여름에는 국립 공원에서 서식지를 재건하고 보존하는 프로그램에 참여하기도 했다. 3학년 때는 멕시코만에서 발생한 기름 유출이 생태계에 미친 영향을 분석하고, 4학년 때는 에버글레이즈에서의 외래종 유입 영향을 분석하는 등 서식지 손실에 대한 이해를 이미 여러 상황으로 옮겨보았다. 그간의 모든 학습 경험이 현재 수준의 사고와 적용을 이끌어 왔기 때문에 학생은 '혁신을 위한 도전' 프로젝트를 할 준비가 되었다고 느낀다.

이 학생은 '혁신을 위한 도전' 프로젝트와 개별 맞춤형 과정 외에도 모든 5학년 학생들이 수강해야 하는 다섯 가지 프로그램(수학자처럼 생각하기, 역사가처럼 생각하기, 엔지니어처럼 생각하기, 기자처럼 생각하기, 협업 및 문제 해결하기)에 참여하고 있다. 교사는 각 프로그램에 대해 학생이 학문적으로 사고하는 방식을 연마하고 학문 분야에 대한 개념적 이해를 심화하며 주요한 사실적 정보를 배우는 데 도움이 될 수 있는 학습 경험을 설계한다. 학생은 이 프로그램을 통해 배운 내용을 친구들과 '혁신을 위한 도전' 과제로 선택한 실세계의 문제들에 적용한다. 이러한 학문적 사고 활동을 하는 동안, 한 팀은 이 프로젝트에서 그들이 직면하고 있는 문제를 학급 친구들에게 소개한다. 학생들은 그 팀이 문제를 더 잘 이해하고, 가능한 아이디어를 테스트하거나 해결책을 개발할 수 있도록 돕기 위해 해당 학문 분야에 대한 개념적 이해와 사고를 사용해야 한다. 이러한 활동을 하는 동안 교사는 학생들의 학습을 구조화하고 피드백을 제공하는 코치 역할을 한다.

이 학생은 주간의 마지막 일정으로 3학년 후배들의 학문적 사고 활동 과정을 지원해야 한다. 이것은 학생에게 자신이 선택한 영역에 대한 사고를 강화하는 데 도움을 주고, 학교에는 공동체를 구성하게 하며, 교사에게는 학생들을 위한 풍부한 학습 경험을 계획하고 효과적인 피드백을 제공할 시간을 더 많이 가질 수 있게 한다.

학생은 월요일 조회가 끝난 후 한 주 동안 어떤 수업을 할지를 생각하며 기대에 찬다. 이 학생은 자신이 하는 활동이 자신의 열정과 목적을 활용하는 것임을 알고 있다. 또한, 개념적 이해를 끊임없이 발견하고 적용하며, 성취기준에 기반하여 자신의 사고를 평가하고 그 생각을 현실 세계로 전이하기 때문에 지적으로도 도전적이다. 이 학생은 자신이 학교에서 기울이는 노력이 진정으로 이 세상을 바꿀 것을 믿고 있다. 그리고 학생들은 해낼 것이다.

유치원 아이들은 자기 인식을 높이도록 설계한 경험을 통해 열정을 키우는 과정을 시작하고, 다양한 기회와 탐구에 노출된다. 아이들은 멀리 떨어진 장소나 지역을 학습하기 위해 과학기술을 활용하고, 화상 통화 및 상호교류를 통해 전 세계 학교의 어린이들과 친구 관계를 맺을 수 있다. 교사는 개념적인 학습 목표를 가지고 있지만, 아이들에게 가장 자연스러운 주제와 순서로 목표를 탐색할 수 있도록 아이들의 흥미와 관심을 따라간다. 교사는 아이들을 관찰하고 그들의 이야기를 들으며 지속해서 학습 내용을 가시화하기 위해 노력한다. 아주 어린 나이지만 유치원 아이들은 학교 밖 세상의 가치 있는 다양한 프로젝트에서 상급 학년 학생들과 함께 활동한다.

이 책에 제시된 아이디어들이 위와 같은 유형의 학습으로 나아가는 토대가 되기를 바란다. "어디서부터 시작해야 할까?"라는 고민이 들 수 있다. 여러 가능성이 있으므로 이 책이 제시한 원리 중 자신이 이미 구현하고 있는 부분을 먼저 생각하는 것이 좋다. 학생들이 자신의 이해를 새로운 상황으로 전이하는 데 필요한 가장 중요한 부분은 개념적 아이디어를 특정 사실적 내용이나 기능에 연결하는 능력이다. 만약 아직 개념기반 단원 설계를 해보지 않았다면 이 책의 1장에서부터 시작하라. 또한, www.edtosavetheworld.com에서 더 많은 자료를 얻을 수 있을 것이다.

교사가 여러 전략을 시도하고 전문성을 가진 개념적 교사가 될 때, 학생들이 아직 해결하지 못한 문제들에 도전하게 하고 해결할 수 있도록 준비시키는 큰 발걸음을 내디뎠다는 것을 알게 될 것이다. 교사의 영향력은 엄청날 수 있으며, 바로 지금 이 세계가 필요로 하는 것이다.

참고문헌

Amabile, T. (1998, September－October). How to kill creativity. *Harvard Business Review*, *76*(5), 76－87.

Anchor, S. (2011). *The happiness advantage: The seven principles that fuel success and performance at work.* New York, NY: Virgin Books.

Anderson, L. W., & Krathwohl, D. R. (2001). *A taxonomy for learning, teaching, and assessing: A revision of Bloom's taxonomy of educational objectives* (1st ed., abridged). New York, NY: Pearson.

Assessment for learning: Research－based principles of assessment for learning to guide classroom practice. (2002). Retrieved from http://www.hkeaa.edu.hk/DocLibrary/SBA/HKDSE/Eng_DVD/doc/Afl_principles.pdf

Berger, R. (2003). *An ethic of excellence: Building a culture of craftsmanship with students.* Portsmouth, NH: Heinemann.

Bloom, P. (2016). *Against empathy.* London, UK: The Bodley Head.

Bowman, B. T., Donovan, M. S., & Burns, M. S. (Eds.). (2002). *Eager to learn: Educating our preschoolers.* Washington, DC: National Academies Press.

Bransford, J. (2000). *How people learn: Brain, mind, experience, and school.* Washington, DC: National Academy Press.

Brookhart, S. M. (2010). *How to assess higher－order thinking skills in your classroom.* Alexandria, VA: ASCD.

Bruner, J. S. (1977). *The process of education* (2nd ed.). Cambridge, MA: Harvard University Press.

Carber, S., & Davidson, S. (Eds.). (2010). *Taking the PYP forward.* Melton, Woodbridge, UK: John Catt Educational.

Clarke, S., Timperley, H., & Hattie, J. (2003). *Unlocking formative assessment: Practical strategies for enhancing students, learning in the primary and intermediate classroom.* Auckland, NZ: Hodder Moa Beckett.

Compassion. (n.d.). *Greater good: The science of a meaningful life.* Retrieved April 6, 2017, from http://greatergood.berkeley.edu/topic/compassion/definition

Dewdney, A. (2012). *Llama llama time to share.* New York, NY: Viking.

Donovan, S., & Bransford, J. (2005). *How students learn: History, mathematics, and science in the classroom.* Washington, DC: National Academies Press, http://dx.doi.org/10.17226/10126

Duckworth, A. (2016). *Grit: The power of passion and perseverance.* New York, NY: Scribner.

Dweck, C. S. (2006). *Mindset: The new psychology of success.* New York, NY: Random House.

Eccles, J. S., & Wigfield, A. (2002). Motivational beliefs, values, and goals. *Annual Review of Psychology, 53*(1), 109−132. doi: 10.1146/annurev.psych.53.100901.135153

Eiland, D. A. (2008). *Considering race and gender in the classroom: The role of teacher perceptions in referral for special education.* Retrieved August 11, 2016, from https://books.google.com.co/books?id=Z6−b6gSq6lsC&printsec=frontcover&source=gbs_ge_summary_r&cad=:O#v=onepage&q&f=false

Epstein, A. S. (2014). *The intentional teacher: Choosing the best strategies for young children's learning.* Washington, DC: National Association for the Education of Young Children.

Erickson, H. L. (2008). *Stirring the head, heart, and soul: Redefining curriculum, instruction, and concept−based learning.* Thousand Oaks, CA: Corwin.

Erickson, H. L., & Lanning, L. A. (2014). *Transitioning to concept−based curriculum and instruction: How to bring content and process together.* Thousand Oaks, CA: Corwin.

Erickson, H. L., Lanning, L. A., & French, R. (2017). *Concept−based curriculum and instruction for the thinking classroom* (2nd ed.). Thousand Oaks, CA: Corwin.

Fisher, D., Frey, N., & Hattie, J. (2016). *Visible learning for literacy, grades K − 12: Implementing the practices that work best to accelerate student learning.* Thousand Oaks, CA: Corwin.

Green, J. (1998). Authentic assessment: Constructing the way forward for all students. *Education Canada, 38*(3), 8 − 12.

Growing success: Assessment, evaluation and reporting in Ontario's schools: Covering grades 1 to 12. (2010). Toronto, ON, Canada: Ministry of Education.

Growing success − the kindergarten addendum. (2016). Toronto, ON: Ministry of Education.

Hamre, B., & Pianta, R. (2006). *Student − teacher relationships.* National Association of School Psychologists. Retrieved June 18, 2016, from http://www.pearweb.org/conferences/sixth/pdfs/NAS − CBIII − 05 − 1001 − 005 − hamre%20&%20Pianta%20proof.pdf

Hattie, J. (2009). *Visible learning: a synthesis of over 800 meta − analyses relating to achievement.* London, UK: Routledge.

Hattie, J. (2012). *Visible learning for teachers: Maximizing impact on learning.* London, UK: Routledge.

Hattie, J., Fisher, D., Frey, N., Gojak, L., Moore, S., & Mellman, W. (2017). *Visible learning for mathematics, grades K − 12: What works best to optimize student learning.* Thousand Oaks, CA: Corwin Mathematics.

Hewitt, P. (1977). *Conceptual physics* (3rd ed.). Boston, MA: Little, Brown.

Hill, J., & Miller, K. (2014). *Classroom instruction that works with English language learners.* Alexandria, VA: ASCD.

Hough, L. (2015). *What's worth learning in school?* Retrieved from http://wwwgse.harvard.edu/news/ed/15/01/whats − worth − learning − school

IBO. (2000). *Making the PYP happen.* Retrieved March 05, 2017, from http://www.itari.in/categories,zPYP/IBOPYPpdf

Khorsandi, Y. (2016, October 5). *Schools are replacing detention with meditation, and ifs decreasing suspensions.* http://www.newsweek.com/education−meditation−after −school−program−holisticlife−504747

Lanning, L. A. (2009). *4 powerful strategies for struggling readers, grades 3−8: Small group instruction that improves comprehension.* Thousand Oaks, CA: Corwin.

Lanning, L. A. (2013). *Designing a concept−based curriculum for English language arts: Meeting the common core with intellectual integrity, K−12.* Thousand Oaks, CA: Corwin.

Levine, M. (2014). *Teach your children well: Parenting for authentic success.* New York, NY: Harper Perennial.

Lyons, L. (2004). *Gallup youth survey* [Survey report]. Retrieved August 8, 2016, from http://www.gallup.com/poll/11893/most−teens−associate−school−boredom− fatigue.aspx

Marzano, R. J. (2004). *Building background knowledge for academic achievement.* Alexandria, VA: ASCD.

Marzano, R. J. (2007). *The art and science of teaching: A comprehensive framework for effective instruction.* Alexandria, VA: ASCD.

Mehta, J., & Fine, S. (2015). *The why, what, where, and how of deeper learning in American secondary schools.* Students at the Center: Deeper Learning Research Series. Boston, MA: Jobs for the Future.

National Center for Education Statistics. (n.d.a). *What are the dropout rates of high school students?* Retrieved July 31, 2016, from https://nces.ed.gov/fastfacts/display. asp?id=16

National Center for Education Statistics. (n.d.b.). *What are the graduation rates for students obtaining a bachelor's degree?* Retrieved July 31, 2016, from https://nces.ed. gov/fastfacts/display.asp?id=40

Newmann, F. M., Bryk, A. S., & Nagaoka, J. K. (2001). *Authentic intellectual work and standardized tests: Conflict or coexistence?* Consortium on Chicago School Research. Retrieved June 7, 2017, from http://files.eric.ed.gov/fulltext/ED470299.pdf

Nottingham, J. (2017). *The learning challenge: How to guide your students through the pit of learning.* Thousand Oaks, CA: Corwin.

Ontario Curriculum. (2013). Retrieved from http://wwwiedu.govon.ca/eng/curriculuni/elementary/sshg18curr2013.pdf

Palmer, P. J. (2008). *The courage to teach: Exploring the inner landscape of a teacher's life.* San Francisco, CA: Jossey—Bass.

Paul, R. (n.d.). *The art of redesigning instruction.* Retrieved April 10, 2016, from http://www.criticalthinking.org/pages/the−art−of−redesigning−instruction/520

Paul, R., & Elder, L. (2013). *The thinker's guide to how to write a paragraph: The art of substantive writhing.* Tomales, CA: Foundation for Critical Thinking.

Perkins, D. N., & Salomon, G. (1988). Teaching for transfer. *Educational Leadership.* Retrieved from http://www.ascd.org/ASCD/pdfTjournals/ed_lead/el_l98809_perkins.pdf

Perkins, D., & Salomon, G. (1992). Transfer of learning. *International Encyclopedia of Education* (2nd ed.). Oxford, UK: Pergamon Press.

Personalized learning: A working definition. (2014). Retrieved May 7, 2016, from https://assets.documentcloud.org/documents/1311874/personalized−learning−working−definition−fall2014.pdf

Pink, D. H. (2011). *Drive: The surprising truth about what motivates us.* New York, NY: Riverhead Books.

Rath, T., & Harter, J. K. (2010). *Wellbeing: The five essential elements.* New York, NY: Gallup Press.

Ritchhart, R., Church, M., & Morrison, K. (2011). *Making thinking visible: How to promote engagement, understanding, and independence for all learners.* San

Francisco, CA: Jossey—Bass.

Robinson, K. (2006). Do schools kill creativity? https://www.ted.com/talks/ken_robinson_says_schools_kill_creativity/transcript?language=en

Robinson, K., & Aronica, L. (2009). *The element: How finding your passion changes everything.* London, UK: Penguin.

Robinson, K., & Aronica, L. (2013). *Finding your element: How to discover your talents and passions and transform your life.* London, UK: Penguin.

Rosenthal, R., & Jacobson, L. (2003). *Pygmalion in the classroom: Teacher expectation and pupils intellectual development.* Carmarthen, UK: Crown House.

Senge, P. M. (2010). *The necessary revolution: How individuals and organizations are working together to create a sustainable world.* New York, NY: Doubleday.

Spiegel, A. (2012, September 17). *Teachers expectations can influence how students perform.* Retrieved March 6, 2016, from http://www.npr.org/sections/health—shots/2012/09/18/161159263/teachers—expectations—can—influence—how—students—perform

Steele, C. (2011). *Whistling Vivaldi: And other clues to how stereotypes affect us.* New York, NY: Norton.

Stern, J., Ferraro, K., & Mohnkern, J. (2016). *Tools for teaching conceptual understanding, secondary.* Thousand Oaks, CA: Corwin.

Taylor, J. A. (1993). *Notes on an unhurried journey.* Boston, MA: G. K. Hall.

Tovani, C. (2011). *So what do they really know? Assessment that informs teaching and learning.* Portland, ME: Stenhouse.

Vaillant, G. (2009, June 16). *Yes, I stand by my words, "happiness equals love—full stop."* Retrieved from http://positivepsychologynews.com/news/george—vaillant/200907163163

Wagner, T. (2015). *Creating innovators: The making of young people who will change*

the world. New York, NY: Scribner.

Western and Northern Canadian Protocol for Collaboration in Education Assessment Team. (2006). *Rethinking classroom assessment with purpose in mind*. Winnipeg, MB, Canada: Manitoba Education, Citizenship and Youth.

What is project−based learning? (n.d.). Buck Institute for Education. Retrieved May 6, 2016, from http://bie.org/about/what_pbl

What's worth learning in school? (n.d.). Retrieved April 6, 2017, from https://www.gse. harvard.edu/news/ed/15/01/whats−worth−learning−school

Whitehurst, G. J. (2016, July 28). *Hard thinking on soft skills*. Brookings Institution. Retrieved April 6, 2017, from https://www.brookings.edu/research/hard−thinking− on−soft−skills/

Wiggins, G. R., & McTighe, J. (2005). *Understanding by design* (2nd ed.). Alexandria, VA: ASCD.

색인

인명

A

Anchor, S. / 47
Anderson, L. W. / 4, 5, 12, 145, 146
Aronica, L. / 206, 207

B

Berger, R. / 158
Bloom, P. / 198, 199
Bowman, B. T. / 40
Bransford, J. / 54, 70, 75, 88, 103
Brookhart, S. M. / 145, 147, 149, 158
Bruner, J. S. / 103
Burns, M. S. / 40

C

Carber, S. / 110
Church, M. / 51, 82
Clarke, S. / 53

D

Davidson, S. / 110
Donovan, M. S. / 40, 54, 70, 75, 88
Duckworth, A. / 196
Dweck, C. S. / 172, 196, 202

E

Eccles, J. S. / 194
Eiland, D. A. / 174
Elder, L. / 63, 87
Epstein, A. S. / 43

E

Erickson, H. L. / 8, 9, 12, 16, 26, 88, 104, 110, 148

F

Ferraro, K. / 33, 221
Fine, S. / 3
Fisher, D. / 31, 195
Frey, N. / 31, 195

G

Gojak, L. / 195
Green, J. / 141

H

Hattie, J. / 3, 31, 40, 53, 103, 172, 180, 182, 194, 195
Hill, J. / 180
Hough, L. / 201

I

IBO / 162, 164

J

Jacobson, L. / 172, 175

K

Khorsandi, Y. / 208
Krathwohl, D. R. / 4, 5, 12, 145, 146

L

Lanning, L. A. / 9, 12, 13, 88, 104, 142, 148
Levine, M. / 194

저자 소개

Julie Stern은 교사 교육자이자 수업 코치로 4개 대륙에서 수업과 학습을 혁신하고 있는 학교들을 지원한다. 그녀는 학교가 학생들이 현재 우리가 어떻게 해결할지 모르는 문제들을 다룰 수 있도록 준비시키는 곳으로 변화하도록 돕는 데 열정적이다. Julie는 '개념기반 교육과정과 수업'에 대한 공인된 강사이며, H. Lynn Erickson 박사의 개념기반 교육과정과 수업 인증 기관에서 전문가로 근무했다. 그녀는 James Madison 헌법학자이며 북동부와 그녀의 고향인 루이지애나에서 수년간 사회학을 가르쳤다. 또한, 인재개발협회의 코칭과 변화 관리 자격증을 보유하고 있으며 이 분야의 검증된 마스터 트레이너이다. Julie는 이전에 워싱턴 DC의 Cesar Chavez Public Charter Schools에서 공공 정책 및 교육과정 혁신 부서의 책임자로 재직하면서 6학년부터 12학년까지의 모든 교과 교육과정 개정을 주도했다. 그녀는 George Washington University와 Loyola University New Orleans에서 사회학 및 심리학 학사 학위를 받았으며, 현재 외교관인 남편, 어린 두 아들과 함께 워싱턴 DC에 거주하고 있다.

2013년에 Julie는 Krista Ferraro, Juliet Mohnkern과 함께 Education to Save World(www.edtosavetheworld.com)를 공동 설립했다. 이 단체는 보다 지속가능하고 정의로우며 건강한 세상을 만들기 위해 각 교과의 개념과 기능을 유연하게 적용해야 하는 실세계 문제들을 중심으로 학습이 조직되는 학교교육의 비전을 가진 단체이다. 이들의 여름 워크숍은 전 세계 교사와 리더들이 참여하여 21세기 요구를 충족시킬 수 있는 수업과 학습의 혁신 방법에 대해 협력하게 한다.

Nathalie Lauriault는 캐나다 온타리오주의 교사이다. 그녀는 30년간 교직에 있으면서 주로 이중 언어를 사용하는 교실 환경에서 어린 학생들을 가르치는 것을 전문으로 해왔다. 최근 그녀는 교육부로부터 교사 학습 리더십 프로그램을 위한 보조금을 받아 그녀의 교실에서 개념기반 교육과정 및 수업에 관한 연구를 수행했다. 이전에 그녀는 Toronto French School에서 IB 초등 프로그램(Primary Years Programme) 코디네이터로 일했으며, 발표자이자 컨설턴트로서 미주 국제 바칼로레아(International Baccalaureate of America)에 관여했다. 또한, H. Lynn Erickson의 개념기반 교육과정과 수업 자격증을 취득했다. 그녀는 University of Guelph에서 이학 학사 학위를, 캐나다 Queens University에서 교육학 학사 학위를 받았다.

Krista Ferraro는 매사추세츠주 브레인트리에 있는 Thayer Academy의 역사과 부장이다. 그녀는 사회 정의와 시민 교육에 열정적이다. 이전에 그녀는 워싱턴 DC에 있는 Chavez Schools의 역사 교사이자 공공 정책 및 교육과정 혁신 부서의 부부장을 역임했으며, 그곳에서 학생들이 미국 헌법 지식에 관한 'DC We People National Invitational' 대회에서 우승하도록 계속해서 이끌어 왔다. Krista는 2006 Teach for America의 단원으로 교육 분야에서의 경력을 시작했다. 그녀는 Cornell University에서 미국학 및 스페인어 학사 학위를, American University에서 교수법 석사 학위를 받았다.

역자 약력

임유나

[현] 대구교육대학교 교육학과 교수

[전] 한국교육과정평가원 부연구위원

    Teachers College, Columbia University 박사후연구원

    서울금동초, 서울금산초 교사

[학력] 서울교육대학교 초등교육과 교육학사

    서울교육대학교 교육대학원 교육학 석사(초등과학교육)

    고려대학교 대학원 교육학 박사(교육과정학)

[저서 및 연구실적]

교실로 ON 최신 교육과정 재구성의 이론과 실제(공저)(2021)

교육과정 개발과 실행에서 개념적 접근의 교육적 의의와 과제(2022)

국제 바칼로레아 교육내용 프레임워크 분석(2022)

IB PYP 기반 교육과정 실행의 양상과 과제(2022) 등 다수

2022 개정 교육과정 총론 개발 및 각론 조정 참여

국가 교육과정 유공자 교육부 장관 표창(2021)

한국교육학회 교육학 박사학위 최우수 논문상 수상(2015)

미래형 교육과정, 교육과정 정책, 국가 교육과정 기준 연구 개발, 개념기반 교육, 역량기반 교육, IB 교육 등에 관심을 가짐.

한진호

[현] 시흥장현초등학교 교사, 경인교대 등 출강

[전] 부일초, 생금초, 배곧누리초 교사

[학력] 경인교육대학교 초등교육과 교육학사

    고려대학교 대학원 교육학 석사(교육과정학)

    고려대학교 대학원 교육학 박사(교육과정학)

[저서 및 연구실적]

국가 교육과정 총론 문서 장-절-항의 새로운 구성안 제안 연구(2022)

미래지향적 학교 교육과정 개발을 위한 IB PYP의 적용 가능성 탐색(2021)

뇌 과학 연구 성과를 반영한 교육과정 개발 연구(2021) 등 다수

한국교육학회 교육학 박사학위 논문상 수상(2023)

교육과정의 개발과 이해, 질 높은 교육과정, IB, 개념기반 교육과정, 뇌기반 교육 등에 관심을 가짐.

안서헌

[현] 강원특별자치도교육청 장학사

[전] 홍천초 교사, 강원도교육연구원 파견교사, 강원도고성교육지원청 장학사

[학력] 춘천교육대학교 초등교육과 교육학사

한국교원대학교 대학원 교육학 석사(초등교육학)

고려대학교 대학원 교육학 박사수료(교육과정학)

[저서 및 연구실적]

과정 중심 평가, 이것만은 꼭 알고 가자!(2022)

IB PYP 기반 학교 교육과정 개발(2021)

온·오프라인 교육 환경에서의 기초학력 지원 및 격차 해소 방안 연구(2021)

인공지능 활용 초등수학수업 지원시스템 확대·적용 방안 연구(2019-2021) 등 다수

국가 교육과정 개발, 교육과정 정책, 지역 교육과정, 개념기반 교육과정, IB 교육과정, 학교급별 교육과정의 연계 등에 관심을 가짐.

이광우

[전] 한국교육과정평가원 선임연구위원

한국교육과정평가원 교육과정·교과서본부장, 고교학점제지원센터장 역임

국가교육회의 중장기교육정책 전문위원회 전문위원 역임

[학력] 경상대학교 사범대학 교육학과 교육학사

경상대학교 대학원 교육학 석사(교육과정)

경상대학교 대학원 교육학 박사(교육과정)

[저서 및 연구실적]

교육과정과 교육평가의 새로운 이해(공저)(2019)

미래형 교육과정 구성 방안 연구(2020)

고교학점제 도입에 따른 교육과정 개선 관련 연구(2017-2022) 등 다수

국가 교육과정 연구 개발, 미래형 교육과정, 핵심역량 교육, 교육과정 재구성, 연계·융합 교육 등에 관심을 가짐.

개념기반 교육과정과 수업

초판발행   2022년 2월 28일
중판발행   2025년 1월 20일

지은이   Julie Stern · Nathalie Lauriault · Krista Ferraro
옮긴이   임유나 · 한진호 · 안서헌 · 이광우
펴낸이   노 현

편 집   김민조
기획/마케팅   이영조
표지디자인   이영경
제 작   고철민 · 김원표

펴낸곳   ㈜ 피와이메이트
              서울특별시 금천구 가산디지털2로 53, 210호(가산동, 한라시그마밸리)
              등록 2014. 2. 12. 제2018-000080호
전 화   02)733-6771
f a x   02)736-4818
e-mail   pys@pybook.co.kr
homepage   www.pybook.co.kr
ISBN   979-11-6519-237-2 93370

* 파본은 구입하신 곳에서 교환해 드립니다. 본서의 무단복제행위를 금합니다.

정 가   19,000원